智能网联
汽车技术系列

智能网联汽车电子技术

王庞伟　张名芳　编　著

机械工业出版社

本书关注的是融合移动互联网和人工智能等技术的智能网联汽车在电子控制方面的新知识、新技术、新成果。针对智能车辆的环境感知系统、导航系统、动力驱动系统、电子控制系统、车身总线控制系统、汽车电子故障诊断、V2X 无线通信及车路协同等方面，本书介绍了智能网联汽车的环境感知技术、定位技术、发动机控制技术、底盘的电子控制系统、控制网络、故障诊断系统、无线通信技术，以及车路协同系统下的智能辅助驾驶技术。

本书可作为从事智能网联汽车相关行业工程技术人员的参考书籍，也可供高校相关专业师生使用。

图书在版编目（CIP）数据

智能网联汽车电子技术／王庞伟，张名芳编著. —北京：机械工业出版社，2021.6（2022.10 重印）

（智能网联汽车技术系列）

ISBN 978-7-111-68071-0

Ⅰ.①智… Ⅱ.①王… ②张… Ⅲ.①汽车－智能通信网－电子技术 Ⅳ.①U463.67

中国版本图书馆 CIP 数据核字（2021）第 072838 号

机械工业出版社（北京市百万庄大街 22 号 邮政编码 100037）

策划编辑：王 欢 责任编辑：王 欢

责任校对：郑 婕 封面设计：严娅萍

责任印制：常天培

北京机工印刷厂有限公司印刷

2022 年 10 月第 1 版第 2 次印刷

184mm×260mm・16.75 印张・415 千字

标准书号：ISBN 978-7-111-68071-0

定价：69.00 元

电话服务 网络服务

客服电话：010-88361066 机 工 官 网：www.cmpbook.com

010-88379833 机 工 官 博：weibo.com/cmp1952

010-68326294 金 书 网：www.golden-book.com

封底无防伪标均为盗版 机工教育服务网：www.cmpedu.com

前　言

随着移动互联网和人工智能等技术与各个行业深度融合，全球正经历新一轮的科技革命，而汽车作为仅次于手机的移动终端，已经呈现出自动化、网联化、电动化、服务化的"四化"的发展态势，汽车原有的价值核心正在改变。智能网联汽车作为新一轮科技革命背景下的新兴领域，是自动化与网联化相互融合的产物。智能网联汽车也将带来更多社会价值，如改善交通安全、实现节能减排、减少拥堵、提升社会效率等，并可拉动汽车、电子、通信、服务、社会管理等领域协同发展。智能网联汽车形成了一种跨技术、跨产业领域的新型汽车体系，各个国家不断加入智能网联汽车的产业竞争，来抢占未来发展战略制高点。我国更是以智能网联汽车强国为建设目标，加紧构建智能网联汽车技术创新体系、产业生态体系、基础设施体系、法规标准体系、产品监管体系及网络安全体系。

汽车的电子化，是系统论和控制论在汽车工业的应用，使汽车由单纯的机械产品向高级的机电一体化电子控制系统产品方向发展。汽车的智能化，将人工智能技术应用于汽车，让机器来代替驾驶人完成对汽车的操作与控制，推动自动驾驶的发展。汽车的网联化，则是物联网在汽车与交通中的应用。它将交通数据信息进行协同和共享，以便解决现有单车智能技术路线存在车载感知范围有限、可靠性不足、车间行为存在博弈与冲突、单车依靠局部信息进行的规划与控制难以实现全局优化等问题。工业和信息化部组织其他机构和部门在 2016年和 2017 年分别发布了《智能网联汽车技术路线图 1.0》和《国家车联网产业标准体系建设指南（智能网联汽车）》，标志着我国智能网联汽车产业进入迅猛发展阶段；随后《中国智能网联汽车技术路线图 2.0》于 2020 年 11 月 11 日发布，系统梳理、更新、完善了智能网联汽车的定义、技术架构和智能化网联化分级，分析了智能网联汽车的技术发展现状和未来演进趋势，以期为我国汽车产业紧抓历史机遇、加速转型升级、支撑制造强国建设、制定中长期发展规划指明发展方向，提供决策参考。由"中国智能网联汽车产业创新联盟"发起，在产业界三十多家单位的共同参与和支持下，《车路云一体化融合控制系统白皮书》于2020 年 9 月 28 日正式发布，明确了云控系统的产业定位，充分体现了云控系统产业相关方跨行业协同创新，联合突破关键共性技术的国家智能汽车创新发展战略思想，为智能网联汽车中国方案的发展提供了新思路。车联网带来了汽车产业的转型升级，正在深刻地改变人类的生活方式和思维方式；车联网技术也已经突破了汽车行业的范畴，成为涉及汽车、通信和互联网等多学科领域的综合体系，在未来将通过系统架构设计和产业生态升级，推动产业相关方完成我国智能汽车强国的目标。

本书汇总了近年来智能网联汽车电子控制的新知识、新技术、新成果，主要包括智能汽车的环境感知系统、导航系统、动力驱动系统、底盘控制系统、车身总线控制系统、汽车电子故障诊断、V2X 无线通信以及车路协同等内容。第 1 章介绍了智能网联汽车环境感知技术，主要介绍了超声波雷达、毫米波雷达和激光雷达等车辆感知技术。第 2 章介绍了智能网联汽车高精度定位技术，着重介绍了高精地图以及导航的定位技术，并重点介绍了卫星导航定位和惯性导航定位在智能网联汽车中的应用。第 3 章介绍了智能网联汽车动力驱动系统，并针对汽油发动机和电动汽车动力蓄电池控制分别进行了介绍。第 4 章介绍了智能网联汽车底盘控制系统，分别介绍了防抱死制动系统、电子稳定程序控制系统、自适应巡航控制系统、协同式自适应巡航控制系统以及车道偏离预警系统的内容。第 5 章介绍了智能网联汽车总线系统，着重介绍了总线系统中的 CAN 总线和 LIN 总线。第 6 章介绍了汽车电子控制系统的故障诊断，主要介绍了基于 CAN 的 OBD 系统。第 7 章介绍了智能网联汽车 V2X 通信技术，对当前 V2X 通信的主要解决方案进行了重点讨论。第 8 章介绍了车路协同系统下的智能辅助驾驶技术，通过对车路协同环境下不同的应用场景分析，以便加深读者对以上技术更深一步的理解。

本书第 2、4、5、7、8 章由王庞伟负责撰写，第 1、3、6 章由张名芳负责撰写。项目组研究生刘虓、吴禹峰、马艳华、李慢、俞宏胜、汪云峰为本书进行了资料的收集和整理，在此表示感谢。本书作为教材及参考书籍，主要面向大专院校车辆工程和交通运输工程专业的教师和学生，以及从事智能网联汽车相关行业的工程技术人员和研究人员。

本书所介绍的研究内容得到了国家重点研发计划 2018YFB1600500、北京市自然科学基金项目 4212034 的资助，以及北方工业大学"城市道路交通智能控制技术北京市重点实验室"的大力支持，在此表示感谢！

由于作者的水平有限，书中难免存在不足和疏漏之处，恳请广大专家、学者和读者批评指正。

作　者

目　　录

第 1 章　智能网联汽车环境感知技术

智能网联汽车，通过多种车载传感器实现对周围道路环境的环境感知。其主要环境感知技术包括基于图像识别的环境感知技术、基于激光雷达的环境感知技术、基于多传感器融合的环境感知技术。本章将从以上几个方面对智能网联汽车的环境感知技术进行详细叙述。

1.1　智能网联汽车感知系统及传感器组成

智能网联汽车环境感知系统就像人类的"眼睛""耳朵"和"鼻子"等感官系统一样，是智能汽车实现自动驾驶决策与控制的信息来源。目前，智能网联汽车装配的环境感知传感器主要包括机器视觉、超声波雷达、毫米波雷达、激光雷达等，如图 1-1 所示。本章将对各类传感器工作原理及功能进行描述。

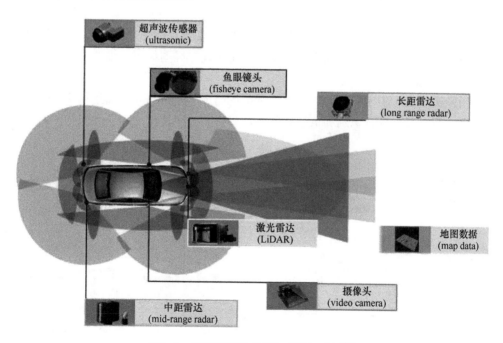

图 1-1　智能网联汽车感知系统组成图[1]

1.1.1　机器视觉

机器视觉采用图像摄取装置（CMOS 或 CCD 相机）获取图像信号，通过图像处理单元进行图像处理，根据像素、亮度、颜色等信息将图像信号转化为数字信号，再进行目标特征

提取计算，从而获取目标信息。目前，无人驾驶汽车视觉传感器主要为车载高清摄像机，可以有效地代替人眼进行测量和判断。实现无人驾驶汽车的摄像机等同于驾驶人的眼睛，通过环境成像来感知道路环境、天气情况、车辆行驶轨迹和车辆运行速度，同时无人驾驶汽车对图像成像质量要求高，在图像输出速度上需要较高的帧频。目前，常用车载摄像机按其功能分为单目摄像机、双目摄像机和全景摄像机，如图 1-2 所示。其安装位置示意图如图 1-3 所示。

a) 单目摄像机   b) 双目摄像机   c) 全景摄像机

图 1-2　摄像机分类

（1）单目摄像机

单目摄像机，是一种利用光学系统与成像器件相结合，可以不断输出实时图像的相机。它能满足无人驾驶汽车的要求，可实时调节光积分时间、自动平衡画质、实时输出图像。

（2）双目摄像机

双目摄像机，对周围环境可实现三维成像。通过双目立体图像处理获取场景的三维信息，再经进一步处理得到三维空间中的景物，从而实现二维图像到三维图像的转化。

（3）全景摄像机

全景摄像机，由 6 个完全相同的相机在 360°同时成像，并将 6 幅图进行拼接和校正，获得全景图像，并对目标进行识别和信息处理。目前，全景摄像机为无人驾驶汽车主要视觉传感器。

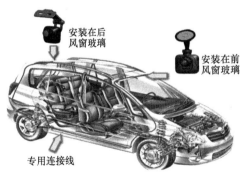 

安装在后风窗玻璃

安装在前风窗玻璃

专用连接线

图 1-3　车载摄像机安装位置示意图

1.1.2　超声波雷达

超声波雷达，是目前常用的车载测距传感器。其工作原理为，通过超声波发射装置向外发出超声波，超声波在遇到障碍物后反射传播返回，接收器通过发射和接收的时间差来测算

障碍物距离。超声波雷达识别障碍物的工作原理图如图 1-4 所示。

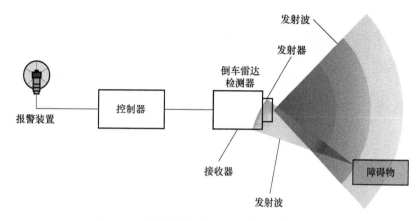

图 1-4　超声波雷达识别障碍物的工作原理图

超声波在空气中传播时能量衰减较大，故传输速度受天气影响较大，且传播速度较慢。一方面当在车辆高速行驶时，超声波雷达的测距效果局限性较大。另一方面，由于超声波散射角大，方向性较差，当障碍物距离较远时，其回波信号较弱，测量精度较低。因此，超声波雷达主要应用于低速短距场景，探测距离一般在 0.5～3m。由于超声波雷达成本较低，目前已大范围量产并应用于倒车碰撞预警系统、自动泊车系统。其立体示意图如图 1-5 所示。

1.1.3　毫米波雷达

毫米波雷达工作在毫米波段（1～10mm），其波长介于厘米波与光波之间，兼具微波制导和光电制导的优点。车载毫米波雷达基于线性调频连续波（Linear Frequency Modulated Continuous Wave，LFMCW），发射机发射一个频率随时间线性变化的调频波，并同时把发射的信号和接收的信号混频。由于接收到的信号是由于目标反射造成的，所以相比于发射信号存在时延。因此，同一个时刻发射信号和接收到的信号频率是不同的，通过识别频率差判断目标物体的距离。

图 1-5　超声波雷达立体示意图

毫米波雷达按其探测距离分类主要分为远距离雷达与近距离雷达。其中，近距离雷达主要采用 24GHz 毫米波雷达，探测范围一般为 10～50m，主要用于实现驾驶人盲点监测（Blind Spot Detection，BSD）；远距离雷达主要采用 77GHz 毫米波雷达，最远探测距离可达到 100～200m，主要用于自适应巡航控制（Adaptive Cruise Control，ACC）和自动紧急制动（Autonomous Emergency Braking，AEB）系统。以德尔福 ESR 毫米波雷达为例，其集成宽视角中距离雷达与窄视角长距离雷达于一体，更新频率为 50ms，可同时识别和跟踪 64 个目标。

毫米波雷达穿透能力强，受雾霾、雨雪影响较小，测距、测速精度较高，具有较高的空间分辨率，因此广泛应用于车辆纵向避撞系统。据统计[2]，毫米波雷达在车辆防撞传感器

中的占比高达70%。毫米波雷达立体图及安装位置示意图如图1-6所示。

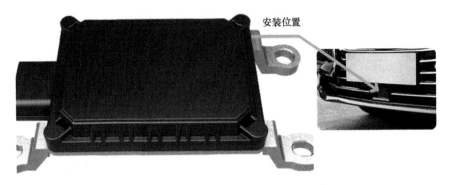

安装位置

图1-6　毫米波雷达立体图及安装位置示意图

1.1.4　激光雷达

激光雷达工作原理是通过发射探测信号（激光光束）探测目标，并搜集目标回波，经处理后获得目标的距离、方位等信息。

激光雷达根据激光线束可分为单线激光雷达和多线激光雷达。单线激光雷达通常置于车前，用于探测车辆前方障碍物；多线激光雷达一般置于车顶，采用旋转扫描的方式可获得车辆360°范围的目标。常见多线束激光雷达有16线、32线、64线、128线等，如图1-7所示。线束越多，可扫描的平面就越多，获取的目标信息就越详细，但线束越多，点云数据量越大，对数据存储和数据处理的要求就越高。

a) 16线　　　　b) 32线　　　　　　c) 64线　　　　　　d) 128线(固态)

图1-7　多线束激光雷达示例

根据有无机械部件来分，激光雷达还可分为机械激光雷达和固态激光雷达。机械激光雷达带有控制激光发射角度的旋转部件；固态激光雷达则无须机械旋转部件，主要依靠电子部件来控制激光发射角度。机械激光雷达主要由光电二极管、微机电系统（Micro Electro Mechanical System，MEMS）反射镜、激光发射接收装置等组成。其中，机械旋转部件是指可360°控制激光发射角度的MEMS发射镜。固态激光雷达则与机械激光雷达不同，它通过光学相控阵列（Optical Phased Array，OPA）、光子集成电路（Photonic IC，PIC）以及远场辐射方向图（Far Field Radiation Pattern，FFRP）等电子部件代替机械旋转部件实现发射激光角度的调整。图1-8所示为固态激光雷达与机械激光雷达的具体实例。

激光雷达性能精良，被看作是实现自动驾驶的最佳传感器之一。此外，即使激光雷达能够通过获取的点云数据识别障碍物轮廓，进行目标分类与三维场景重现，然而由于数据量庞

a) 固态激光雷达　　　　　　　　　　　　　　b) 机械激光雷达

图 1-8　固态激光雷达与机械激光雷达的具体实例[3]

大，且精确的目标分类需要大量的样本数据库进行训练，目前鲜有采用激光雷达进行障碍物识别的案例。大多的应用是利用激光雷达获取环境点云数据，结合车辆定位信息，离线进行高精度地图的绘制。

1.2　基于图像识别的环境感知技术

车载高清摄像机，是智能网联汽车系统中最常用的传感器，主要用于道路场景中的静态目标与动态目标检测。图 1-9 所示为基于图像识别的环境感知系统应用场景。静态目标主要包括交通标志、车道线以及交通信号灯等。动态目标主要包括车辆与行人等。

图 1-9　基于图像识别的环境感知系统应用场景

通过视觉信息，可解释交通信号、交通图案、道路标志等环境语言，同时也可对动态目标进行识别、跟踪和测量。运用车载视觉实现环境感知通常遵循 3 个步骤：图像预处理、目标检测以及目标识别。图像预处理，主要由图像灰度化、直方图均衡化、图像尺寸重置等步骤构成，目的是得到标准图像，以便自动化处理；目标检测，主要包含感兴趣区域（Region Of Interest，ROI）提取、图像特征提取、前景目标检测等，目的是得到道路中的动静态目标；目标识别，主要包括支持向量机（Support Vector Machine，SVM）以及深度学习算法等，目的是将检测目标进行分类，最终达到种类识别的效果。下面将根据动静态目标检测对象对车道线识别、交通标志识别、交通信号灯识别以及车辆检测与识别分别进行阐述。

1.2.1 车道线识别

车道线检测方法目前主要分为两类：基于传统方法的车道线检测与基于深度学习的车道线检测[4]。基于传统方法的车道线检测一般包含两个步骤：特征点的确定和车道线的拟合。当确定特征点时，通常利用的是颜色特征、边缘特征以及结构特征等信息；当进行车道线拟合时，通常利用的是直线模型、抛物线模型、双曲线模型、贝塞尔曲线模型等。

基于深度学习的车道线检测方法是，先搭建人工神经网络，之后利用海量数据集训练网络，再从数据集中自动提取车道线特征。

传统车道线检测方法主要是通过对图像特征的提取，来获得车道线信息的。由视频得到的每帧图像通过高斯模糊、二值化、边缘检测等步骤来获取车道线标注。其具体流程如图 1-10 所示。

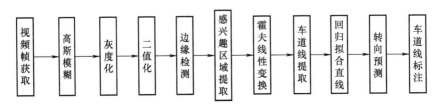

图 1-10 传统车道线检测流程

高斯平滑处理是对图片采用一个高斯滤波器，以消除原始图片的噪声。其基本原理是重新计算图片中每个像素点的值，取该点及其附近点的像素值进行加权平均，权重符合高斯分布。高斯核大小取 5，a 是高斯核矩阵中所有值的和。网格矩阵为 Q，原图片为 I，新图片为 I'，计算新图片的具体公式如下：

$$I'_{ij} = \frac{1}{a} \sum_{m=i-2}^{i+2} \sum_{n=j-2}^{j+2} Q_{mn} I_{mn} \tag{1-1}$$

如图 1-11a 所示，高斯滤波器作为一种低通滤波器，能抑制图片中的高频部分，从而让低频部分顺利通过。由于车载相机相对于车是固定的，而车相对于车道的左右位置也是基本固定的。所以，在所拍摄的视频中，车道基本保持在一个固定区域内，可以将该固定区域作为 ROI，目的是过滤掉 ROI 外的边缘部分。滤波结果如图 1-11b 所示。

a) 滤波前   b) 滤波后

图 1-11 高斯滤波处理前后对比图

接着根据得到的线计算出左车道和右车道，采用的步骤如下：

1）根据斜率正负划分某条线属于左车道或右车道，并移除边缘线。

2）迭代计算各条线的斜率与斜率均值的差，逐一移除差值过大的线。

3）分别对左右车道线的顶点集合做线性回归得到最终车道。

1.2.2　交通标志识别

交通标志识别主要指通过图像处理等技术检测交通标志的位置及对交通标志的内容进行识别[5]。

识别交通标志的方法很多，一般分为基于标志颜色的检测识别方法、基于标志形状的检测识别方法和基于机器学习的检测识别方法。基于标志颜色的检测识别方法是，通过提取图像中的颜色特征，分割并检测出交通标志区域，再对分割出的交通标志区域进行分类。基于标志形状的检测识别方法是，提取图像中的形状特征，再根据形状特征算子检测交通标志区域，最后识别交通标志。该方法通常采用霍夫变换（hough transform）来提取图像中的圆、直线等形状。基于机器学习的检测识别方法是，通过机器学习自动设定交通标志的预期颜色和形状，然后识别交通标志。

交通标志牌检测流程：首先，将图像进行颜色空间的转换，根据交通标志牌的颜色特性提取出 ROI；之后，基于 YOLO（You Only Look Once）v3 算法实现对场景中交通标志牌的检测[4]。

1. ROI 获取

将输入图像的颜色空间由红-绿-蓝（Red-Green-Blue，RGB）转换为色调-饱和度-明度（Hue-Saturation-Value，HSV），有

$$H = \begin{cases} 0°, & \Delta = 0 \\ 60° \times \left(\dfrac{G' - B'}{\Delta} + 0 \right), & C_{\max} = R' \\ 60° \times \left(\dfrac{B' - R'}{\Delta} + 2 \right), & C_{\max} = G' \\ 60° \times \left(\dfrac{R' - G'}{\Delta} + 4 \right), & C_{\max} = B' \end{cases} \tag{1-2}$$

$$S = \begin{cases} 0, & C_{\max} = 0 \\ \dfrac{\Delta}{C_{\max}}, & C_{\max} \neq 0 \end{cases} \tag{1-3}$$

$$V = C_{\max} \tag{1-4}$$

式中，$R' = R/225$；$G' = G/225$；$B' = B/225$；$C_{\max} = \max(R', G', B')$；$\Delta = C_{\max} - C_{\min}$，其中，

在 HSV 颜色空间提取指示、警示、禁止类交通标志牌的主颜色，分别是蓝色、黄色和红色。色彩的范围：H, S, V 三分量都归一化到（0，1）范围，具体为

$$蓝 \begin{cases} 0.56 < H < 0.7 \\ 0.17 < S < 1.0 \\ 0.19 < V < 1.0 \end{cases} \tag{1-5}$$

$$黄\begin{cases}0.06<H<0.19 \\ 0.17<S<1.0 \\ 0.19<V<1.0\end{cases} \tag{1-6}$$

$$红\begin{cases}0<H<0.04,0.87<H<1.0 \\ 0.17<S<1.0 \\ 0.19<V<1.0\end{cases} \tag{1-7}$$

提取完三大类标志牌主颜色后，对获得的图像进行二值化处理，通过计算二值图像中连通区域（8 连通），去除掉连通区域较小的区域（350～550），获得图像 Image，同时考虑图像中目标由远及近的规律，对整幅图像的底边部分（$w×h/5$）不处理。

ROI 的左上点坐标 $U_{\mathrm{L}}=(x_1,y_1)$，有

$$x_1=\begin{cases}x_{\min},x_{\min}<4h/5 \\ 0,其他\end{cases},y_1=y_{\min} \tag{1-8}$$

右下点坐标 $D_{\mathrm{R}}=(x_2,y_2)$，有

$$x_2=\begin{cases}x_{\max},x_{\max}<4h/5 \\ h,其他\end{cases},y_2=y_{\max} \tag{1-9}$$

式中，$x_{\min}$ 为 Image 中所有像素 x 方向上的最小值；$y_{\min}$ 为 Image 中所有像素 y 方向上的最小值；$x_{\max}$ 为 Image 中所有像素 x 方向上的最大值；$y_{\max}$ 为 Image 中所有像素 y 方向上的最大值；h 为图像 x 方向上的长度。最后，可以获得 ROI。

2. 交通标志检测

YOLO v3 算法通过一个神经网络直接预测不同目标的类别与位置。其将输入图像分成网格，如果某个目标的中心落在网格中，则该网格负责预测此目标；每个网格单元预测一个概率值和 3 个边界框，每个边界框预测 5 个回归值（x，y，w，h，confidence），（x，y）为边界框的中心点坐标，（w，h）为边界框的宽度和高度，confidence 为置信度，置信度的计算为

$$\mathrm{confidence}=\mathrm{Pr(object)}\times\mathrm{IOU}_{\mathrm{pred}}^{\mathrm{truth}} \tag{1-10}$$

式中，$\mathrm{Pr(object)}$ 为 0 或 1，0 表示图像中没有目标，1 表示有目标；$\mathrm{IOU}_{\mathrm{pred}}^{\mathrm{truth}}$ 为预测的边界框和实际的边界框之间的交并比。置信度反映是否包含目标以及包含目标情况下预测位置的准确性。置信度阈值设置为 0.5，则当边界框置信度小于 0.5 时，删除预测的边界框；预测的边界框置信度大于 0.5 时，保留预测的边界框。

边界框预测调整。（t_x，t_y，t_w，t_h）是网络预测的边界框的 4 个坐标，网格偏离图像左上角的量为（c_x，c_y），p_w、p_h 是先前边界框的宽度和高度，对应的预测框调整如下：

$$b_x=\sigma(t_x)+c_x,b_y=\sigma(t_y)+c_y,b_w=p_w\mathrm{e}^{t_w},b_h=p_h\mathrm{e}^{t_h} \tag{1-11}$$

类别预测。在分类阶段，soft-max 有类间互斥的表现，不利于有包含属性关系的数据分类，因此使用多标签分类方法。取而代之的是多个独立的逻辑分类器，在训练阶段对于类别的预测采用的是二元交叉熵函数：

$$\mathrm{loss}=-\sum_{i=1}^{n}\hat{y}_i\log_2 y_i+(1-\hat{y}_i)\log_2(1-\hat{y}_i) \tag{1-12}$$

跨尺度预测。基于特征金字塔网络的思想，获取更丰富的语义信息和更细粒度的特征信息。YOLO v3 在 3 个尺度上预测边界框，最后在每个尺度图上可以得到 $N×N×[3×(4+1+3)]$ 个

结果。其中有 $N \times N$ 个网格，3 种尺度的锚点，边界框的 $4 + 1$ 个值和 3 种类别。通过使用 k 均值（k-means）聚类算法获取边界框的先验信息，选择 9 个聚类均分到 3 种尺度上。9 个聚类如下：(10×13)，(16×30)，(33×23)，(30×61)，(62×45)，(59×119)，(116×90)，(156×198)，(373×326)。

特征提取。YOLO v3 使用 Darknet-53 网络实现特征提取，相比 Darknet-19 网络添加了残差单元，使用连续的 3×3 和 1×1 卷基层。该网络结果包括 53 个卷积层以及 5 个最大池化层，同时在每个卷积层后增加了批量归一化操作和去除 dropout 操作，防止过拟合现象。训练过程损失函数为

$$
\begin{aligned}
F(\text{loss}) = &\lambda_{\text{coord}} \sum_{i=1}^{S^2} \sum_{j=1}^{k} I_{ij}^{\text{obj}} \left((x_i - \hat{x}_i)^2 + (y_i - \hat{y}_i)^2 \right) + \\
&\lambda_{\text{coord}} \sum_{i=1}^{S^2} \sum_{j=1}^{k} I_{ij}^{\text{obj}} \left((\sqrt{\omega_i} - \sqrt{\hat{\omega}_i})^2 + (\sqrt{h_i} - \sqrt{\hat{h}_i})^2 \right) + \\
&\sum_{i=1}^{S^2} \sum_{j=1}^{k} I_{ij}^{\text{obj}} (\sqrt{C_i} - \sqrt{\hat{C}_i})^2 + \sum_{i=1}^{S^2} I_i^{\text{obj}} \sum_{c \in \text{classes}} (p_i(c) - \hat{p}_i(c))^2
\end{aligned}
\tag{1-13}
$$

式中，I_i^{obj} 为网格单元 i 包含交通标志牌的部分；I_{ij}^{obj} 为网格单元 i 中的第 j 个边界框。其中不包含交通标志牌的任何部分。

1.2.3　交通信号灯识别

交通灯识别算法主要利用的是交通灯的色彩特征及形状特征。基于色彩特征的识别算法利用了交通灯发出 3 种特定色彩光的特点，其核心是选择某个色彩空间对交通灯的颜色进行描述以及选取合适的阈值进行分割。基于形状特征的算法利用的是交通灯及其附属物的形状信息。

综合考虑交通灯的色彩和形状特征，首先通过色彩特征查找候选区域，再通过形状特征对候选区域进行确认。由于 RGB 空间颜色与光照互相影响的特点，首先，使用独立描述色度通道的色调饱和度（Hue Saturation Intensity，HSI）颜色空间，从而更加准确地查找出交通灯候选区域；然后，利用交通灯在形状上的典型特征对候选区域进行确认；最后，进行模板匹配，从而完成交通灯的识别[6]。

1. 颜色分割

交通信号灯的颜色特征无疑是其最凸显的特征。要对颜色进行分割，首先要了解颜色空间的概念。RGB 颜色空间采用红、绿、蓝 3 种基色来显示彩色，其模型下的 3 个分量 R、G、B 相关性较高，因此受光照影响较大。光照条件的稍微变化，就会引起颜色点在空间中的较大位移，不利于颜色分割。HSI 颜色空间是适合人类视觉特性的色彩模型。其中，H（Hue）分量表示的是色度信息；I（Intensity）分量表示的是光的强度；S（Saturation）分量表示的是颜色的饱和度。HSI 空间模型 H、I、S 这 3 个分量之间的相关性较小，色调与亮度、阴影等无关，故可以利用色调 H 完成独立于亮度 I 的彩色区域分割。但它需要从 RGB 空间转化到 HSI 空间，转化公式如下：

$$
H = \begin{cases} \theta, & B < G \\ 360 - \theta, & B \geqslant G \end{cases}
\tag{1-14}
$$

式中

$$\theta = \arccos\left\{\frac{\frac{1}{2}[(R-G)+(R-B)]}{[(R-G)^2+(R-B)(G-B)]^{\frac{1}{2}}}\right\} \tag{1-15}$$

$$S = 1 - \frac{3}{(R+G+B)}[\min(R,G,B)] \tag{1-16}$$

$$I = (R+G+B)/3 \tag{1-17}$$

由于红色、黄色信号灯为发光二极管（Light Emitting Diode，LED）灯材质，呈现出的颜色与实际生活中的纯红色、纯黄色有一些差异。于是对数十幅交通灯图像通道进行红色、黄色 H 值的获取后，选定了红色、黄色的阈值。红色 H 值为 0 ~ 18 或 335 ~ 360，黄色 H 值为 10 ~ 55，饱和度 S 值均不小于 0.3。

即，若 $0 \le H \le 18$ 或 $335 \le H \le 360$、$S \ge 0.3$，则该像素为红灯区域；若 $10 \le H \le 55$ 和 $S \ge 0.3$，则该像素为黄灯区域。

可以看出，在 $0 \le H \le 18$ 和 $S \ge 0.3$ 处，红色与黄色重叠。由于将黄色误判成红色对交通状况产生的影响较小，因此若像素位于该重叠区间时，则将其判断为红色。

绿色信号灯 H 值为 159 ~ 201，饱和度 S 值不小于 0.15。

即，若 $159 \le H \le 201$ 和 $S \ge 0.15$，则该像素为绿灯区域。

由于需要进行形状确认，所以在颜色分割部分将红、黄、绿三色一起提取出来。若将三色分别提取出来后再分别进行形状分割、确认，将会重复执行算法，运算速度慢。因此，算法将符合（$0 \le H \le 18$ 或 $335 \le H \le 360$、$S \ge 0.3$）或（$10 \le H \le 55$ 和 $S \ge 0.3$）或（$159 \le H \le 201$ 和 $S \ge 0.15$）的像素提取出来。图 1-12 所示为试验图，要将试验图中的红、黄、绿 3 色都提取出来。

如图 1-13 所示，分割后的图像还有很多杂点，因此引入形态学运算。形态学开运算的作用是消除细小物体，在纤细处分离物体，可以去除图中的杂点。形态学闭运算的作用是填充物体内细小空洞，连接临近物体，因此可以将信号灯圆域内空洞填上。选取合适的阈值，对图像综合运用开运算和闭运算。

图 1-12　试验图

图 1-13　结果图

对图像进行上述处理后，以八向连通的方式连接候选区域中的像素点形成图像块。每个图像块都有很多属性，如面积、圆度、长宽比、饱和度及凹凸性等。图像块的属性可以帮助过滤掉一部分图像块，如圆度过低的图像块可以确定不是交通灯。圆度（俗称圆形度）是指一个图像块接近理论圆的程度，其计算公式如下：

$$\text{Metric} = \frac{4 \times p_i \times \text{Area}}{\text{Perimeter}^2} \qquad\qquad (1\text{-}18)$$

式中，Metric 为图像块的圆度；Area 为图像块的面积；Perimeter 为图像块的周长；p_i 为图像块的像素个数，算法中对图块边缘进行扫描可得到。由式（1-18）可得圆的 Metric = 1。

在实验中，使用圆度属性，设置比较宽松的阈值，选最低值为 0.3。经过形态学操作和圆度过滤后，会消除大部分的杂点，如图 1-14 所示。

2. 形状分割

交通信号灯在形状上有个显著的特征，即被一个黑色矩形框所包围。

图 1-14　颜色分割最终结果图

根据信号灯设计规范，该矩形框有固定长宽比。可利用该特征，将交通灯范围提取出来。首先设定一个阈值，将低灰度区域提取出来。再利用颜色分割，将近似黑色的部分提取出来，此时可以粗分割。若满足下式（黑色的提取公式），则该像素为黑色：

$$(R - G > 10)、(G - B > 10)、(B - R > 10)、$$
$$(0 < R < 70)、(0 < G < 70)、(0 < B < 70) \qquad (1\text{-}19)$$

式中，R、G、B 分别为该像素在红、绿、蓝 3 通道的数值。

提取出近似黑色的区域后，以八向连通的方式连接候选区域中的像素点形成图像块。长宽比过大的图像块可以确定不是交通灯边框。但是，由于环境光照的变化、车辆与交通灯的距离及抖动等因素的影响，使得图像中交通灯的形状不断发生变化。因此，过滤操作使用的属性的多少以及阈值设置的严格程度，应由具体的行车环境决定。经过面积和长宽比分割后的图像如图 1-15 所示。

3. 颜色分割与形状分割相结合

现在有两张处理过的图，一张是颜色分割后图，一张是形状分割后图。形状分割图中图块外接矩形恰似信号灯黑色外边框，信号灯区域应该位于该外接矩形框内。利用该性质，找到形状分割后的图块最小外接矩形所框住的区域，在颜色分割图中的同个区域搜索，如果有大于一定面积的图块出现且不与外接矩形框交叉，则为红绿灯。此处，面积阈值设为 10 个像素。

用该方法能有效地将颜色分割图、形状分割图中多余图块去除，来精准定位交通信号灯的位置。颜色图搜索完毕后图像为待匹配图像，如图 1-16 所示。

图 1-15　形状分割最终结果图

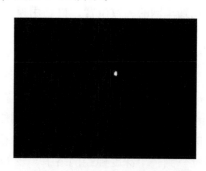

图 1-16　颜色分割与形状分割结合搜索后结果

4. 模板匹配

交通场景图像中杂点很多，各类交通标志、汽车尾灯、广告牌灯，都可能会被分割成候选区，所以还需要进行模板匹配。同样，利用交通灯被黑色矩形框包围这个特点，设计 3 个模板代表 3 个色彩的交通灯。交通灯模板如图 1-17 所示。

a) 红灯   b) 黄灯   c) 绿灯

图 1-17　红灯、黄灯和绿灯的交通灯模板

由于交通灯在图像中的大小和位置会随汽车和交通灯的距离变化而发生变化。因此，在匹配之前需要选择适当的模板，确定模板的大小和待匹配图像中的匹配区域。每个图像块对应的模板取决于它的行心在矩形框中的位置，具体选择规则如下：

1）行心位于矩形框上部 1/3 范围，选择红色模板。

2）行心位于矩形框 1/3 ~ 2/3 范围，选择黄色模板。

3）行心位于矩形框下部 1/3 范围，选择绿色模板。

设计的模板图像的大小是固定的，而图像中交通灯的大小和距离、视角等因素有关，因此不能直接拿模板图像和原图像进行匹配。每个图像块都需要重新计算它所对应的模板的大小。由于图像块对应的是交通灯的发光区，因此图像块的面积（记为 Targe）和模板中发光区的面积（记为 Template）的比值，就是模板图像（记为 STe）需要缩小或放大的倍数。那么，模板图像的大小应变为 $STe \times Targe/Template$。

计算待匹配区域和模板图像的匹配程度，匹配值大于某个阈值的图像块确认为交通灯。

1.2.4　车辆检测与识别

传统的车辆检测方法主要通过知识和模型的方法来刻画运动目标。基于知识的方法是利用车辆的特征信息，包括车辆轮廓、车辆的对称性、边缘纹理和背景信息等，来检测车辆。单一特征进行车辆检测具有较强的局限性，因此常选择多个特征进行特征融合，从而提高检测精度。基于模型的方法则通过建立车辆模板与待检测图像进行匹配，与特征模板相似的区域即被认定为检测结果。基于知识的方法与基于模型的方法也常常被结合起来使用，首先利用特征信息找到车辆的大致位置，再利用模型匹配进行精确定位，其检测结果较单独使用两种方法都有提升。

不同于传统的目标检测算法，基于深度学习的方法直接利用原始数据提取特征，在训练过程中可以学习到许多潜在特征，从而有效地解决了人为设计特征的局限性问题。卷积神经网络（Convolutional Neural Network，CNN）在目标检测领域内的发展，以及 R-CNN、Fast R-CNN、Faster R-CNN 一系列基于区域的网络模型的出现，使得检测效率和检测精度都得到了大幅度的提升[7]。其中，Faster R-CNN 模型将候选区域生成、特征提取、分类和位置精修 4 大步统一到一个深度神经网络中，较 Fast R-CNN 模型的检测速度提升了 10 倍。

R-CNN 模型从根本上解决了传统检测方法的特征选择问题。通过 CNN 强大的学习能力提取由浅到深的各层特征，再结合所生成的候选框即可完成检测任务。R-CNN 系列模型有 R-CNN、SPP Net、Fast R-CNN 和当下的代表模型 Faster R-CNN。其中，R-CNN 使用选择性搜索方法对一幅图像生成了 2000～3000 个候选区域，然后对每个候选区域下的图像进行卷积操作提取特征，训练分类器得到物体类别，最后通过边框回归（Bounding Box Regression，BBR）微调候选目标框的大小；Fast R-CNN 虽然仍使用选择性搜索方法搜索候选框，但它是对全图进行卷积操作提取特征，通过 ROI 池化对特征图进行归一化，最后将分类和回归联合训练得到最终的候选框；Faster R-CNN 创新性地改善了选择性搜索方法，将搜索候选框的任务也分配给了神经网络，加入一个提取边缘的区域生成网络（Region Proposal Network，RPN）以共享之前的卷积计算。从能实现的功能上看，Faster R-CNN 可以看作由 RPN 候选框生成模块与 Fast R-CNN 检测模块两部分模块组成。Faster R-CNN 框架如图 1-18 所示。

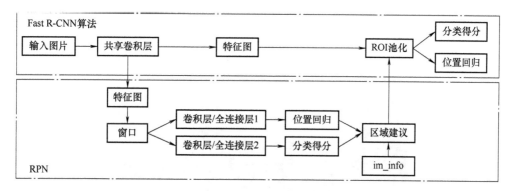

图 1-18   Faster R-CNN 框架

1. Fast R-CNN

Fast R-CNN 部分主要包括特征提取、ROI 池化以及全连接层的分类和回归等处理。共享卷积层使用 VGG16 或者 Res Net 等常见的 CNN 模型进行卷积和池化得到特征图。该特征图将共享给后续的 RPN 和全连接层。经 RPN 输出的区域大小和形状各不相同，但后续全连接层的输入尺寸必须是固定的。早期的 R-CNN 和 Fast R-CNN 通过对区域进行拉伸和裁剪得到固定尺寸。这种方法的缺点是，破坏了图像的完整结构和原始形状信息。但 ROI 层的改进则解决了这一问题，ROI 池化将可变尺寸固定到同一长度，且不存在变形问题。经过归一化的特征图在其中一个全连接层通过 soft-max 进行具体类别的分类，另一个全连接层则进行边框回归以获取更高精度的回归框，最终输出检测结果。

2. RPN 部分

Faster R-CNN 最大的创新在于提出了一种有效生成目标候选框的方法。其本质就是用 RPN 来提取检测区域，同时 RPN 和整个检测网络共享全图卷积特征来缩短计算时间。

输入图片经过共享卷积层得到特征图（feature map），通过滑动窗口得到一个 256 维长度的特征。然后，对每个特征向量进行 2 次全连接操作：一次得到 2 个分数用来区分前景和背景；另外一次得到 4 个坐标值表示初始候选框相较正确标注框的偏移量。其中，每个滑窗的中心点称为一个锚点，每一个锚点对应 3 种比例（1∶1，1∶2，2∶1）和 3 种尺寸（128^2，256^2，512^2）的锚盒，这样经过每一次滑动都会产生 9 个固定的区域建议。特征图的大小是

16×16，进入 RPN 阶段后首先经过一个 3×3 的卷积，得到一个 $256 \times 16 \times 16$ 的特征图，也可以看作 16×16 个 256 维特征向量；然后，经过 2 次 1×1 的卷积，分别得到 1 个 $18 \times 16 \times 16$ 的特征图和 1 个 $36 \times 16 \times 16$ 的特征图。前者的特征图包含 2 个分数，后者的特征图包含 4 个坐标值，结合预先定义的锚点便可以得到候选框。

Faster R-CNN 中的 RPN 解决了候选框的生成问题，但是 RPN 锚点设置的 3 种比例和 3 种尺寸适应外形相差较大的目标检测，在处理特征相近的检测目标时往往会产生误差较大的初始候选框。为了得到符合车辆形态学特征的初始候选框，可以利用 k 均值聚类法对锚盒尺寸进行聚类。其具体步骤如下：

步骤 1 对数据集中所有检测车辆进行手工标记，提取每一标注框对应的宽高值。

步骤 2 按照欧氏距离把相似度高的数据聚类为同一簇，则聚类中心的分布就代表了数据集中绝大多数车辆宽度和高度及其比值的分布。

步骤 3 按照 k 值对应的聚类中心坐标值修改原锚盒尺寸和比例，然后分别进行训练与测试。根据检测准确率，即可确定车辆检测任务中更理想的锚盒尺寸和比例值。车辆检测结果示意图如图 1-19 所示。

a) 原图　　　　　　　　　　b) 检测结果

图 1-19　车辆检测结果示意图[7]

1.3　基于激光雷达的环境感知技术

基于激光雷达的环境感知关键技术主要包括，点云聚类、可通行区域分析、障碍物检测和障碍物跟踪等。其数据处理流程如图 1-20 所示。

1.3.1　点云聚类

基于激光雷达的点云聚类是指，将点云数据按照一定规则分割成有意义的独立子集。激光雷达扫描周围交通环境得到的三维点云呈不均匀分布，场景内包含的障碍物个数未知，同时点云数据量较大，具有较高的采样噪声，选用的点云聚类算法需要能够适应空间分布密度差别较大的点云类簇。通常采用聚类算法划分出的同一组或簇的元素对象"相似"，即被认定为同一类别、同一整体或具有某种共同的规律性、相似性或关联性。其基本原理是，根据元素对象的某些属性来度量元素对象之间的相似性，将元素对象划分成不同的组或簇，使得同一组或簇的元素对象"相似"而不同组或簇的元素对象明显不同[8]。

聚类算法主要有基于距离的聚类、均值偏移聚类、基本划分聚类、层次聚类、基于密度的聚类和基于网格的聚类等方法[9-14]。

基于距离的均值偏移（mean shift）聚类算法，一般是指一个迭代的步骤。即，先算出当前点的偏移均值，移动该点到其偏移均值，然后以此为新的起始点，继续移动，直到满足一定的条件结束。

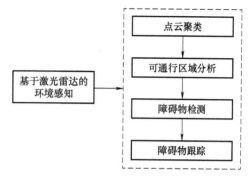

图 1-20　基于激光雷达的环境
感知数据处理流程

给定 d 维空间 R_d 的 n 个样本点，在空间中任选一点 x，则均值偏移向量的基本形式定义为

$$M_h = \frac{1}{K} \sum_{x_i \in S_k} (x_i - x) \tag{1-20}$$

式中，$i = 1$，$\cdots$，n；S_k 为一个半径为 h 的高维球区域，且满足式（1-21）的 y 点的集合；k 为在这 n 个样本点 x_i 中，有 k 个点落入 S_k 区域中。

$$S_h(x) = \{ y : (y - x_i)_T (y - x_i) < h^2 \} \tag{1-21}$$

均值偏移聚类算法原理及效果如图 1-21 所示。

1.3.2　可通行区域分析

基于激光雷达的可通行区域分析，主要针对自身车辆局部环境检测道路边界和障碍物，为智能车辆局部路径规划算法提供可通行区域信息[15]。激光雷达不易受光照和阴影等不良因素影响，能检测道路边界的跳变，可在非结构化环境中检测和跟踪可通行区域变化。

目前，基于激光雷达的车辆可通行区域分析方法基本原理是通过地面点拟合得到路沿曲线，大致划定车道区域，然后根据检测出的障碍物位置实时判断可通行区域。

基于相邻点云间距的道路可通行区域快速检测算法的思路：首先，假设激光雷达安装高度为 H，每个激光束对应的垂直角度为 ω，计算出各激光束在地面上的水

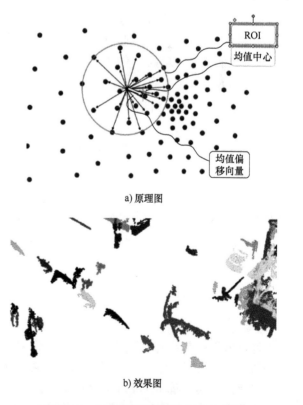

a）原理图

b）效果图

图 1-21　均值偏移聚类算法原理及效果

平距离 L_e，见式（1-22）；结合激光雷达水平角分辨率 β 计算出各光束固有的相邻点云间距 ΔS_e，见式（1-23）。

$$L_e = H/\tan\omega \qquad (1\text{-}22)$$
$$\Delta S_e = L_e \beta\pi/180 \qquad (1\text{-}23)$$

激光束距离示意图如图 1-22 所示。

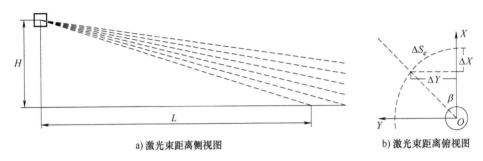

a) 激光束距离侧视图　　　　　　　　b) 激光束距离俯视图

图 1-22　激光束距离示意图

基于相邻点云间距的道路可通行区域快速检测算法的基本原理：通常三维激光雷达垂直角分辨率和水平角分辨率是固定不变的；当安装高度固定时，在没有障碍物遮挡的情况下，不同激光发射器对应扫描到地面上的激光束距离 L_e 是固定不变的，同一激光束点云呈连续状态，相邻两点间的距离以及空间角度均固定不变；只有存在障碍物时，相邻点间距及角度才会产生异常变动。

道路可通行区域提取步骤具体如下：

步骤 1　根据激光雷达地面激光束数量设置激光束点云容器 G_e。其中，$e = 1, 2, \cdots, M$；M 为地面激光束总数。不同激光束对应不同的激光束距离 L_e，在此基础上设置一个正负波动阈值 ΔL_e。导入原始点云数据，计算 XOY 平面内各点与坐标原点的距离 $D_c = \sqrt{x_c^2 + y_c^2}$（$c = 1, 2, \cdots$）。通过判断 D_c 在区间（$L_e - \Delta L_e$，$L_e + \Delta L_e$）的位置，将点云保存在对应激光束的点云容器 G_e 内。

步骤 2　引入单一 G_e 容器点云数据，计算同一激光束相邻两点之间的距离 S_c 为

$$S_c = \sqrt{(x_{c+1} - x_c)^2 + (y_{c+1} - y_c)^2 + (z_{c+1} - z_c)^2} \qquad (1\text{-}24)$$

将其与激光束对应的相邻点云间距 ΔS_e 进行比较，如果 $S_c < \Delta S_e$，则保留点在 G_e 容器；如果 $S_c \geq \Delta S_e$，则该点处存在障碍物，表示为不可通行点，进行排除。以此排除模式循环计算每个激光束点云，进而对障碍物噪点进行排除。

步骤 3　引入步骤 2 筛选后的 G_e 容器点云数据，计算激光束相邻三点间的角度差 $\Delta\lambda_c$ 为

$$\Delta\lambda_c = \arctan\left[\frac{z_{c+1} - z_c}{\sqrt{(x_{c+1} - x_c)^2 + (y_{c+1} - y_c)^2}}\right] - \arctan\left[\frac{z_c - z_{c-1}}{\sqrt{(x_c - x_{c-1})^2 + (y_c - y_{c-1})^2}}\right]$$
$$(1\text{-}25)$$

计算出所有点云之间角度差的总和，再除以 G_e 容器点云总数，得到平均角度差 $\Delta\lambda_a$，如果 $\Delta\lambda_c \geq \Delta\lambda_a$，则该点为异常点，进行排除；如果 $\Delta\lambda_c < \Delta\lambda_a$，则将点继续保留在 G_e 容器中，以此排除模式循环计算每个激光束点云。

步骤 4　通过步骤 1~3，提取出平整的路面区域。设置合适的聚类距离阈值 D_s 以及最

小点云数量阈值 $N_{\min}$，采用改进欧氏聚类算法分别对单一激光束 G_e 容器点云数据进行聚类，同一激光束会形成多个类，计算出每个类的长度为

$$F = \sqrt{(X_{\max} - X_{\min})^2 + (Y_{\max} - Y_{\min})^2} \tag{1-26}$$

式中，$X_{\max}$、$X_{\min}$、$Y_{\max}$、$Y_{\min}$ 分别为该类中最大最小 XY 坐标，再和车身宽度进行对比，保留类长度大于 1.5 倍车身宽度的类点云，可得到单个激光束路面可通行区域。以此模式循环聚类判断每个激光束点云，即可提取出整个道路可通行区域。

1.3.3　障碍物检测

基于激光雷达的障碍物检测方法主要有两种。第一种是模板匹配法，根据障碍物栅格内点云相关特征建立障碍物模板库，通过计算障碍物点云数据与模板数据的相似程度确定障碍物类别。

该方法通常将动态障碍物模板分为以下四类[16]：

1）L 形动态障碍物。这类动态障碍物多为在城市道路上行驶的汽车，因激光雷达只扫描到汽车的两面，而呈现类似 "L" 的形状，如图 1-23a 所示。

2）I 形动态障碍物。这类障碍物多为行驶过程中位于智能汽车正前方或者正后方的车辆，因自遮挡而致使障碍物点云出现类似 "I" 的形状，如图 1-23b 所示。

3）口形动态障碍物。这类模板能较好地反映障碍物的真实形状，如图 1-23c 所示。

4）行人和骑车人员动态障碍物。这类障碍物点云形状接近 "I" 形。通过将聚类结果与特定的动态障碍物模板进行匹配，可以初步确定出绝大部分动态障碍物。

a) L 形　　　　　　　　　　b) I 形　　　　　　　　　　c) 口形

图 1-23　动态障碍物模板

第二种是基于点云特征的机器学习算法，通过提取已知类别障碍物的点云特征建立特征数据库，利用特征数据库训练机器学习分类器，再用分类器模型对障碍物进行分类，通常使用基于支持向量机（Support Vector Machine，SVM）的运动障碍物检测算法。

通过对点云数据进行聚类处理，可以得到众多点云簇的立体框架 $c = \{box_1, box_2, box_3, \cdots, box_n\}$，立体框架的长宽高和框架中点云簇中点云的空间坐标和反射强度信息存储在了 $box = \{length, width, height, D\}$。通常使用机器学习的方法实现对点云数据的目标识别，继而利用已经标记完成的训练集对分类器进行训练。此外，还需进行 SVM 参数的选择，参数选择如下：

1）特征归一化。由于不同特征之间的数值范围不同、差距较大，导致了不同的特征之

间权值不平衡，因此在训练之前需进行特征归一化操作。归一化操作能够在训练分类器时收敛速度更快，提高分类器性能。

2）核函数的选择。由于径向基函数能够处理非线性问题，且径向基函数的值域为 $(0, 1]$，不会像线性函数一样出现无限大的数值，因此一般选择径向基核函数（Radial Basis Function，RBF）。

3）最优参数选择。在 SVM 分类器选择径向基作为核函数的前提下，需要考虑两个主要参数——误差惩罚参数 C 和高斯参数 Y。首先利用网格寻优方法遍历每一对 (C, Y)，再使用交叉检验方法将每次训练样本随机分成两份来检验参数的性能，最终选出最优参数。

1.3.4　障碍物跟踪

基于激光雷达的障碍物跟踪是指，在不同时刻精确关联同一障碍物。激光雷达扫描周期短，相邻帧间同一扫描角度对应的数据点具有强相关性。数据关联是将当前时刻观测到的某一障碍物与上一时刻建立的障碍物列表中差异度最小的目标进行匹配，通常将障碍物位置特征作为差异度判断准则[17]。在进行数据关联时，采用边界位置相似度的数据关联方法，将第 t 帧第 i 个动态障碍物的 4 条边界位置定义为 M_i^t，有

$$M_i^t = (iL_i^t, iU_i^t, jL_i^t, jU_i^t) \tag{1-27}$$

式中，iL_i^t 为动态障碍物栅格群最小横向位置；iU_i^t 为最大横向位置；jL_i^t 为最小纵向位置；jU_i^t 为最大纵向位置。

得到前后两帧各动态障碍物之间的相似度矩阵 $S_{m \times n}$，有

$$S_{m \times n} = \begin{bmatrix} s_{11} & \cdots & s_{1n} \\ \vdots & s_{ij} & \vdots \\ s_{m1} & \cdots & s_{mn} \end{bmatrix} \tag{1-28}$$

式中，m 为前一帧动态障碍物个数；n 为当前帧中动态障碍物个数。

前后两帧任意两个动态障碍物之间的相似度 s_{ij} 为

$$s_{ij} = 1 / \left[(iL_i^{t-1} - iL_j^t)^2 + (iU_i^{t-1} - iU_j^t)^2 + (iL_i^{t-1} - jL_j^t)^2 + (jU_i^{t-1} - jU_j^t)^2 \right] \tag{1-29}$$

在数据关联时，会有如下三种情况：

1）上一帧和当前帧中同一个动态障碍物确实仍然存在。

2）上一帧中的动态障碍物在当前帧中已经不存在。

3）在当前帧中出现了新的动态障碍物，而上一帧没有此动态障碍物。

因此，即使相似度最大，也不一定是同一个动态障碍物，所以可通过设置合适的阈值来区别车辆所在车道可行驶区域的同一个动态障碍物是否同时存在于上一帧和当前帧。

完成障碍物关联后，采用卡尔曼滤波器对目标障碍物状态参数进行估计，利用参数更新方程融合当前观测数据与前一时刻的估计数据。卡尔曼预测方程表示为

$$x_k = A x_{k-1} \tag{1-30}$$

式中，状态变量 $x = [x_c \ y_c \ v_{cx} \ v_{cy}]^T$，$v_{cx}$、$v_{cy}$ 分别为障碍物速度 v 在 x、y 方向上的分量；A 为状态转换矩阵，即

$$A = \begin{bmatrix} 1 & 0 & T & 0 \\ 0 & 1 & 0 & T \\ 0 & 0 & 1 & 0 \\ 0 & 0 & 0 & 1 \end{bmatrix} \tag{1-31}$$

式中，T 为工作周期。预测误差协方差矩阵为

$$P_k = AP_{k-1}A' + \Gamma Q \Gamma' \tag{1-32}$$

定义 P_k 的初始值为四阶单位矩阵，过程噪声协方差矩阵和分布矩阵分别为

$$Q = \sigma_P^2 \begin{bmatrix} 1 & 0 \\ 0 & 1 \end{bmatrix}, \Gamma = \begin{bmatrix} 0 & 0 & 1 & 0 \\ 0 & 0 & 0 & 1 \end{bmatrix}^T \tag{1-33}$$

式中，σ_P 为所加过程噪声的大小。卡尔曼观测更新方程为

$$\begin{cases} K = P_{k-1}H^T (HP_{k-1}H^T + R)^{-1} \\ x_k = x_{k-1} + K(z_k - Hx_{k-1}) \\ P_k = P_{k-1} - KHP_{k-1} \end{cases} \tag{1-34}$$

式中，$z = [x_c \ y_c]^T$；H 为观测矩阵；R 为测量噪声的协方差矩阵。矩阵 H、R 的表达式为

$$H = \begin{bmatrix} 1 & 0 & 0 & 0 \\ 0 & 1 & 0 & 0 \end{bmatrix}, R = \sigma_r^2 \begin{bmatrix} 1 & 0 \\ 0 & 1 \end{bmatrix} \tag{1-35}$$

式中，σ_r 为所加测量噪声的大小。

首先，通过事先测量跟踪比较稳定的目标求出测量误差，得到测量噪声协方差矩阵 R。过程噪声协方差矩阵 Q 一般难以直接得出，需根据程序运行情况进行离线调整。然后，通过调节过程噪声协方差矩阵 Q 估计当前帧障碍物位置和车速的预测结果分布，通过调节测量噪声协方差矩阵 R 来调节观测值的可信度。当前时刻帧的输出结果最终倾向于预测值还是观测值，主要取决于矩阵 Q、R 的方差参数。

智能网联汽车环境感知，本质上是利用不同传感器模拟人的认知方式对场景进行分析，激光雷达凭借深度挖掘三维数据的优势在智能汽车领域得到了广泛应用。随着无人驾驶技术研究的不断深入，基于激光雷达的环境感知算法取得了显著进展。但无论是用于预处理的点云聚类、可通行区域分析方法，还是障碍物识别与跟踪方法，都需要基于真实场景下采集的海量点云数据进行测试验证，从而保证算法的实时性和鲁棒性。因为成本高的问题，目前激光雷达还未进入大规模商用阶段，国内外各大生产厂商正在积极投入研发功能简单、低成本的激光雷达。尽管低成本化是一大趋势，但考虑到出行安全性，高价激光雷达仍会成为智能汽车环境感知传感器的主流。

实际上，单一传感器很难应对复杂多变的行驶环境，因此目前智能汽车系统大多通过将激光雷达与其他多种不同类型的传感器融合来进行复杂场景处理和判断，以实现准确高效的环境感知。

1.4　基于多传感器融合的环境感知技术

基于多传感器融合的环境感知技术，是目前智能汽车感知技术领域主流的解决方案，如图 1-24 所示。算法除了要满足实时性的要求外，更要满足可靠性。复杂交通环境下，多传

感器融合技术能有效克服单一传感器信息获取受局限、可靠性低等缺点。

全屏显示镜像

驾驶人监控系统

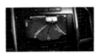
汽车拖车影像监控

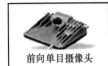
前向单目摄像头

激光雷达

雷达

前向双目摄像头

抬头显示器

EV车载充电器系统

环视系统

图 1-24　基于多传感器融合的环境感知技术示意图

目前主要有两种融合方式：视觉传感器与激光雷达融合、视觉传感器与毫米波雷达融合。视觉传感器与激光雷达的融合，是当前主流的研究方向。以目标检测任务为例，基于激光雷达和视觉传感器的目标检测算法通过激光雷达点云数据获取目标形状、位置、运动参数等信息，利用点云聚类分割技术获取目标 ROI，并进一步根据视觉传感器获取车辆图像特征信息，对目标进行确认。其工作流程主要包含两部分：①摄像头与激光雷达的联合标定；②多传感器信息融合。

1.4.1　摄像机与激光雷达的联合标定

多传感器标定是智能网联汽车实现的基本需求。良好的标定是多传感器信息融合的基础。一辆车上装了多个（多种）传感器，而它们之间的坐标关系是需要确定的。不同传感器有着独立的坐标系和不同的采集频率，必须把不同坐标系的数据转换到同一坐标系并进行时间配准，才能实现融合。对于激光雷达和相机的联合标定，其基本原理就是得到激光雷达和相机数据之间的转换关系[18]，即找到同一时刻激光点云数据和图像中对应的像素点。

激光雷达坐标系可以描述物体与激光雷达的相对位置，表示为 $[X_L, Y_L, Z_L]$。其中，原点为激光雷达几何中心，X_L 轴水平向前，Y_L 轴水平向左，Z_L 轴竖直向上，符合右手坐标系规则。相机系统中存在三个坐标系：像素坐标系、图像坐标系和相机坐标系。像素坐标系表示为 $[u, v]$。其中，原点为图像左上角，u 轴水平向右，v 轴竖直向下。图像坐标系指在图像像素坐标系下建立以物理单位（如毫米）表示的坐标系，使像素尺度具有物理意义，表示为 $[x, y]$。其中，原点为相机主点，即相机光轴与图像平面的交点，一般位于图像平面中心；x 轴与 u 轴平行，y 轴与 v 轴平行。相机坐标系可以描述物体与相机的相对位置，表示为 $[X_C, Y_C, Z_C]$。其中，原点为相机光心 O，X_C 轴与 x 轴平行，Y_C 轴与 y 轴平行，Z_C 轴与摄像机光轴平行，与图像平面垂直。坐标变换流程图如图 1-25 所示。

坐标变换过程一般可以分成三个步骤：

步骤 1　从激光雷达坐标系变换为相机坐标系，可以用旋转矩阵 $\boldsymbol{R}$ 和平移矩阵 $\boldsymbol{T}$ 表示。其中，$\boldsymbol{R}$ 是大小为 3×3 的矩阵，表示空间坐标旋转；$\boldsymbol{T}$ 是大小为 3×1 的矩阵，表示空间坐

图 1-25　坐标变换流程图

标平移。变换公式为

$$
\begin{bmatrix} X_C \\ Y_C \\ Z_C \\ 1 \end{bmatrix} = \begin{bmatrix} \boldsymbol{R} & \boldsymbol{T} \\ 0^T & 1 \end{bmatrix} \begin{bmatrix} X_L \\ Y_L \\ Z_L \\ 1 \end{bmatrix} \tag{1-36}
$$

步骤2　从相机坐标系到图像坐标系的变换，是从三维坐标系变换为二维坐标系的过程，属于透视投影关系，满足三角形的相似定理。其中，f 为相机焦距。变换公式为

$$
Z_C \begin{bmatrix} x \\ y \\ 1 \end{bmatrix} = \begin{bmatrix} f & 0 & 0 & 0 \\ 0 & f & 0 & 0 \\ 0 & 0 & 1 & 0 \end{bmatrix} \begin{bmatrix} X_C \\ Y_C \\ Z_C \\ 1 \end{bmatrix} \tag{1-37}
$$

步骤3　从图像坐标系到像素坐标系的变换，此时不存在旋转变换，但是坐标原点位置不同，单位长度不同，主要涉及伸缩变换和平移变换。变换公式为

$$
\begin{bmatrix} u \\ v \\ 1 \end{bmatrix} = \begin{bmatrix} \dfrac{1}{dx} & 0 & u_0 \\ 0 & \dfrac{1}{dy} & v_0 \\ 0 & 0 & 1 \end{bmatrix} \begin{bmatrix} x \\ y \\ 1 \end{bmatrix} \tag{1-38}
$$

综上所述，激光雷达和相机的坐标转换关系可以表示为

$$
Z_C \begin{bmatrix} u \\ v \\ 1 \end{bmatrix} = \begin{bmatrix} \dfrac{1}{dx} & 0 & u_0 \\ 0 & \dfrac{1}{dy} & v_0 \\ 0 & 0 & 1 \end{bmatrix} \begin{bmatrix} f & 0 & 0 & 0 \\ 0 & f & 0 & 0 \\ 0 & 0 & 1 & 0 \end{bmatrix} \begin{bmatrix} \boldsymbol{R} & \boldsymbol{T} \\ 0^T & 1 \end{bmatrix} \begin{bmatrix} X_L \\ Y_L \\ Z_L \\ 1 \end{bmatrix} \tag{1-39}
$$

通过最终的变换将激光点云数据投影到图像上，通过张正友标定法[19]可以得到坐标变换关系，实现激光雷达和相机的空间联合标定。

激光雷达的采集频率大约为 15Hz，而相机的为 15Hz。那么，当摄像头采集到一帧图像数据时，对应的时间标签为 t_1，激光雷达采集数据帧对应的时间标签为 t_2，这两个时间分为对应计算机采集到数据时的记录时间，这就造成了两者在时间空间上的不一致。也就是说，由于传感器的采集频率不同，图像数据时间和激光雷达数据时间并不相同。采集数据时间尽管不同，但仍然可以用于激光雷达和相机的联合标定。但是，一旦当智能车辆高速运动时，这两者间的时间差就将会影响最后的检测，所以，如何减少相机和激光雷达传感器的同步问题是实现数据融合的又一关键问题。简言之，可以认为空间联合标定是相机和激光雷达数据空间上的标定，而时间同步标定则是相机和激光雷达时间上的标定，只有在"时"与"空"

上都完整进行标定，才能使最后的实验结果更精确。时间上的标定，可采用时间最近邻匹配的方法，找到与每一帧激光雷达数据时间间隔最小的图像数据进行处理，实现激光雷达和相机的时间配准。

1.4.2 多传感器信息融合

根据数据处理方法的不同，多传感器信息融合系统的体系结构可以分为，分布式、集中式和混合式。表1-1给出了多传感器信息融合系统3种不同体系结构的性能对比。

表 1-1 多传感器信息融合系统3种不同体系结构的性能对比[20]

体系结构	信息损失	精度	通信宽带	可靠性	计算速度	可扩充性	融合处理	融合控制
分布式	大	低	小	高	快	好	容易	复杂
集中式	小	高	大	低	慢	差	复杂	容易
混合式	中	中	中	高	中	一般	中等	中等

（1）分布式

分布式结构在各独立节点都设置了相应的处理单元，用于初步处理传感器获取的原始信息，然后再送入统一的信息融合中心，配合数据融合算法进行多维优化、组合、推理，以获取最终结果。该结构计算速度快，在某一传感器失灵的情况下仍能继续工作，可靠性更高，适用于远距离传感器信息反馈，但在低通信带宽中传输会造成一定损失，精度较低。

（2）集中式

在集中式结构中，多个传感器获取的原始数据不需要进行任何处理，直接送入信息融合中心。该结构的优点是具有较高的融合精度、算法多样、实时性好；缺点是数据流向单一，缺少底层传感器之间的信息交流，并且由于处理中心运算量大，需要维护较大的集中数据库，降低了工作速度，增加了硬件成本。

（3）混合式

混合式同时具有分布式和集中式两种结构，兼顾两者的优点，能够根据不同需要灵活且合理地完成信息处理工作，但是对结构设计要求高，降低了系统的稳定性。

下面介绍分布式融合过程，通过将来自不同传感器的轨迹相互关联并融合以获得目标轨迹，从而解决了单传感器信号延迟、丢包等问题。

首先，对车辆系统进行建模如下：

$$x_k = f(x_{k-1}) + w_{k-1} \tag{1-40}$$

$$y_k^i = \gamma_k^i h^i(x_{k-d_i}) + v_k^i \tag{1-41}$$

式中，x_k 为 k 时刻 n 维状态向量；y_k^i 为 k 时刻第 i 个传感器的观测向量；$f(x_{k-1})$ 为系统的过程函数；$h^i(x_{k-d_i})$ 为第 i 个传感器的观察时间延迟；d_i 为时间延迟参数，当无法估计时间延迟时，d_i 被假定为常数且 $0 \leqslant d_i \leqslant 1$；$\gamma_k^i$ 为第 i 个传感器的观测损失函数，满足伯努利分布；w_{k-1} 为协方差矩阵 $Q(k)$ 为零均值高斯白噪声的过程噪声矩阵；v_k^i 为第 i 个传感器观察到的协方差矩阵 $R(k)$ 为零均值高斯白噪声的测量噪声矩阵。

雷达和相机测量数据的状态估计值可以通过如下的贝叶斯公式计算：

$$p(\boldsymbol{x}_k \mid \boldsymbol{y}_{k-1}^i) = \int_{\boldsymbol{x}_{k-1}} p(\boldsymbol{x}_k \mid \boldsymbol{x}_{k-1}) p(\boldsymbol{x}_k \mid \boldsymbol{y}_{k-1}^i) \, \mathrm{d}\boldsymbol{x}_{k-1} \tag{1-42}$$

$$p(\boldsymbol{x}_k \mid \boldsymbol{y}_k^i) = \frac{p(\boldsymbol{y}_k^i \mid \boldsymbol{x}_k) p(\boldsymbol{x}_k \mid \boldsymbol{y}_{k-1}^i)}{p(\boldsymbol{y}_k^i \mid \boldsymbol{y}_{k-1}^i)} \tag{1-43}$$

完成第 $k-1$ 步的状态更新后，须计算下一个时间步骤的系统预测函数：

$$\boldsymbol{x}_{k+d_i} = \Gamma(\boldsymbol{x}_k, d_i, \boldsymbol{w}_k) \tag{1-44}$$

$$\hat{\boldsymbol{y}}_{k+d_i \mid k}^i = h(\boldsymbol{x}_{k+d_i}) + \boldsymbol{v}_k^i \tag{1-45}$$

式中，$\Gamma(\boldsymbol{x}_k, d_i, \boldsymbol{w}_k)$ 为具有时间间隔 d_i 的系统过程函数。

考虑时间延迟的观测补偿为

$$\Delta \boldsymbol{y}_{k+d_i \mid k}^i = \hat{\boldsymbol{y}}_{k+d_i \mid k}^i - \boldsymbol{y}_k^i \tag{1-46}$$

系统补偿后的新观测值为

$$z_k^i = \boldsymbol{A}(d_i) \left[\gamma_k^i h^i x(\boldsymbol{x}_{k-d_i}) + \boldsymbol{v}_k^i \right] \tag{1-47}$$

式中，$\boldsymbol{A}(d_i)$ 为维度观测延迟的补偿矩阵。

基于系统模型，具有无损观测值和延迟补偿的传感器的最优估计值可以用信息滤波来表示：

$$\hat{\boldsymbol{x}}_k^i = \hat{\boldsymbol{x}}_{k \mid k-1}^i + \boldsymbol{P}_k^i (\boldsymbol{H}^i)^{\mathrm{T}} (\boldsymbol{R}_k^i)^{-1} (\boldsymbol{y}_k^i - H^i \hat{\boldsymbol{x}}_{k \mid k-1}^i) \tag{1-48}$$

$$\boldsymbol{P}_k^i = (\boldsymbol{p}_{k \mid k-1}^i)^{-1} + (\boldsymbol{H}_k^i)^{\mathrm{T}} (\boldsymbol{R}_k^i)^{-1} \boldsymbol{H}_k^i \tag{1-49}$$

为消除融合中心更新方程中的测量信息，提出了一种集中式融合方法。该融合方法通过矩阵变换得到全局最优估计值，则融合结果为

$$\boldsymbol{P}_k^{-1} \hat{\boldsymbol{x}}_k = \boldsymbol{p}_{k \mid k-1}^{-1} \hat{\boldsymbol{x}}_{k \mid k-1}^i + \sum_{i=1}^{2} \left[(\boldsymbol{P}_k^i)^{-1} \hat{\boldsymbol{x}}_k^i - (\boldsymbol{p}_{k \mid k-1}^i)^{-1} \boldsymbol{x}_{k \mid k-1} \right] \tag{1-50}$$

$$\boldsymbol{P}_k^{-1} = \boldsymbol{p}_{k \mid k-1}^{-1} + \sum_{i=1}^{2} \left[(\boldsymbol{P}_k^i)^{-1} - (\boldsymbol{p}_{k \mid k-1}^i)^{-1} \right] \tag{1-51}$$

综上，智能网联汽车具有系统集成度高、可靠性要求高等特性。因此，依靠多种传感器数据融合来提升环境感知能力，是智能网联汽车环境感知技术未来发展趋势[21]。不同的车载传感器都有优势和劣势：相机提供的图像数据信息密度大，拥有丰富的颜色、纹理信息，但其动态范围（dynamic range）较低及被动感光的特性，使其在弱光（low light）及高对比度光线条件场景下很难捕捉足够的视觉信息；激光雷达生成的三维点云可以提供精确的三维信息，但点云较为稀疏，同时在雾气、雨滴、雪花、汽车尾气、反射等场景下容易形成虚假点（mist/reflection points）；毫米波雷达有效射程较远，有能力直接观测物体速度，对环境噪声有比较好的鲁棒性，但信息稀疏且存在反射性过强和多普勒歧义问题，使得在通过隧道、大桥等场景下雷达探测可信性降低。不同的传感器特性不同，失效模式（failure mode）相对彼此正交，因此传感器数据融合会增加冗余度，有助于提高系统鲁棒性和可靠性。

参考文献

［1］朱玉龙. 自动驾驶等级对感知的需求区别 ［EB/OL］. ［2016-12-02］. https://www.sohu.com/a/120476840_467757.

［2］田旋旋. 基于雷达通信一体化机制的车辆情境信息感知方法研究 ［D］. 哈尔滨：哈尔滨工业大

学，2018.

[3] 李小宝. MEMS 大视野扫描激光 3D 图像传感器关键技术研究 [D]. 哈尔滨：哈尔滨工业大学，2017.

[4] 宋扬，李竹. 基于深度图像增强的夜间车道线检测技术 [J]. 计算机应用，2019，39（2）：103-106.

[5] 潘卫国，刘博，陈英昊，等. 基于 YOLO v3 的交通标志牌检测识别 [J]. 传感器与微系统，2019，38（11）：147-150.

[6] 武莹，张小宁，何斌. 基于图像处理的交通信号灯识别方法 [J]. 交通信息与安全，2011，29（3）：51-54.

[7] 魏子洋，赵志宏，赵敬娇. 改进 Faster R-CNN 算法及其在车辆检测中的应用 [J]. 应用科学学报，2020，38（3）：377-387.

[8] 夏显召，朱世贤，周意遥，等. 基于阈值的激光雷达 K 均值聚类算法 [J]. 北京航空航天大学学报，2020，46（1）：115-121.

[9] ARRAS K O, MOZOS O M, BURGARD W. Using Boosted Features for the Detection of People in 2D Range Data [C]//IEEE. 2007 IEEE International Conference on Robotics and Automation. New York：IEEE，2007：3402-3407.

[10] SHI B Q, LIANG J, LIU Q. Adaptive Simplification of Point Cloud Using k-means Clustering [J]. Computer-aided Design，2011，43（8）：910-922.

[11] 向俊奇. 基于膜计算的属性约简与划分聚类研究 [D]. 重庆：重庆大学，2019.

[12] 沈敬红. 时间序列近似表示与聚类算法研究 [D]. 重庆：重庆邮电大学，2017.

[13] HERHANDEZ D C, FILONENKO A, SEO D, et al. Lane Marking Recognition Based on Laser Scanning [C]//IEEE. 2015 IEEE 24th International Symposium on Industrial Electronics. New York：IEEE，2015：962-965.

[14] 占佳声. 基于网格化的负荷预测方法研究及应用 [D]. 南昌：南昌大学，2020.

[15] 蒋剑飞，李其仲，黄妙华，等. 基于三维激光雷达的障碍物及可通行区域实时检测 [J]. 激光与光电子学进展，2019，56（24）：249-258.

[16] 谢德胜，徐友春，王任栋，等. 基于三维激光雷达的无人车障碍物检测与跟踪 [J]. 汽车工程，2018，40（8）：952-959.

[17] 汪世财，谈东奎，谢有浩，等. 基于激光雷达点云密度特征的智能车障碍物检测与跟踪 [J]. 合肥工业大学学报（自然科学版），2019，42（10）：1311-1317.

[18] 常昕，陈晓冬，张佳琛，等. 基于激光雷达和相机信息融合的目标检测及跟踪 [J]. 光电工程，2019，46（7）：91-101.

[19] 田苗，郝向阳，刘松林，等. 基于点离散度的张正友标定法 [J]. 全球定位系统，2015，40（6）：86-88 +98.

[20] 崔硕，姜洪亮，戎辉，等. 多传感器信息融合技术综述 [J]. 汽车电器，2018（9）：41-43.

[21] 刘志强，张光林，郑曰文，等. 基于检测无迹信息融合算法的多传感融合方法 [J]. 汽车工程，2020，42（7）：854-859.

第**2**章 智能网联汽车高精度定位技术

智能网联汽车目前常用的高精度定位技术主要包括基于卫星导航的定位技术、基于惯性导航的定位技术以及高精度地图匹配定位技术。本章将从以上三个方面进行详细介绍。

2.1 基于卫星导航的定位技术

卫星导航（satellite navigation）是指采用导航卫星对地面、海洋、空中和空间用户进行导航定位的技术，主要包括美国全球定位系统（GPS）、中国北斗卫星导航系统（BDS）、俄罗斯格洛纳斯（GLONASS）及欧盟伽利略（Galileo）卫星导航系统四大系统，如图2-1所示。通常卫星导航系统由导航卫星、地面台站和用户定位设备三个部分组成。

图2-1 全球四大卫星导航系统[1]

2.1.1 GPS

GPS 是 NAVSTAR/GPS（Navigation Satellite Timing and Ranging/Global Position System）的简称。该系统是美国国防部于1973年12月批准陆、海、空三军联合研制的一种新的军用卫星导航系统，属于美国第二代卫星导航系统，是继阿波罗登月计划、航天飞机后的美国第三大航天工程。GPS 主要由空间卫星星座（见图2-2）、地面监控站及用户设备三部分构成，能够利用三种导航信息（L1、L2、L3）在陆、海、空三个领域进行实时、全球性与全天候的定位和导航。目前，GPS 是当今世界上应用最广泛的全球精密导航、指挥和调度系统[2]。

1. GPS 坐标系

GPS 星座属于 Walker 星座，GPS 空间卫星星座由21颗工作卫星和3颗在轨备用卫星组成。卫星分布于6个地心轨道平面内，6个卫星运行轨道按60°间隔沿着赤道分隔，轨道倾角为55°，轨道半径约为20200km。其轨道分布特性决定了，在地球上及近地空间上的任何

观测地点都能接收 4 颗以上卫星信号，实现全球、全天候连续导航定位。此外，GPS 卫星轨道周期为 11h58min[4]。

GPS 的空间坐标系统使用美国国防部的世界大地坐标系 1984（World Geodetic System 1984, WGS84）。这是一个协议地球参考坐标系，坐标定义遵循"IERS Conventions（2010）"[5]，具体定义如下：坐标原点位于地球质心，Z 轴方向为 BIH 1984.0 定义的协议地球极方向，X 轴指向 BIH 1984.0 定义的零度子午面与协议地球极赤道的交点，Y 轴为依据右手法则根据 X 轴和 Z 轴确定。WGS84 椭球坐标系基本常数见表 2-1。

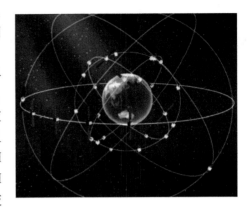

图 2-2　GPS 示意图[3]

表 2-1　WGS84 椭球坐标系基本常数[5]

椭球参数名称	符号	数值	单位
长半轴	α	6378137	m
地球扁率	$1/f$	298.257223563	—
地心引力常数	G_M	3.986005×10^{14}	m^3/s^2
地球平均角速度	ω	7.292115×10^{-5}	rad/s

同时，它还具有 GPS 时间（GPS Time，GPST）系统。GPST 系统是基于美国海军观测实验室（US Naval Observatory，USNO）维持的原子时的时间系统，其起算时间与 UTC 的 1980 年 1 月 6 日 0 时 0 分 0 秒一致。而 UTC 是以原子秒为单位，在时刻上与平太阳时之差小于 0.9s 的时间系统（原子秒的定义为，铯 133 原子基态的两个超精细能级之间的跳跃所对应辐射的 9192631770 个周期的持续时间）。

GPST 与 UTC 的关系为，GPST = UTC + n。其中，n 为跳秒数，由国际地球自转服务组织提供。

GPS 的空间配置以及其信号传播不受天气影响的特点，使得其具有全天候、全球性、连续实时定位的特点。目前采用的 P 码和 C/A 码实时定位、测速与授时的精度见表 2-2。

表 2-2　GPS 实时定位、测速与授时精度

测距码类型	P 码	C/A 码
单点定位/m	5～10	20～40
差分定位/m	1	3～5
测速/(m/s)	0.1	0.3
授时/ns	100	500

2. GPS 组成

GPS 由三部分组成——空间部分（GPS 卫星星座）、地面监控部分（地面站）和用户部分（接收机），如图 2-3 所示。

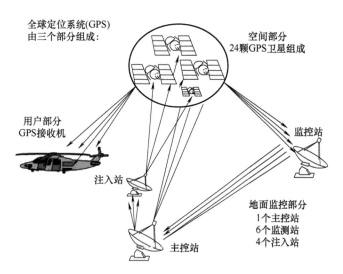

图 2-3　GPS 的三大组成部分[6]

（1）空间卫星星座

GPS 的空间星座，由等间隔分布在 6 个轨道平面上的 24 颗卫星组成（其中 3 颗为备用卫星）。要想定位系统能正常发挥功能，就必须保证在地球各处能同时观测到高度角 15°以上的卫星至少 4 颗。所以，这样就要求其分布在 6 个倾角为 55°的轨道平面上，每个轨道面上有 4 颗卫星，各个轨道平面之间相距 60°，即轨道的赤经、升交点各相差 60°。这样空间星座部分就能够保证在全天任何时刻在全球任何地方都可以接收到 4～11 颗 GPS 卫星。

高精度的铯原子钟是卫星的核心组成部分，它的稳定度为 10^{-13}，并且抗辐射性能很强，可为 GPS 定位提供高精度的时间基准；GPS 卫星的主体部分采用柱状的铝蜂巢结构，星体两侧装有太阳帆板，以保证卫星正常工作用电；在星体底部装有成形波束螺旋天线阵，发出扩频信号，将 L 波段基频 10.23MHz 分别作 154 次和 120 次倍频后变成 1575.42MHz 和 1227.60MHz。

GPS 卫星的主要作用体现在以下三个方面[4]：

1）用 19cm 与 24cm 波长的 L 波段中的两个无线载波向空间发送持续不断的定位号。每个载波用伪随机噪声（Pseudo Random Noise，PRN）码和导航信息测距信号 $D(t)$ 进行双相调制，通过导航电文可了解该卫星当前工作情况和位置信息。

2）当卫星飞过注入站的上空时，能接收到地面注入站使用 S 波段（10cm 波长）发送至卫星的导航电文和其他相关信息，通过 GPS 信号电路适时地发送给广大 GPS 用户。

3）空间卫星接收地面主控站发送到卫星的调度命令后，适时地更正运行偏差或用备用时钟等。

（2）地面监控系统

地面监控站的主要功能是监测 GPS 信号，各个监测站对飞越其上空的所有 GPS 卫星进行伪距等项测量，并将其测量值发向主控站。它由 1 个主控站、4 个注入站和 6 个监测站组成，如图 2-4 所示。

1）主控站。位于美国科罗拉多州，主要作用是收集数据，准确计算卫星的轨道数和时钟偏差，计算并编制卫星星历，定期向卫星注入星历。当一颗 GPS 卫星离分配给它的轨道

图 2-4　GPS 地面站分布

位置太远时，主控站能够对它进行轨道改正，同时还能进行卫星调配，起用备用卫星代替工作失效的卫星。

2）注入站。4 个注入站分别设在美国佛罗里达州卡纳维尔角、印度洋迪戈加西亚岛、太平洋西部夸贾林环礁和大西洋阿森松岛。注入站的主要任务是把主控站发来的导航电文、钟差信息、卫星星历和其他控制指令注入相应的卫星存储器中，以提高卫星的广播信号的精度。

3）监测站。除了同样分别位于主控站以及 4 个注入站相应地区的 5 个监测站以外，还有个监测站位于夏威夷。监测站的主要任务是在主控站的直接控制下，自动对卫星进行跟踪测量，并将自动采集的时间标准、气象数据和伪距观测量等进行相应的处理，再存储和传送到主控站。

（3）GPS 接收机

GPS 接收机的任务是，捕获到按照一定卫星高度截止角所选择的待测卫星的信号，并跟踪这些卫星的运行，对所接收到的 GPS 信号进行放大、变换和处理，以便能够测量出 GPS 信号从接收机天线到卫星的传播时间，解析出 GPS 卫星所发送的导航电文，并实时地计算出测站的时间、三维速度和三维位置。GPS 接收机的基本结构如图 2-5 所示。

3. GPS 定位原理及方程

GPS 定位基本原理：以高速运动的卫星瞬间位置作为已知的起算数据，卫星不间断地发送自身的星历参数和时间信息，用户接收到这些信息后，采用空间距离后方交会的方法，计算出接收机的三维位置、三维方向以及运动速度和时间信息。

对于需定位的每一点来说，均包含 4 个未知数：该点三维地心坐标和卫星接收机的时钟差。故 GSP 定位至少需要 4 颗卫星的观测来进行计算，如图 2-6 所示，可得到

$$
\begin{cases}
(x_1 - x)^2 + (y_1 - y)^2 + (z_1 - z)^2 + c^2(t - t_{01}) = d_1^2 \\
(x_2 - x)^2 + (y_2 - y)^2 + (z_2 - z)^2 + c^2(t - t_{02}) = d_2^2 \\
(x_3 - x)^2 + (y_3 - y)^2 + (z_3 - z)^2 + c^2(t - t_{03}) = d_3^2 \\
(x_4 - x)^2 + (y_4 - y)^2 + (z_4 - z)^2 + c^2(t - t_{04}) = d_4^2
\end{cases}
\tag{2-1}
$$

式中，(x, y, z) 为待测点坐标；c 为 GPS 信号的传播速度（即光速）；$d_1 \sim d_4$ 为卫星 1~4 到定位点的距离，其值可通过信号从卫星到达定位点的时间乘以电波速度得到，即 $d_1 = ct_{0i}$，$i = 1,2,3,4$；(x_i, y_j, z_k) 为每个卫星的星历参数，即卫星的轨道坐标（$i = 1,2,3,4$；$j = 1,2,3,4$；$k = 1,2,3,4$）；$t_{01} \sim t_{04}$ 为各个卫星的时钟差；t 为接收机的时钟差。

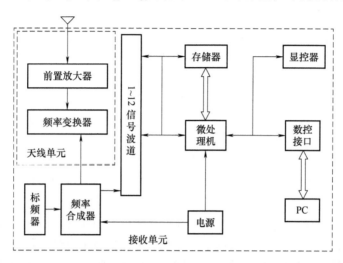

图 2-5　GPS 接收机的基本结构

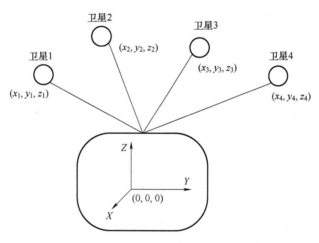

图 2-6　4 颗卫星观测

解此方程即可得到需定位的点坐标。实际上，星历参数 (x_i, y_j, z_k) 和时间信息 t 的确定是一个非常复杂的过程，其误差直接影响 GPS 定位系统的精度。

4. GPS 通信接口协议

美国国家海事电子协会（National Marine Electronics Association，NMEA）的 NMEA-0183 是航海、海运方面关于数字信号传递的一种协议标准。此标准定义了电子信号所需要的传输协议、传输数据时间。一般有以下几种数据帧：时间输出、位置信息、GPS 相对误差和卫星活动、当前 GPS 卫星状态、最简特性、相对正北方向的地面速度信息、带有罗兰（Long Range Navigation，LORAN）系统 ID 的地理信息、带有 LORAN ID 的轨道和速度信息、状态

信息和三维定位信息[7]。

GPS 通信协议采用 NMEA-0183 协议，要求串行通信参数为，波特率为 4800baud、数据位为 8bit、停止位为 1bit、无奇偶校验位。GPS 接收机只要处于工作状态，就会源源不断地把接收到的 GPS 导航定位信息通过串口传送到计算机中。接收的信息在没有经过分类之前是无法加以利用的，因此需通过程序将各个字段的信息从缓存字节流中提取出来，转化成有实际意义、可供高层决策使用的定位信息数据。它与其他通信协议类似，对 GPS 进行信息提取，必须首先明确帧结构，然后完成对定位信息的提取。

GPS 模块发送到计算机的数据主要由帧头、帧尾和帧内数据组成。根据数据帧信息的不同，帧头也不同，主要有 ＄ GPGGA（输出 GPS 的定位信息）、＄ GPGSA（输出卫星 DOP 值信息）、＄ GPGSV（输出可见的卫星信息）、＄ GPVTG（输出地面速度信息）、＄ GPRMC（输出 GPS 推荐的最短数据信息）、＄ GPGLL（输出大地坐标信息）、＄ GPZDA（输出和 UTC 时间信息）、＄ GPGST（输出定位标准差信息）以及 ＄ GPALM（输出卫星星历信息）等。这些帧头标识了后续帧内数据的组成结构，各帧均以回车符和换行符作为帧尾标识一帧的结束。

虽然接收机也在源源不断地向主机发送各种数据帧，但在处理时，一般先通过对帧头的判断，然后对数据帧进行数据提取处理。由于帧内各数据段由逗号分隔，因此在处理缓存数据时，一般是通过搜寻 ASCII 码 "＄" 来判断是否是帧头。在对帧头的类别进行识别后，再通过对所经历逗号个数的计数来判断当前在处理的是哪一种导航定位参数，并作出相应的处理，将所需信息提取到内存，包括时间、时期以及经纬度等信息。下面分别介绍各类数据[7]。

（1）GPRMC 语句（Recommended Minimum Specific GPS/TRANSIT Data- RMC，推荐定位信息，1 次/秒）

对于一般的 GPS 动态定位应用，GPRMC 语句完全满足要求。该语句包括经纬度、速度、时间和磁偏角等字段，这些数据为导航定位应用提供了充分的信息。GPRMC 语句各字段详细信息如下。

＄GPRMC，＜1＞，＜2＞，＜3＞，＜4＞，＜5＞，＜6＞，＜7＞，＜8＞，＜9＞，＜10＞，＜11＞，＜12＞

字段 ＄GPRMC 语句意义——取值范围

＜1＞UTC 时间：hhmmss. ss——000000. 00 ~ 235959. 99

＜2＞状态：有效性——A 表示有效；V 表示无效

＜3＞纬度格式：ddmm. mmmm——0000. 0000 ~ 8959. 9999

＜4＞南北半球——N 表示北纬；S 表示南纬

＜5＞经度格式：dddmm. mmmm——00000. 0000 ~ 17959. 9999

＜6＞东西半球——E 表示东经；W 表示西经

＜7＞地面速度——000. 00 ~ 999. 999

＜8＞速度方向——000. 00 ~ 359. 99

＜9＞日期格式：月日年——010100 ~ 123199

＜10＞磁偏角：单位为度（°）——000. 0 ~ 180. 0

＜11＞磁偏角方向——E 表示东；W 表示西

<12> 模式指示及校验和——A = 自主定位；D = 差分；E = 估算；N = 数据无效

（2）GPGGA 语句（Global Positioning System Fix Data-GGA，GPS 定位信息，1 次/秒）

GPS 定位主要数据，该语句中包括经纬度、质量系数、HDOP、高程、基准站号等字段。GPGGA 语句各字段详细信息如下。

$ GPGGA，<1>，<2>，<3>，<4>，<5>，<6>，<7>，<8>，<9>，<10>，<11>，<12>，<13>，<14>

字段 $ GPGGA 语句意义——取值范围

<1> UTC 时间：hhmmss. ss——000000. 00 ~ 235959. 99

<2> 纬度格式：ddmm. mmmm——0000. 0000 ~ 8959. 9999

<3> 南北半球——N 表示北纬；S 表示南纬

<4> 经度格式：dddmm. mmmm——00000. 0000 ~ 17959. 9999

<5> 东西半球——E 表示东经；W 表示西经

<6> 质量系数——0 = 未定位；1 = GPS 单点定位固定解；2 = 差分定位；3 = PPS 解；4 = RTK 固定解；5 = RTK 浮点解；6 = 估计值；7 = 手工输入模式；8 = 模拟模式

<7> 应用解算位置的卫星数——00 ~ 12

<8> HDOP，水平面图形强度系数——0. 500 ~ 99. 000；大于 6 不可用

<9> 天线高程（海平面）—— - 9999. 9 ~ 9999. 9

<10> 大地随球面相对海平面的高度

<11> 大地水准面起伏——地球椭圆面相对大地水准面的高度

<12> 大地水准面起伏——单位为 m

<13> 差分 GPS 数据期——差分时间（从最近一次接收到差分信号开始的秒数，如果不是差分定位将为空）；不使用 DGPS 时为空

<14> 基准站号——0000 ~ 1023；不使用 DGPS 时为空

（3）GPGSV 语句（GPS Satellites in View-GSV，可见卫星信息，1 次/5 秒）

GPS 可见星的方位角、俯仰角、信噪比等每条语句最多包括 4 颗卫星信息，每颗卫星的信息有四个数据项，即 <4> 为卫星号，<5> 为仰角，<6> 为方位角，<7> 为信噪比。GPGSV 语句各字段信息如下。

$ GPGSV，<1>，<2>，<3>，<4>，<5>，<6>，<7>，<8>，<9>，<10>，<11>，<12>，<13>，<14>，<15>，<16>，<17>，<18>，<19>

字段 $ GPGSV 语句意义——取值范围

<1> 总的 GSV 语句电文数——0 ~ 12

<2> 当前 GSV 语句号

<3> 可视卫星总数——0 ~ 32

<4> 卫星号——1 ~ 32

<5> 仰角——00 ~ 90

<6> 方位角——000 ~ 359

<7> 信噪比——00 ~ 99dB；无表示未收到信号

<8> 卫星号——1 ~ 32

<9> 仰角——00 ~ 90

<10>方位角——000~359

<11>信噪比——00~99dB；无表示未收到信号

<12>卫星号——1~32

<13>仰角——00~90

<14>方位角——000~359

<15>信噪比——00~99dB；无表示未收到信号

<16>卫星号——1~32

<17>仰角——00~90

<18>000~359

<19>校验和，格式：＊校验和

（4）GPVTG语句（Track Made Good AND Ground Speed-VTG，地面速度信息）

$GPVTG，<1>，T，<2>，M，<3>，N，<4>，K，<5>＊hh

字段 $GPVTG语句意义——取值范围

<1>以真北为参考基准的地面航向——000.000~359.999

<2>以磁北为参考基准的地面航向——000.000~359.999

<3>地面速率——000.000~999.999节

<4>地面速率——000.0~1851.8km/h

<5>模式指示——A=自主定位；D=差分；E=估算；N=数据无效（仅NMEA 0183 3.0版本输出）

hh——校验位

5. GPS定位误差分析

GPS利用地面接收设备接收到的卫星信息来确定用户位置（即三维坐标信息），而GPS卫星内部、卫星信号传播以及接收机都会有误差产生。为了获取接收机的准确定位，必须排除有害误差的干扰。下面介绍接收机定位过程中遇到的各类误差[8]。

（1）卫星时钟误差

尽管卫星时钟已经很精确，但随着时间推移，仍然会偏离GPS时间。监测站将观测到的卫星时钟数据传送到地面监测部分，并计算卫星时钟的修正参数，然后传给卫星。卫星将含有修正参数的电文发送出来，使得接收机能够在伪距测量中对卫星钟差进行修正。

（2）接收机时钟偏差

接收机采用低成本的时钟设备，精度低于卫星时钟，且存在固有偏差。相同情况下，该时钟偏差可能影响所有的观测量。因此，建立的4个有效伪距量测方程，能够将该偏差和接收机的坐标位置一起估算出来。

（3）相对论效应误差

同一情况下，运动时钟相对于静止时钟有着一定的时钟频率之差。当GPS卫星高速运动时，根据爱因斯坦相对论，相对于地面静止时钟，卫星时钟的频率发生频率偏移，因此会产生误差。

（4）电离层延迟误差

电离层内含有电离气体，位于离地面60~1000km的空间。卫星发射的无线电波，必须穿过电离层才能被接收机接收到。由于太阳的活动，电离层的电离程度不一致，从而影响电

离层的折射率，进而改变 GPS 信号在电离层中的传播时间，电离层延迟误差因此出现。同时，低轨道卫星的信号穿过电离层的倾斜路径比高轨道大，因此卫星运行高度也会产生这一误差。

（5）对流层延迟误差

对流层的大气成分主要是干燥气体（氮氧混合气体）和水蒸气。相对电离层来说，对流层表现为电中性，其折射率与 GPS 频率无关。但由于折射现象的存在，会导致信号传输速度相对真空有所降低。同时，由于卫星仰角的不同，测距观测量也会产生 2.5 ~ 25m 的对流层测距误差。

（6）多路径误差

测量时，GPS 信号通过多种不同的路径到达接收机前段。这些路径不仅包括信号本身，还包括接收天线周围反射回来的信号。非直接到达的信号存在延时，并且信噪比很低。由于接收大线被反射信号干扰，导致多径问题改变了原始信号，从而使测量距离产生 10m 左右的偏差。利用改善接收机电路设计等方式能够降低多路径误差。

（7）卫星轨道误差

卫星轨道误差，是由于卫星的实际位置与接收机利用卫星星历计算的卫星空间位置不一致而产生的误差。地面监控部分利用前一时刻卫星空间位置与地球引力公式对卫星轨道进行预测，并将预测结果上传至卫星，利用卫星星历播发给用户使用。而卫星星历采用曲线拟合的方式对卫星轨道进行预测，此方法相对卫星实际运行轨道会产生随时间变化的残余误差。一般情况下，卫星轨道的误差为 2 ~ 5m。

（8）接收机噪声

接收机噪声是 GPS 接收机本身固有的测量误差。很多因素都能导致其出现，如天线的设计电路、高频信号的干扰以及信号的量化与采样等。接收机噪声会导致 GPS 信号发射时间的不准确性。

2.1.2　北斗卫星导航系统

北斗卫星导航系统（Bei Dou Navigation Satellite System，BDS），简称北斗系统，是我国根据当前国际形势与经济社会发展情况，建设的具有自主知识产权、独立管理的全球卫星导航系统。作为国家重要的空间基础设施，北斗系统可为全球用户提供全天候无间断导航和授时服务。北斗系统提供服务以来，已在交通运输、农林渔业、水文监测、气象测报、通信授时、电力调度、救灾减灾、公共安全等领域得到广泛应用，服务国家重要基础设施，产生了显著的经济效益和社会效益。北斗系统的发展目标是，建设世界一流的卫星导航系统，满足国家安全与经济社会发展需求，为全球用户提供连续、稳定、可靠的服务；发展北斗产业，服务经济社会发展和民生改善；深化国际合作，共享卫星导航发展成果，提高全球卫星导航系统的综合应用效益[9]。

北斗系统具有以下特点[9]：一是北斗系统空间段采用三种轨道卫星组成的混合星座，与其他卫星导航系统相比其高轨卫星更多，抗遮挡能力强，尤其针对低纬度地区性能优势更为明显；二是北斗系统提供多个频点的导航信号，能够通过多频信号组合使用等方式提高服务精度；三是北斗系统创新融合了导航与通信能力，具备定位导航授时、星基增强、地基增强、精密单点定位、短报文通信和国际搜救等多种服务能力。

20 世纪中后期，我国开始探索建立自己的卫星导航系统，通过论证分析，确定了"先区域，后全球"的发展思路。2000 年年底，建成北斗一号系统，向我国提供服务；2012 年年底，建成北斗二号系统，向亚太地区提供服务；直到 2020 年，建成北斗三号系统，提供真正覆盖全球的卫星导航系统，向全球提供服务。在此基础上，以北斗系统为基础和核心，预计在 2035 年左右，建设更加融合智能的国家综合定位导航授时（Positioning Navigation Timing，PNT）体系。

1. 北斗系统坐标系

北斗系统的空间坐标采用的是 2000 年中国大地坐标系（China Geodetic Coordinate System 2000，CGCS2000），是我国新一代的大地坐标系。坐标系原点为地球质心，Z 轴指向 BIH1984.0 定义的 CTP，X 轴为 IERS 起始子午面与通过原点且同 Z 轴正面的赤道面的交线，Y 轴由右手地心地固直角坐标系根据 X、Z 轴进行确定。CGCS2000 椭球坐标系基本常数见表 2-3。

表 2-3　CGCS2000 椭球坐标系基本常数

椭球参数名称	符号	数值	单位
长半轴	α	6378137	m
地球扁率	$1/f$	298.257222101	—
地心引力常数	G_M	$3.986004418 \times 10^{14}$	m^3/s^2
地球平均角速度	ω	7.292115×10^{-5}	rad/s

BDS 时间（BDT）系统的起算时刻是 UTC 的 2006 年 1 月 1 日 0 时 0 分 0 秒，与 UTC 存在固定跳秒。

BDT 与 UTC 的关系为，BDT = UTC + $(n - 33)$。其中，n 为跳秒数，由国际地球自转服务组织提供。

2. 北斗系统研发过程及其组成

北斗系统的研发分为三个阶段：第一阶段的北斗一号系统于 2000 年底完成，采用双星定位系统，可以为国内用户提供服务；第二阶段的北斗二号系统于 2012 年完成，由 14 颗北斗二号卫星完成组网，服务范围覆盖了亚太地区；第三阶段的北斗系统于 2020 年已发射完成 55 颗卫星，已经建成真正覆盖全球的卫星导航系统，向全球提供服务。北斗卫星导航系统空间分布如图 2-7 所示。

北斗系统主要由三部分组成：地面控制中心、空间卫星组网和用户终端。

（1）地面控制中心

地面控制中心主要包括注入站、主控站、校正站、监测站和计算中心等多个地面基站组成。其主要目的是收集并校正卫星导航的定位参数，可以完成调整卫星运行姿态以及轨道的任务，通过计算卫星导航信号提供的参数信息来定位用户坐标。主控站负责的任务是实时采集其他各监测站（如测高站、测轨站）的观测数据，对收集到的信息进行数据加工处理，分析得出信息完整的卫星导航电文，由此得知当前卫星的轨道与姿态，可以对其进行调整与调度，从而精确管理使整个卫星导航系统平稳运行。监测站的任务是接收卫星信号来监测卫星状态，将接收的导航信号预处理后发送给主控制中心，可以完成广域差分、实时同步时

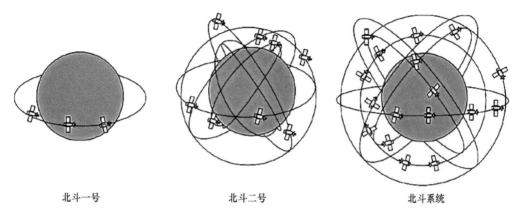

北斗一号　　　　　　　北斗二号　　　　　　　北斗系统

图 2-7　北斗卫星导航系统空间分布示意图

间、定位卫星轨道等任务。注入站的任务是，接收主控制中心的指令，对其他卫星发射信号进行预轨道设置、修改卫星姿态参数和修改卫星原子钟偏差，发射的信号包括主控制中心的卫星平台指令和导航电文。

（2）空间卫星组网

空间卫星组网指的是分布在地球周围不同轨道上的人造导航卫星。北斗系统的空间卫星组网包括了 5 颗静止轨道（GEO）卫星和 30 颗非静止轨道（Non-GEO）卫星。其中 5 颗 GEO 卫星的轨道分别固定在东经 160°、58.75°、80°、110.5°和 140°，轨道高度为 35786km，这 5 颗卫星随着地球的自转同步转动。卫星空间组网中的 30 颗非静止轨道卫星中又区分为 3 颗地球倾斜同步轨道（IGSO）卫星和 27 颗中圆地球轨道（MEO）卫星。中圆地球轨道卫星轨道的倾斜角为 55°，轨道的高度为 24528km；倾斜同步轨道卫星轨道的倾斜角也是 55°，轨道的高度为 35786km。2020 年 6 月 23 日，北斗三号最后一颗全球组网卫星在西昌卫星发射中心点火升空。

（3）用户终端

用户终端，即用户使用的北斗接收机，表现为车载导航、定位仪等应用系统或终端产品。用户终端的主要作用是接收来自空间星座组网的卫星信号，对卫星信号进行捕获跟踪，对信号进行处理和解析，得到卫星信号中的导航电文，获取卫星在轨道中的位置及姿态信息，当接收机获取到 4 颗卫星信息之后通过解算方程可以计算得到接收机所处坐标。目前，人类生活中比较常见的接收机有车载导航、船载导航、手机、手持式定位仪等多种终端状态。图 2-8 所示为某款北斗系统手持定位接收机。

3. 北斗系统几何定位原理

太空中导航卫星不停发射信号，地面终端接收机可同时捕获到多个卫星发来的导航信号，通过对该信号捕获与跟踪，解算出接收机与卫星之间的伪距，利用导航电文得知该卫星在空间中的坐标，得到多个卫星坐标后即可实现对用户终端的定位。

北斗卫星导航定位的几何空间原理如图 2-9 所示，s 表示卫星与地球的距离，可通过接收到的信号分析得知发射该信号的卫星标号，再查询空间卫星组网中的星历参数得到卫星的位置；u 表示用户终端接收机的坐标；r 表示用户接收机与卫星之间的距离向量，通过解析卫星信号可得到。由图中关系可以得

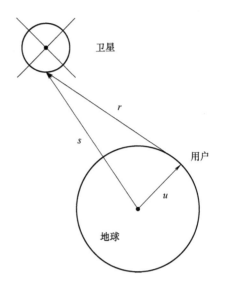

图 2-8　某款北斗系统手持定位接收机　　　　图 2-9　北斗卫星导航定位的几何空间原理图

$$r = s - u \tag{2-2}$$

在二维空间中，可通过两条不平行的直线相交来定位一个点，但三维空间中需要两个曲面相交来确定曲线。三个曲面相交得到两个点，其中一点作为地球上的接收机坐标，另外一点作为卫星坐标，这就是理论上用三颗卫星作为地球上的接收机坐标的原理。

假设在空间中存在已知三个卫星的坐标表示为 P_1、P_2、P_3，分别为 P_1（x_1，y_1，z_1）、P_2（x_2，y_2，z_2）、P_3（x_3，y_3，z_3）；用户接收机所处坐标表示为未知点 P_0（x_0，y_0，z_0）。用 r_1、r_2、r_3 来分别表示 P_1、P_2、P_3 到点 P_0 的距离，通过构建坐标系，得到卫星与接收机之间的距离方程，表达式为

$$\begin{cases} \sqrt{(x_1 - x_0)^2 + (y_1 - y_0)^2 + (z_1 - z_0)^2} = r_1 \\ \sqrt{(x_2 - x_0)^2 + (y_2 - y_0)^2 + (z_2 - z_0)^2} = r_2 \\ \sqrt{(x_3 - x_0)^2 + (y_3 - y_0)^2 + (z_3 - z_0)^2} = r_3 \end{cases} \tag{2-3}$$

上述公式求解得到两个不同的结果，根据三球相交于两点的原理，得出其中一点为地球上用户接收机的坐标，另外一点坐标指向太空，排除掉错误解后得到用户接收机的最终坐标 P_0。

当前世界上的卫星导航系统都是利用单程测距产生的伪距进行定位的，北斗系统亦是。用户接收机与卫星原子钟间存在时间差导致解算出的距离与实际距离有偏差，这种有偏差的距离被称作伪距。将某一时刻用户与卫星的时间差加上卫星信号传输到接收机时的时间，再与光速相乘得到伪距，计算公式为

$$\rho = r + \delta t_u - \delta t^{(n)} + I + T + \varepsilon_\rho \tag{2-4}$$

式中，r 为接收机与卫星间的实际距离；δt_u 与 $\delta t^{(n)}$ 为北斗接收机和卫星存在时间差而导致的伪距差，上标 n 为卫星编号；I 与 T 为卫星信号在电离层和对流层中由于环境干扰导致的误差值；ε_ρ 为其他原因导致的伪距误差。

在实际应用中，由于接收机与卫星原子钟的时间差、卫星信号在大气电离层和对流层传

输过程中的延迟差等原因导致误差较大,引入第四颗卫星作为计算误差参数减少定位差,所以实际上卫星导航系统实现定位功能最少需要 4 颗导航卫星。因为每颗北斗卫星在发射时配置的都是高精度的原子钟,所以默认太空中各卫星之间不存在时间误差,在对信号进行处理时只认定北斗卫星时钟与用户终端的时钟有误差,且误差被认为是相同的。假设用户接收机时钟与四颗卫星时钟的误差导致的误差为 δ,则定位的解算方程表达式为

$$\begin{cases} \sqrt{(x_1-x_0)^2+(y_1-y_0)^2+(z_1-z_0)^2}+\delta=\rho_1 \\ \sqrt{(x_2-x_0)^2+(y_2-y_0)^2+(z_2-z_0)^2}+\delta=\rho_2 \\ \sqrt{(x_3-x_0)^2+(y_3-y_0)^2+(z_3-z_0)^2}+\delta=\rho_3 \\ \sqrt{(x_4-x_0)^2+(y_4-y_0)^2+(z_4-z_0)^2}+\delta=\rho_4 \end{cases} \tag{2-5}$$

求解式(2-5),可得到接收机的真实坐标位置 P_0,并且可以算出因各种原因导致的误差。

4. 北斗系统接收机原理

北斗系统用户终端可以提供时间同步、实时定位、速度测量等多种功能。卫星导航信号的载波频率在三个频点上,分别是 1575.42MHz、1191.795MHz 和 1268.52MHz。在上述频点中,可以被民用导航接收机接收的信号主要是 B1 频段,通常被用作车载导航、手持导航仪等,范围为 1559.052~1591.788MHz。B2 频段的信号用于工程测量、地质探测、远程自动化仪器控制等对精度需求高的工程,范围为 1166.220~1217.370MHz。B3 频段的信号一般为军方使用,因为 B3 频段频率较高,定位速度快且精度高,范围为 1250.618~1286.423MHz。

(1)传统硬件接收机

北斗系统的传统硬件接收机主要包括天线射频前端模块、基带数字信号处理模块、定位解算模块和用户显示控制模块几个部分,如图 2-10 所示。其中卫星信号的捕获与跟踪技术都属于基带数字信号处理模块。

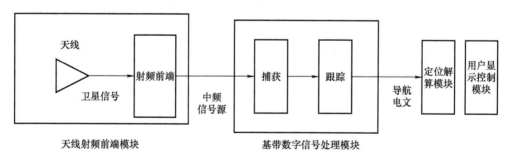

图 2-10 硬件接收机结构图

各模块的原理及功能如下:

1)天线射频前端模块。它分为天线和射频两部分,接收机中的天线用来接收卫星信号,然后将原始信号直接传给射频模块进行处理。因为卫星信号的传输环境一般都有噪声,导致接收到的信号强度不高,需要利用射频模块的滤波器来消除噪声,之后对原始信号进行下变频操作,降低信号的载波频率。

2)基带数字信号处理模块。它是北斗接收机中最关键的技术模块,主要流程是对信号

的捕获与跟踪，多通道同时处理将信号中载波与测距码剔除，得到卫星导航电文。从射频模块传送来的中频信号经过数字信号处理后，对其捕获，得到卫星信号的码相位和多普勒频移；再不断输出北斗卫星信号，跟踪信号中的伪随机码相位、载波频率和相位，最后剥除北斗信号中的 NH 码来解调出最终的北斗卫星导航电文。

3）定位解算模块。它用来接收基带数字信号处理模块传送的相关参数，利用式（2-5）提出的解算方程，解算出用户接收机的坐标、速度等信息。

4）用户显示控制模块。即，用户操作界面。接收定位解算模块传输来的结果，按照一定格式通俗易懂地显示给用户，不同接收机的用户显示模块也不同。

（2）软件接收机

硬件接收机通过集成电路和现场可编程逻辑门阵列（Field Programmable Gate Array，FP-GA）编程实现，因为组成部件固定且开发周期较长，会导致整体研发费用较高。随着导航信息技术和计算机技术的发展，可以利用无线电技术与纯软件技术结合的方法实现北斗导航接收机，通过 A/D 转换器将模拟信号转为数字信号再进行处理，解决了硬件接收机难以修改程序的缺点。

传统的硬件接收机对于用户来讲，属于内部不可见的"黑盒子"，只能从用户显示模块得到接收机输出的坐标和速度等定位结果，没有办法控制捕获或跟踪过程中的信号，当接收机因某些原因出现错误时，用户也就无从下手来解决问题。

软件接收机对比传统硬件接收机最大的特点就是通过软件编程实现对中频信号源的捕获与跟踪，开发人员可以随时编辑软件程序控制捕获和跟踪的处理算法，灵活性极高。模拟电路的硬件部分因直接使用电路元器件，计算速度很快，但灵活程度较低；软件接收机可以随时随地编程、灵活性高，但计算速度并没有模拟电路快。计算机微处理器运行频率可达到 4GHz 以上，搭配显卡 GPU 运算也完全可以完成信号处理的任务。软件接收机的优势有如下几点：

1）成本降低。硬件的大部分组件造价昂贵，软件接收机只需要一个计算机即可，有利于北斗接收机的市场推广。

2）开发周期短。软件接收机的编写可以多人合作，只需要调试部分参数就可以，效率高。

3）灵活性高。计算机实现的软件接收机，可以随时改变内部某一模块的算法进行调试，只需要编辑程序即可。

4）可用来做实验验证。导航技术的发展越来越快，技术应用产出也很多，可以通过软件接收机对新型应用测试，为新理论做实验验证。

（3）接收机信号捕获算法

在北斗系统的卫星组网中，卫星每时每刻都在发射信号，且民用接收机可接收到的 B1 信号频率（$f = 1575.42\text{MHz}$）占用了同一个信道，导致接收机如果不对信号加以鉴别的话并不知道所接收的信号来自哪颗卫星。所以，接收机首要处理的是对卫星信号进行捕获，获取粗略的多普勒频移及码相位偏移量，得到发射信号的卫星编号，之后才能再对信号进行跟踪处理。

多普勒频移指的是，用户终端的接收机与北斗导航卫星之间发生了相对运动，使北斗用户终端接收机接收到的信号频率与卫星发射的导航信号频率有偏差。对于导航系统的信号，

都会加入 PRN 码，北斗系统采用的是 NH 码，目的是扩展北斗卫星信号的频谱。这样，只有接收机本地伪码和北斗卫星信号的码相位对齐时，相关函数才会出现峰值，从而可以在传播路径中损失了巨大能量的信号中解调出有用的导航电文信息。

通过添加 PRN 码对北斗卫星导航信号进行捕获，利用伪码特有的自相关特性将本地伪码与北斗卫星信号解调出的伪码进行计算可以实现卫星编号的识别。如果码片没有完全对齐会导致相关值低于阈值，只有当相关值超过一定阈值，才能判定能否捕获到卫星信号的码相位。对信号的频率进行搜索是先通过本地相关器的 *IQ* 两路信号与基带接收的卫星导航信号相乘，再进行下变频调制后剔除高频部分的载波，导航接收机中本地载波的 NCO 值再与卫星信号相乘。导航接收机捕获原理示意图如图 2-11 所示。

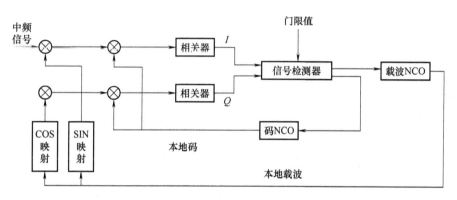

图 2-11 导航接收机捕获原理示意图

接收机中的捕获算法是一种二维搜索的过程，搜索的目的是获得发射信号的卫星编码，计算出导航信号的载波多普勒频移和码相位，并进行下一步跟踪算法的准备。

全球型的卫星导航系统信号最传统的捕获算法分为三种：串行搜索捕获、并行频率搜索捕获以及并行码相位搜索捕获。传统的硬件接收机大多采用时域串行搜索捕获算法。即，接收信号后直接与本地伪码产生的信号进行自相关运算，串行搜索所有可能的多普勒频移和码相位，当自相关计算得到的相关值大于阈值时判定信号捕获成功。串行捕获算法的原理简单，硬件实现起来难度低，早期的接收机一般都采用串行搜索捕获，其缺点是计算量大，软件接收机实现起来比较困难，处理速度慢。而并行搜索的两种算法是对接收到的北斗卫星信号进行快速傅里叶变换，将时域相关的计算转换到频域中，多通道在信号频率或者接收信号的码相位上进行搜索，通过并行计算极大提升计算机运行效率，但硬件实现比较困难。北斗卫星信号的捕获流程如下：

1）设置信号检测器阈值。其主要依据是确定虚警概率、噪声信号方差和定位精度需求，目的是判定卫星信号与本地信号相关值以及检测的概率是否达到捕获标准。

2）确定搜索范围。根据接收机接收信号的动态范围预估信号载波频率及码相位的浮动范围，确定二维搜索的范围。当接收机已知自己所属大致区域，且已知北斗卫星星历数据时，可估计出接收信号所属卫星的范围，优先匹配这些卫星的随机码可以减少搜索时间。

3）捕获信号。确定搜索范围后在信号的频率或码相位上进行串行或者并行搜索。当搜索到的相关值超过阈值时，判定卫星信号捕获成功；若检测失败则修改本地码相位和频率，直到全部频域或码相位被搜索完毕。捕获成功后可以得到卫星编号、多普勒频移和码相位的

粗略值。

（4）接收机信号跟踪算法

接收机对信号捕获完毕的下一步是信号跟踪。信号捕获只是得到一个大概的多普勒频移量和粗略的码相位值。信号跟踪的目的是时刻监视该卫星信号以得到精确的卫星信号多普勒频移和测距码相位，解析出信号携带的导航电文，通过得到的数据参数计算出用户终端接收机到北斗导航卫星的伪距。

跟踪时卫星信号的处理是，先将卫星信号与本地载波相乘，得到的信号中包含了伪随机码和导航电文的信息，再把所得信号与本地伪随机码卷积后消除 PRN 码，最终的结果为卫星导航电文。接收机中的跟踪模块需要自主生成本地载波信号和本地伪随机码。

在对输入信号进行跟踪时，每个通道中都会有两个跟踪环路运行：一个是跟踪卫星信号相位的载波环；另一个是时刻保证复制的伪随机码与卫星信号伪随机码的相位一致的码跟踪环，又简称码环。

载波环一般用锁相环（Phase Locked Loop，PLL）实现。载波环的目的是锁定卫星信号的载波相位，进行载波跟踪。一般 PLL 的组成部分包括三部分：鉴相器、环路滤波器、压控振荡器（VCO）或者数控振荡器（NCO）。其结构示意图如图 2-12 所示。

图 2-12　PLL 结构示意图

设输入卫星信号为 $u_i(t)$，PLL 输出信号为 $u_o(t)$，整个 PLL 的输入以及输出结果的表达式为

$$u_i(t) = U_i \sin(\omega_i t + \theta_i) \tag{2-6}$$

$$u_o(t) = U_o \cos(\omega_o t + \theta_o) \tag{2-7}$$

输入信号进入鉴相器中相当于做了一次乘法运算，设鉴相器输出结果为 $u_d(t)$，其表达式为

$$
\begin{aligned}
u_d(t) &= u_i(t)u_o(t) = U_i U_o \sin(\omega_i t + \theta_i)\cos(\omega_o t + \theta_o) \\
&= K_d \{ \sin[(\omega_i + \omega_o)t + \theta_o + \theta_i] + \sin[(\omega_i + \omega_o)t - \theta_o + \theta_i] \}
\end{aligned}
\tag{2-8}
$$

式中，$K_d = \dfrac{1}{2}U_i U_o$，表示 PLL 中鉴相器的增益大小。

载波环中的环路滤波器可以去除鉴相器输出结果的噪声和高频部分，相当于起了低通滤波器的作用。通过环路滤波器后的结果，用公式可以表示为

$$u_f(t) = K_d K_f \sin\theta_e(t) \tag{2-9}$$

式中，K_f 为环路滤波器的增益；$\theta_e(t)$ 为输入卫星信号与输出信号的相位差，在 PLL 工作状态下的 $\theta_e(t)$ 可以忽略不计，所以式（2-8）又可以表示为

$$u_f(t) \approx K_d K_f \theta_e(t) \tag{2-10}$$

压控振荡器的作用是输出固定频率的周期信号，该信号的频率受到输入信号的影响。如果压控滤波器得到的输出结果与输入的卫星信号有相位偏差，则环回路到鉴相器工作的结果将不为零，之后再经过环路滤波器与压控振荡器会调整输出结果与输入卫星信号的相位相

同，这就是载波环的工作原理。

码跟踪环的作用主要是，时刻保持跟踪时复制的信号伪随机码与导航信号伪随机码相位相同，测量导航信号的时间延迟，进而得到导航信号的码相位与伪距值。码环的性能主要由鉴别器特性决定，性能影响因素包括空间噪声、信号传播环境的多径效应和未知干扰因素。接收机中最常用的码环是延迟锁定环（Delay Locked Loop，DLL），其结构示意图如图 2-13 所示。

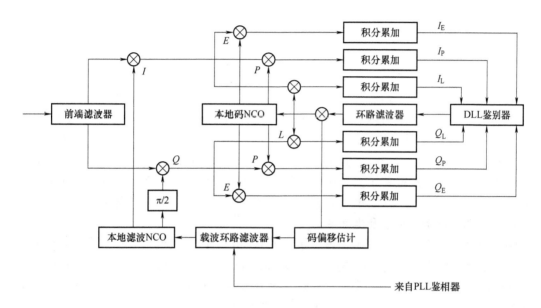

图 2-13　码跟踪环结构示意图

图 2-13 中，输入的数字中频信号先通过前端滤波器滤波，剔除载波后，用支路上的两个混频结果与本地的超前路（early）、滞后路（late）以及实时路（prompt）测距码相乘后累加产生 6 个相干积分计算的支路输出结果，分别是 I_E、I_P、I_L、Q_E、Q_P 和 Q_L。得到的结果再通过 DLL 鉴别器和环路滤波器处理后，进行频率和相位的调整。

设本地伪随机码的超前路为 $E(t)$、实时路为 $P(t)$、滞后路为 $L(t)$，公式分别为

$$E(t) = g(t - \tau_r + \delta) \tag{2-11}$$
$$P(t) = g(t - \tau_r) \tag{2-12}$$
$$L(t) = g(t - \tau_r - \delta) \tag{2-13}$$

式中，τ_r 为输入信号码相位的估算量；δ 为码延迟的大小。

随机码序列 g 的表达式为

$$g(t) = C_{C/A}(t)，\text{GPS 的 C/A 码} \tag{2-14}$$
$$g(t) = C_{NH}，\text{北斗系统的 NH 码} \tag{2-15}$$
$$g(t) = C_B(t)SC(t)，\text{伽利略导航系统的 L1-B 码} \tag{2-16}$$
$$g(t) = C_C(t)SC(t)，\text{伽利略导航系统的 L1-C 码} \tag{2-17}$$

DLL 支路中 IQ 两路相关器的第 k 次运算结果的表达式为

$$I_k = \frac{\sqrt{2P}D_k M R(\Delta\tau_k + \delta)}{2} \mathrm{sinc}\left(\frac{\Delta\omega_k T}{2}\right)\cos\left[\Delta\omega_k\left(n_0 T_s + \frac{T}{2}\right) + \Delta\varphi_k\right] + n_{I.k} \tag{2-18}$$

$$Q_k = \frac{\sqrt{2P}D_k MR(\Delta\tau_k + \delta)}{2} \text{sinc}\left(\frac{\Delta\omega_k T}{2}\right) \sin\left[\Delta\omega_k\left(n_0 T_s + \frac{T}{2}\right) + \Delta\varphi_k\right] + n_{Q.k} \quad (2\text{-}19)$$

用 T_c 表示一个码片的时间长度，d 表示相关器的前后间隔。码延迟宽度 δ 为相关器前后间隔与码片时间长度的乘积，可以用公式表示为

$$\delta = dT_c \quad (2\text{-}20)$$

将各路计算得到的积分累加值通过 DLL 鉴别器估算出码延迟偏移量，之后把码延迟偏移量送入环路滤波器滤波，再重新构建新的本地码的固定频率周期信号，减小跟踪算法运行过程中可能的码延迟偏移。

2.1.3 GLONASS

俄罗斯全球卫星导航系统（Global Navigation Satellite System，GLONASS）最早开发于苏联时期，1993 年后俄罗斯继续推进该计划。但是，由于航天经费不足及技术水平的限制，GLONASS 在发展过程中一直面临着寿命较短的尴尬情况，导致组网卫星的长期不足，其应用发展相对于 GPS 也一直滞后。但随着技术进步及国力恢复，卫星寿命过短问题得到了较好的解决，俄罗斯逐渐改善了其星座系统的维持和更新情况[10]。2010 年前后 GLONASS 完成对俄罗斯全境的覆盖。2011 年底全轨道 24 颗卫星组网成功，实现了全球覆盖。

1. GLONASS 信号频段及坐标系

GLONASS 的信号频段处于 L 波段，包括了 L1 和 L2 两个载波信号。与目前其他的全球导航卫星系统（Global Navigation Satellite System，GNSS）采用码分多址（Code Division Multiple Access，CDMA）的方式不同，它采用频分多址（Frequency Division Multiple Access，FDMA）来区分卫星编号，每颗 GLONASS 卫星发播的两种载波的频率分别为[11]

$$L_1 = 1.602 + 0.5625N \quad (2\text{-}21)$$

$$L_2 = 1.246 + 0.4375N \quad (2\text{-}22)$$

式中，N 为 GLONASS 卫星编号，$N = 1, 2, 3, \cdots, 24$。

GLONASS 的 FDMA 机制通过载波频点区别卫星。GLONASS 卫星信号中的导航电文经过伪码扩频调制，使用相同的伪码调制不同卫星并通过伪码来观测伪距。因此，GLONASS 是结合了 FDMA 和 CDMA 技术的系统。与 GPS 相比，除多址方式的不同，GLONASS 在时间基准系统、坐标参考系统和广播星历帧格式等方面也存在差异[12]。

GLONASS 采用的 PZ-90 坐标系统定义为，坐标原点位于地球质心；Z 轴指向 BIH 所推荐的协议地极，即 1900 年至 1905 年的平均北极位置点；X 轴指向地球赤道与 BIH 所定义的零子午面的交点，即 XOZ 平面相当于平均格林尼治零子午面；Y 轴根据确定的 X 轴和 Z 轴用右手坐标系确定。PZ-90 椭球坐标系基本参数见表 2-4。

表 2-4 PZ-90 椭球坐标系基本参数[13]

椭球参数名称	符号	数值	单位
长半轴	α	6378136	m
地球扁率	$1/f$	298.25784	—
地心引力常数	G_M	3.9860044×10^{14}	m^3/s^2
地球平均角速度	ω	7.292115×10^{-5}	rad/s

GLONASS 时间（GLST）系统的起算时间为俄罗斯参考时 UTC（SU）的 1996 年 1 月 1

日 0 时 0 分 0 秒。由于 GLST 控制段的特殊性,导致必须周期性地利用 UTC(SU)进行修正,导致该系统的时间框架与其他系统时间框架存在时间差为

$$GLST = UTC(SU) + 3h \tag{2-23}$$

2. GLONASS 的组成

GLONASS 主要由三部分组成:空间星座、地面支持部分以及用户设备。

(1)空间星座部分

GLONASS 星座由 28 颗卫星组成。其中,25 颗处于正常工作状态,1 颗暂时处于维护状态,1 颗处于在轨备份状态,还有 1 颗处于飞行试验阶段。目前,在轨正常运行的卫星均为中轨道段卫星,额定高度为 19100km,倾角为 64.8°,周期为 11h 15min 44s。即使多个航天器脱离了轨道组,额定倾角保证了 GLONASS 在俄罗斯领土上完全可以通航。

1982 年 11 月 GLONASS 卫星首次发射入轨。经过多年的发展,GLONASS 卫星(见图 2-14)可以分为三代:初代 GLONASS 卫星,GLONASS-M 卫星,GLONASS K 卫星。日前,在轨的卫星主要为 GLONASS-M 卫星。GLONASS-K 卫星在技术上已经进行了很大改进,卫星预期寿命提高到了 10 年,大大增加了系统稳定性,同时也在一定程度上降低了维护成本。GLONASS-K 卫星系列又分为 K1 和 K2 两种型号。GLONASS 卫星情况(截至 2020 年)见表 2-5。

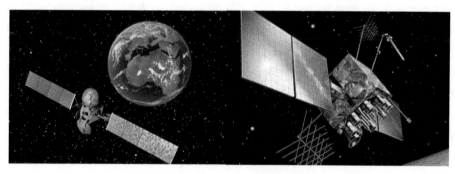

图 2-14 GLONASS 卫星示意图[14]

表 2-5 GLONASS 卫星情况[11](截至 2020 年)

情 况		代 次			
		初代 GLONASS	GLONASS-M	GLONASS-K1	GLONASS-K2
部署年份		1982 ~ 2005	2003 ~ 2016	2011 ~ 2018	2017 ~ 2020
状态		已退役	正常工作	正常工作	研发中
时钟稳定度		5×10^{-13}	1×10^{-13}	5×10^{-14}	1×10^{-14}
信号类型		FDMA	主要是 FDMA (CDMA 在 755 ~ 761 上)	FDMA 和 CDMA	FDMA 和 CDMA
设计使用年限/年		3.5	7	10	10
质量/kg		1500	1415	935	1600
是否存在卫星间通信线路	无线电	否	是	是	是
	光学	否	否	是	是
是否存在救援系统		否	否	是	是

（2）地面支持部分

GLONASS 的地面控制中心绝大部分都在俄罗斯的领土范围之内，还有少数几个位于巴西。地面支持包括 1 个系统控制中心、5 个遥感控制站、2 个激光测距站以及 10 个监测站。系统控制中心位于俄罗斯莫斯科，遥测遥控站分别位于俄罗斯的圣彼得堡、共青城、叶尼塞斯克和乌克兰的捷尔诺波尔。

（3）用户设备

GLONASS 用户设备（即接收机）能接收卫星发射的导航信号，并测量其伪距和伪距变化率，同时从卫星信号中提取并处理导航电文。接收机处理器对上述数据进行处理并计算出用户所在的位置、速度和时间信息。GLONASS 提供军用和民用两种服务。GLONASS 绝对定位精度水平方向为 16m，垂直方向为 25m。

目前，GLONASS 的主要用途是导航定位，与 GPS 导航系统一样，同时也广泛应用于各种等级和种类的定位、导航和时频领域等。

3. GLONASS 时间和空间系统

（1）时间系统

GLONASS 的时间系统，即 GLST 系统，是基于 UTC 的，以 UTC（SU）为时间基准，但事实上它们之间还有 3h 的整数差，除此之外还有一个 1ms 内的系统差。由于 GLST 系统是基于 UTC 的时间系统，因此和其他的 GNSS 不同的是它具有闰秒调整；和国际原子时（TAI）的整数差值也一直在变化，目前相差 37s。

（2）空间系统

苏联时期，GLONASS 一直使用的是 1985 苏联地心坐标系（SGS-85），由俄罗斯接手后改为 PZ-90（Earth Parameters 1990- Parametry Zemli 1990）坐标[15]。PZ-90 坐标系的原点位于地球质心，Z 轴指向国际地球自转服务组织（International Earth Rotation Service，IERS）推荐的协议地球极（CTP），X 轴指向赤道与 BIH 定义的零子午线的交点，Y 轴与 X 轴和 Z 轴垂直，构成右手坐标系。

2.1.4 伽利略卫星导航系统

伽利略卫星导航定位系统（Galileo positioning system）是继美国的 GPS 和俄罗斯的 GLONASS 的第三个可供民用的全球卫星导航定位系统，是欧盟正在建设的卫星导航定位系统。伽利略卫星导航系统具有卫星数多、轨道位置高、轨道面少的优点，可为社会生活中的接收机用户提供 3 种基本服务：免费服务、加密且需要交费的服务、加密且需要满足更高要求的服务。

伽利略系统在 2016 年完成部署 6 颗 Galileo-FOC 卫星，同年底欧洲委员会随即正式宣布伽利略卫星导航系统初始服务启动。服务包括三种类型：开放服务、授权服务和搜索与救援服务。2017 年 12 月，伽利略系统的 19～22 号卫星由一枚阿里安-5 火箭从法属圭亚那库鲁航天中心发射成功，欧洲航天局表示此次成功发射意味着距该系统全部卫星组网并实现覆盖全球的导航服务只差最后一次发射[16]。下一代伽利略导航卫星将使用阿里安-6 火箭发射，预计发射时间在 2020 年底至 2021 年中期，将一次发射 2 颗重 750kg 的卫星至约 23000km 的地球中轨道。2017 年欧洲航天局将伽利略相关的管理职责转交给了欧洲 GNSS 局（GSA），此后欧洲还将继续发射新的卫星，部署卫星星座，逐步改善全球的服务性能和可用性。

1. 伽利略卫星导航系统坐标系

伽利略卫星导航系统所采用的坐标系统是基于伽利略地球参考框架（Galileo Terrestrial Reference Frame，GTRF）的 ITRF-96 大地坐标系[17]。其几何定义为，原点位于地球质心，Z 轴指向 IERS 推荐的协议地球极点方向，X 轴指向地球赤道与 BIH 定义的零子午线交点，Y 轴满足右手坐标系。GRS80 椭球坐标系基本常数见表 2-6。

表 2-6　GRS80 椭球坐标系基本常数

椭球常数名称	符号	数值	单位
长半轴	α	6378137	m
地球扁率	$1/f$	298.257222101	—
地心引力常数	G_M	$3.986004418 \times 10^{14}$	m^3/s^2
地球平均角速度	ω	7.292115×10^{-5}	rad/s

伽利略时间（GST）系统的起算时刻是 UTC 的 1999 年 8 月 22 日 0 时 0 分 0 秒，与 UTC 存在固定跳秒。GST 与 UTC 的关系为

$$GST = UTC + (n - 13) \tag{2-24}$$

式中，n 为跳秒数，由国际地球自转服务组织提供。

2. 伽利略卫星导航系统的组成

伽利略卫星导航系统主要由三部分组成：空间段、地面段和用户终端。

（1）空间段

伽利略卫星导航系统的空间段由分布在 3 个倾角为 56°、高度为 23616km 的等间距轨道上的 30 颗中轨道地球轨道卫星构成，每个轨道上均匀分布 10 颗卫星（1 颗备份卫星，9 颗正常工作的卫星），可满足全球无缝隙导航定位。卫星绕地球一周时间约 14h 22min，卫星寿命为 20 年，卫星重量为 625kg，功率为 1.5kW。

（2）地面段

伽利略卫星导航系统的地面段由伽利略上行链路站（GUS）、伽利略控制中心（GCC）、伽利略全球通信网络和伽利略监控站网络（GCN）四部分组成，可实现卫星和任务控制的两大功能。

（3）用户终端

伽利略系统是一个多功能的互操作系统，可以与 GPS 和 GLONASS 进行组合，实现多功能的操作，提高卫星定位的能力。

3. 伽利略卫星导航系统的电文与信号

伽利略卫星导航系统的信号分为三个频段，分别为 E5（1164 ～ 1215MHz）、E6（1260 ～ 1300MHz）以及 E2-L1-E1（1559 ～ 1592MHz）。E5 频段再细分为 E5a 和 E5b 频段。各频段的中心频率分别为，E5a 为 1176.45MHz、E5b 为 1207.14MHz、E6 为 1278.45MHz、E2-L1-E1 为 1575.42MHz[17]。与 GPS 相同，伽利略系统的导航电文由各伽利略卫星在 ES、E6、L1 和 L6 信号上以 50bit/s 播发的 1500bit 导航电文，是用户接收机进行定位和导航的数据基础。

2.2 基于惯性导航的定位技术

惯性导航系统（Inertial Navigation System，INS）是一种以牛顿力学与刚体旋转学为理论基础的自主定位技术。它利用惯性器件（加速度计和陀螺仪）测量载体相对惯性空间的加速度与角速度信息，并通过姿态解算与位置推算完成定位功能。惯性导航系统可分为平台式惯性导航系统（Gimbaled Inertial Navigation System，GINS）与捷联式惯性导航系统（Strapdown Inertial Navigation System，SINS）。GINS 将惯性器件固定在一个惯性平台上，以稳定的平台建立惯性平台坐标系。SINS 则将惯性器件固定在运动载体上，通过相关导航解算得出载体在导航坐标系下的位置信息。惯性导航不仅能够在外界不提供信息的情况下工作，而且能够实时、高精度地输出载体的各种导航参数信息，自主进行定位导航。

此外，惯性导航系统还具有隐秘性好、导航信息丰富、数据输出率高等优点，其工作环境不仅包括空中、地面，还包括水下，是复杂恶劣环境下各种运载体不可或缺的核心导航系统。

惯性导航有如下特性：a. 误差随时间和运动距离累积；b. 需要初始信息；c. 成本高；d. 完全自主性和高可靠性（军用和航空航天）；e. 导航信息完备、连续。

2.2.1 惯性器件

惯性导航系统通常由惯性测量装置、计算机、控制显示器等组成。计算机根据测得的加速度信号计算出飞行器的速度和位置数据。控制显示器显示各种导航参数。

一般惯性器件都是基于微机电系统（Micro Electro Mechanical System，MEMS）的惯性测量装置，主要包括陀螺仪与加速度计，通常集成在惯性测量单元（Inertial Measurement Unit，IMU）中，又称惯性导航组合。图 2-15 所示的 MEMS 惯性测量单元是一个典型的 6 轴 IMU，包括 3 轴陀螺仪与 3 轴加速度，3 个自由度陀螺仪用来测量飞行器 3 个转动运动；3 个加速度计用来测量飞行器 3 个平移运动的加速度，其轴向标记在 IMU 的右下角。

（1）陀螺仪

陀螺仪是惯导系统的主要元器件，用于计量角速度。角速度通常用每秒旋转的角度来表示。按时间对角速度进行积分可得到角度变化情况，以此可以检测载体的姿势变化。微机电陀螺仪具有体积小、重量轻、成本低、可靠性好、测量范围大、易于集成的优点，但微机电陀螺仪由于漂移较大导致精度不高，如果系统对导航的精度要求较高，则需要使用算法对方向信息进行补偿。

与传统陀螺仪主要利用角动量守恒原理不同，微机电陀螺仪主要利用科里奥利力（旋转物体在有径向运动时所受到的切向力）原理测量运动物体的角速率。公开

图 2-15 MEMS 惯性测量单元

技术的微机械陀螺仪均采用振动物体传感角速度的概念，利用振动来诱导和探测科里奥利力。微机电陀螺仪的核心是一个微加工机械单元，在设计上按照一个音叉机制共振运动，通过科里奥利力原理把角速率转换成一个特定感测结构的位移。

微机电陀螺仪由于受到自身结构材料、制作工艺、工作原理等多方面的影响而存在一定的误差。按照误差类型可分为确定性误差和随机误差。确定性误差主要有安装误差（安装工艺水平限制使得敏感轴并非完全两两正交）和尺度误差（传感器通过尺度因子将电信号进行转换，尺度因子的误差导致结果误差）。随机误差主要有，量化噪声误差——A/D 采样导致的噪声，量化噪声属于高频噪声，可以用低通滤波器滤除这种高频噪声，也可以通过导航的积分环节去除，对精度的影响不大；角度随机游走——高斯白噪声的影响，需要区别角速率输出还是角增量输出；零偏不稳定性——由内部电磁的善变噪声和外部影响导致的，而且每次启动之初的零偏是不相同的；速率斜坡——陀螺的角速率输出随着时间会发生缓慢变化，如环境温度的缓慢变化导致角速率输出不稳定，通过环境控制和补偿机制可以降低这种误差。陀螺仪的误差模型可建立为

$$\begin{cases} \overline{w}_x = S_x w_x + K_{yx} w_y + K_{zx} w_z + B_x + n_x \\ \overline{w}_y = S_y w_y + K_{xy} w_x + K_{zy} w_z + B_y + n_y \\ \overline{w}_z = S_z w_z + K_{xz} w_x + K_{yz} w_y + B_z + n_z \end{cases} \tag{2-25}$$

式中，$\overline{w}_x$、$\overline{w}_y$、$\overline{w}_z$ 为陀螺仪三轴的实际输出；K_{yx}、K_{zx}、K_{xy}、K_{zy}、K_{xz}、K_{yz} 为陀螺仪三轴的安装误差；w_x、w_y、w_z 为陀螺仪的实际感测输入值；B_x、B_y、B_z 为陀螺仪的三轴零偏；n_x、n_y、n_z 为陀螺仪三轴的随机噪声误差。

（2）加速度计

加速度计用来测量载体运动加速度，返回的是三轴的加速度分量，用 g（重力加速度）计量。加速度计传感器利用质量敏感器的形变来测量施加在载体的外力，即质量敏感器会由于当地的重力加速度而产生额外形变。因此，加速度计输出的信息为比力，即载体实际运动中的净加速度以及当地重力加速度的矢量合。所以，单纯依靠加速度计无法直接测量运动物体的净加速度。需要与陀螺仪配合，在导航坐标系上提取运动物体的净加速度。

加速度计的误差模型与陀螺仪的误差模型相似，可以表示成[18]

$$\begin{cases} \overline{a}_x = S_x a_x + K_{yx} a_y + K_{zx} a_z + B_x + n_x \\ \overline{a}_y = S_y a_y + K_{xy} a_x + K_{zy} a_z + B_y + n_y \\ \overline{a}_z = S_z a_z + K_{xz} a_x + K_{yz} a_y + B_z + n_z \end{cases} \tag{2-26}$$

式中，$\overline{a}_x$、$\overline{a}_y$、$\overline{a}_z$ 为陀螺仪三轴的实际输出；K_{yx}、K_{zx}、K_{xy}、K_{zy}、K_{xz}、K_{yz} 为加速度计三轴的安装误差；a_x、a_y、a_z 为加速度计的实际感测输入值；B_x、B_y、B_z 为加速度计的三轴零偏；n_x、n_y、n_z 为加速度计三轴的随机噪声误差。

2.2.2　惯性导航中常用坐标系及其转换

为正确描述物体所处的位置，必须引入描述载体运动的导航坐标系。导航坐标系通常分为惯性坐标系和非惯性坐标系两大类[19]。下面论述与导航相关的常用坐标系及它们之间的转换。

1. 常用坐标系定义

（1）地心惯性坐标系（i 系）

该坐标系用 $Ox_i y_i z_i$ 表示，坐标系原点为地球中心，且随地球移动。z_i 轴是沿地球的自转轴，x_i、y_i 轴在地球赤道平面内。其中，x_i 轴指向春分点（太阳沿黄道由南向北与天赤道

的交点），y_i 轴方向则与 x_i、z_i 轴满足右手定则。惯性测量单元中的惯性器件输出数据就是相对于此坐标系进行测量。

（2）地球坐标系（e 系）

地球坐标系又称为地心地固坐标（Earth Centered Earth Fixed，ECEF）系，用 $Ox_e y_e z_e$ 表示，原点为地球中心，x_e、y_e 轴在地球赤道平面内，x_e 指向本初子午线，z_e 轴为地球自转轴。地球坐标系与地球固连在一起，地球坐标系与地心惯性坐标系之间相对角速度为 $\omega_{ie} =$ 7.2921151647 $\times 10^{-5}$ rad/s $= 15.04108°/$h，即地球自转角速率。

（3）地理坐标系（g 系）

地理坐标系，又称当地垂线坐标系，用 $Ox_g y_g z_g$ 表示，坐标系原点固定在载体质心，轴沿当地地理垂线方向，x_g、y_g 轴在当地水平面内分别沿当地经线和纬线的切线方向。根据坐标轴方向的不同，地理坐标系三轴可取的方向很多，一般地理坐标系取为东北天坐标系，即 x_g 轴指向东，y_g 轴指向北，z_g 轴指向天。

（4）载体坐标系（b 系）

该坐标系用 $Ox_b y_b z_b$ 表示，原点与载体质心重合，与地理坐标系类似，载体坐标系可以根据需要设定为"右前上""前右下"和"前上右"等。一般的载体坐标系描述为 x_b 轴垂直指向载体右侧，y_b 轴沿载体纵轴指向前，z_b 轴沿载体立轴指向上。该坐标系与载体固连，载体坐标系相对于地理坐标系的方位关系由载体的姿态来表示。

（5）导航坐标系（n 系）

该坐标系用 $Ox_n y_n z_n$ 表示，主要用于求解导航参数时设置坐标系，对于捷联式惯性导航系统，通过将测量得到的比例和角速率分解到某个求解导航参数较为方便的坐标系内，再进行导航计算。通常根据载体工作时的运动状态来设置适当的导航坐标系，避免姿态矩阵出现奇异的情况。

2. 各坐标系间的转换关系

（1）地心惯性坐标系与地球坐标系之间的转换

根据前面对这两个坐标系的介绍可知，地球坐标系与地心惯性坐标系之间的转动是由地球自转引起的。假设从导航开始时刻到计算时刻，这段时间设定为 t，故可计算出地球坐标系绕 z 轴转过 $\omega_{ie} t$，如图 2-16 所示。地心惯性坐标系与地球坐标系两者的转换关系由姿态矩阵 $\boldsymbol{C}_e^i$ 表示，即

$$\boldsymbol{C}_e^i = \begin{bmatrix} \cos\omega_{ie}t & \sin\omega_{ie}t & 0 \\ -\sin\omega_{ie}t & \cos\omega_{ie}t & 0 \\ 0 & 0 & 0 \end{bmatrix} \tag{2-27}$$

（2）地理坐标系与地球坐标系之间的转换

对于地理坐标系与地球坐标系两者的相对位置可以用经度与纬度组成的转移矩阵表示，假设地球表面有一点经度为 λ，纬度为 L，则由地球坐标系转换到东北天地理坐标系。

其转换步骤为通过绕 z_e 转动（$90° + \lambda$），再绕目前的坐标系的 x 轴转（$90° - \lambda$）即可，由此可求解得到转移矩阵 $\boldsymbol{C}_e^g$，即

$$\boldsymbol{C}_e^g = \begin{bmatrix} -\sin\lambda & \cos\lambda & 0 \\ -\sin L\cos\lambda & -\sin L\sin\lambda & 0 \\ \cos L\cos\lambda & \cos L\sin\lambda & \sin L \end{bmatrix} \tag{2-28}$$

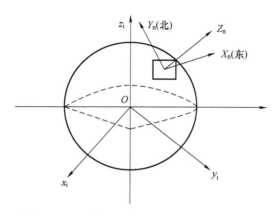

图 2-16　地心惯性坐标系与地球坐标系转换图

（3）载体坐标系和地理坐标系之间的转换

根据对载体坐标系和地理坐标系的定义可知，主要采用姿态信息来表示这两个坐标系之间的相对位置转换，根据对姿态角的定义不同，该转换矩阵的表达公式也有变化。偏航角、俯仰角和横滚角的定义如下：

1）偏航角 ψ，定义为载体的纵轴在水平面上的投影与地理北向之间的夹角，数值以地理北向为起点，北偏西为正（即从上向下看为逆时针方向），其定义域为 $0° \sim 360°$。

2）俯仰角 θ，定义为载体绕横向水平轴转动产生的纵轴与纵向水平轴的夹角。以纵向水平轴为起点，向上为正（即从载体的右侧看为逆时针方向），其定义域为 $-90° \sim 90°$。

3）横滚角 γ，定义为载体绕纵轴相对于载体铅垂平面的转角，从该铅垂平面为起点，右倾为正（即从载体的前方看为逆时针方向），左倾为负，其定义域为 $-180° \sim 180°$。

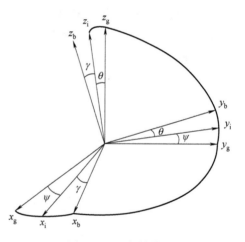

图 2-17　坐标转换图

根据上述姿态角的定义，如图 2-17 所示，推导出载体坐标系与地理坐标系之间的转换矩阵 $\boldsymbol{C}_b^n$：

$$\boldsymbol{C}_b^n = \begin{bmatrix} \cos\gamma\cos\psi - \sin\gamma\sin\theta\sin\psi & \cos\theta\sin\psi & \sin\gamma\cos\psi + \cos\gamma\sin\theta\sin\psi \\ \cos\gamma\cos\psi + \sin\gamma\sin\theta\sin\psi & \cos\theta\sin\psi & -\sin\gamma\cos\psi - \cos\gamma\sin\theta\cos\psi \\ -\cos\theta\sin\gamma & \sin\theta & \cos\gamma\cos\theta \end{bmatrix} \tag{2-29}$$

2.2.3　惯性导航原理

惯性导航的基本工作原理是以牛顿力学定律为基础，通过测量载体在惯性参考系的加速度，并对时间进行积分，接着变换到导航坐标系中，就能得到导航坐标系中的速度、偏航角和位置等信息[20]。

图 2-18 给出了加速度计安装在运载体上的情况。沿着水平方向，运载体以加速度 a 运

动，则物体 m 处于平衡状态时，所受到的水平约束力 F 与 a 满足牛顿第二定律：

$$a = F/m \qquad (2\text{-}30)$$

测得力 F 和物体质量 m 后，即可利用式（2-30）求得 a，对 a 进行积分，求出速度，再积分一次就能求出位移。

以上叙述仅是简化的理想情况。由于载体不仅可以在水平方向行动，当姿态角改变时，加速度必须沿固定坐标系测量，所以加速度计一定要在惯性平台上

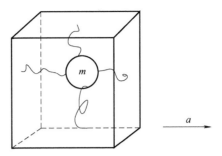

图 2-18　惯性导航原理简图

安装。陀螺仪能够在一定程度上维持平台所需的空间角，最后由计算机完成计算导航和控制平台的任务。

陀螺和加速度计被称为惯性器件，这是由于它们都是相对惯性空间测量的。即，载体的绝对加速度、惯性空间的角速度或增量由加速度计输出。同时，由于惯性导航装置只能通过自己获取导航的所有信息，所以既不发射任何信息，也不需要任何系统提供外来信息，就能在全球范围内、任何气候下不受干扰地进行导航。因此，即使卫星导航和无线电导航长期稳定性比惯性导航好，但惯性导航自主性和隐蔽性无可替代。

1. 平台式惯导系统的工作原理

平台式惯导系统由三轴陀螺稳定平台（包含陀螺仪）、加速度计、导航计算机、控制显示器等组成，如图 2-19 所示。

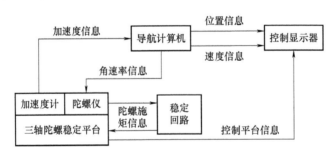

图 2-19　平台式惯导原理图

导航解算需要两种数据输入：一种是起始解算时运动载体的初始条件，其中包括运动载体的初始经度、纬度（运动载体初始化高度为 0）；另一种目标解算的必要数据是陀螺仪及加速度计所输出的数据[21]。

运动载体的初始条件：载体的最初的位置，即其经纬度；运动载体的东北向速度和经纬度；平台误差角；陀螺仪和加速度计的数据。

平台误差角又称导航系失准角，由于实际上存在解算误差，所以解算出的导航系与真实的导航系并不重合，这个坐标系 c 与导航系 n 间的变换矩阵为 $\boldsymbol{C}_{n}^{c}$，而对应的一组误差角称为平台误差角。由此推断出平台误差角速率[20]：

$$\boldsymbol{\varphi} = \boldsymbol{\omega}_{ip}^{p} - \boldsymbol{\omega}_{it}^{p} = \boldsymbol{C}_{t}^{p}\boldsymbol{\omega}_{it}^{t} \qquad (2\text{-}31)$$

式中，下角标 i、p、t 分别指惯性、平台和地理空间坐标系。理论上系统角速度 ω_{ip} 受控于目标参数 ω_{x}^{c}、ω_{y}^{c}、ω_{z}^{c}，当系统能稳定准确实行指令时，则应有 $\omega_{ipx}^{p} = \omega_{x}^{c}$、$\omega_{ipy}^{p} = \omega_{y}^{c}$、$\omega_{ipz}^{p} = \omega_{z}^{c}$

等式的成立，但由于陀螺仪器件产生的漂移误差，会得到

$$
\begin{cases}
\omega_{ipx}^{p} = \omega_x^c + \varepsilon_x \\
\omega_{ipy}^{p} = \omega_y^c + \varepsilon_y \\
\omega_{ipz}^{p} = \omega_z^c + \varepsilon_z
\end{cases}
\tag{2-32}
$$

式中，ε_x、ε_y、ε_z 为陀螺的漂移误差。平台式惯导实际计算出的指令角速度为

$$
\begin{cases}
\omega_x^c = -\dfrac{v_y^c}{R_M} \\[2mm]
\omega_y^c = \omega_{ie}\cos\varphi_c + \dfrac{v_x^c}{R_M} \\[2mm]
\omega_z^c = \omega_{ie}\sin\varphi_c + \dfrac{v_z^c}{R_M}\tan\varphi_c
\end{cases}
\tag{2-33}
$$

进一步整理可得

$$
\begin{cases}
\varphi_a = \omega_x^c - \omega_{itx}^t + \phi_y\omega_{itz}^t - \phi_z\omega_{ity}^t + \varepsilon_x \\
\varphi_b = \omega_y^c - \omega_{ity}^t + \phi_x\omega_{itz}^t - \phi_z\omega_{itx}^t + \varepsilon_y \\
\varphi_c = \omega_z^c - \omega_{itz}^t + \phi_x\omega_{ity}^t - \phi_z\omega_{itx}^t + \varepsilon_x
\end{cases}
\tag{2-34}
$$

式中，φ_c 为平台式惯导解算出的纬度；R_M 为在子午圈载体的曲率半径。

2. 捷联式惯导系统的工作原理

捷联式惯导系统的基本原理：捷联式惯导没有物理平台，利用计算机技术模拟出载体的姿态矩阵，通过姿态矩阵计算出载体的姿态和航向信息。捷联式惯性导航系统原理图如图 2-20 所示，陀螺仪、加速度计和运动载体连接在一起。将陀螺仪的角速度 ω_{ib}^b 和角速度 ω_{in}^b 相减，得到载体坐标系相对于导航坐标系的角速度 ω_{nb}^b，再进行姿态矩阵 $\boldsymbol{C}_b^n$ 变换，将载体坐标系中的加速度 a_{ib}^b 转换到导航坐标系的加速度 a_{in}^n。姿态矩阵中的姿态元素包括姿态和航向角等导航信息。惯性导航系统由以下几个模块组成：

1）加速度计，通过该传感器能够测量得到运动物体加速度信息。

2）陀螺仪，测量运动物体的角速度信息，同时用来构建参考坐标系。

3）惯导平台，该平台可以模拟出载体的姿态和方位角度等信息，并把加速度的测量轴稳定在导航坐标上[22]。

4）导航计算机，完成 SINS 解算。

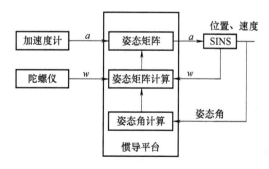

图 2-20　捷联式惯性导航原理简图

惯导平台主要工作是捷联姿态解算，将陀螺仪输出的角速度进行姿态微分方程计算。捷联姿态算法是导航定位的核心部分，选用四元数捷联姿态算法进行姿态解算。

四元数算法是一种在空间技术领域和数学领域得到广泛应用的古老的数学算法，用四元数来描述空间姿态十分便捷，并且在导航算法里面四元数算法使用十分广泛。四元数的含义是一个实数和三个虚数单位组成的四个元的数，运动载体的姿态能够使用四元数表述，具体为以一个时变的矢量作为转轴，刚体沿着转轴旋转一定的角度。其中，转角用四元数的首项表示，后三个数表示转轴方向。所以一个坐标系可以使用四元数唯一地表示[23]。

如果一个矢量在直角坐标系 $Oxyz$ 中的投影是 $x(x,y,z)$，在 $Ox'y'z'$ 中的投影是 $r'(x',y',z')$，可以用一个四元数 $[q_0,q_1,q_2,q_3]^T$ 将这两个坐标进行相互转换，即

$$[x' \ y' \ z']^T = R [x \ y \ z]^T \tag{2-35}$$

式中

$$R = \begin{bmatrix} q_0^2 + q_1^2 - q_2^2 - q_3^2 & 2(q_0q_3 + q_1q_2) & 2(q_1q_3 - q_0q_2) \\ 2(q_1q_2 - q_0q_3) & q_0^2 - q_1^2 + q_2^2 - q_3^2 & 2(q_0q_3 + q_0q_1) \\ 2(q_0q_2 + q_1q_3) & 2(q_2q_3 - q_0q_1) & q_0^2 - q_1^2 - q_2^2 + q_3^2 \end{bmatrix} \tag{2-36}$$

式中，R 为坐标变换矩阵。可以从四元数当中计算出载体的欧拉姿态角。通过欧拉姿态矩阵可以实现载体系和惯性坐标系之间的转换。则有

$$C_n^b = \begin{bmatrix} C_{11} & C_{12} & C_{13} \\ C_{21} & C_{22} & C_{23} \\ C_{31} & C_{32} & C_{33} \end{bmatrix} \tag{2-37}$$

$$C_{11} = \cos\gamma\cos\varphi + \sin\gamma\sin\theta\sin\varphi \tag{2-38}$$

$$C_{12} = -\cos\gamma\cos\theta\cos\varphi \tag{2-39}$$

$$C_{13} = -\sin\gamma\cos\theta \tag{2-40}$$

$$C_{21} = \cos\theta\sin\varphi \tag{2-41}$$

$$C_{22} = \cos\theta\cos\varphi \tag{2-42}$$

$$C_{23} = \sin\theta \tag{2-43}$$

$$C_{31} = \sin\gamma\cos\theta - \cos\varphi\sin\theta\sin\varphi \tag{2-44}$$

$$C_{32} = -\sin\gamma\cos\theta - \cos\varphi\sin\theta\sin\varphi \tag{2-45}$$

$$C_{33} = \cos\theta\cos\varphi \tag{2-46}$$

姿态四元数到欧拉角之间关系如下：

$$\begin{cases} \sin\theta = 2(q_2q_3 + q_0q_1) \\ \tan\varphi = \dfrac{2(q_1q_2 - q_0q_3)}{q_0^2 - q_1^2 + q_2^2 - q_3^2} \\ \tan\gamma = \dfrac{2(q_0q_2 - q_1q_3)}{q_0^2 - q_1^2 - q_2^2 + q_3^2} \end{cases} \tag{2-47}$$

2.2.4　惯性导航系统误差

对惯性导航系统的工作原理进行分析时，一般被视作理想化系统。但事实上，惯性器件在生产、制作过程中都存在一定的误差，并且在系统的安装与调试过程中也会产生误差。这

些误差被分为以下几种[24]：

（1）传感器误差

该误差主要指加速度计和陀螺仪的误差，包含静态误差和动态误差两种。陀螺仪误差包括陀螺仪的零偏不稳定性造成的误差以及陀螺仪的尺度因子不对称带来的误差；加速度计误差包括零偏误差、刻度系数误差以及尺度因子不稳定误差等。

（2）安装误差

理想状态下，惯性导航系统中加速度计与陀螺仪的敏感轴与载体坐标系的正交轴完全重合。但实际安装过程中，惯性器件的敏感轴与载体坐标系的正交轴并不是完全重合的，因此产生误差，如陀螺仪输出角速度与敏感轴真实角速度之间的误差、陀螺仪和加速度计敏感轴构成的非正交坐标系的误差等。

（3）初始条件误差

系统导航过程中，为了精确确定所有导航参数，必须对载体所处的位置、速度进行初始化及对初始姿态进行对准。初始位置、速度及姿态对准一般是人工测量后输入的，存在误差。

（4）计算误差

计算误差包括模拟信号转化为数字信号的量化误差、参数设置误差、计算过程中数据的截断误差及四舍五入误差，以及惯性系统导航过程中的转动不可交换的误差等。

（5）载体运动干扰误差

运动干扰主要是载体飞行过程中晃动对惯性器件造成的干扰，如工作在阻尼状态时载体的加速度对系统产生的干扰等。

2.3　高精地图匹配定位技术

对于车辆管理，高精度地图可以更精准地描述车辆和道路的具体位置，帮助车辆规划行驶路径；对于交通管理，高精度定位可以更精细地刻画交通流特性、实现交通的实时监控和车流的实时诱导。除了对车辆的高精度定位，还可以对道路基础设施进行高精度定位监测控制，以预测重点基础设施的形变、移动，及时采取养护措施，保证道路的通行能力[25]。

2.3.1　高精地图构建

高精地图相较普通导航电子地图而言，具有高精度、地图元素更加详细、属性更加丰富的特点。高精度，一方面指地图的绝对坐标精度更高，达到亚米级的绝对精度；另一方面高精地图所含的道路交通信息元素及其属性更加丰富和细致。与普通电子地图相比，高精地图不仅有准确的坐标，还能准确地描绘道路形状、车道线、车道中心线和交通标志等。此外，高精地图还包括车道限速、道路材质等信息。在道路交通领域，按照面向对象不同，高精地图分为自动驾驶用高精地图和交通监管用高精地图：自动驾驶用高精地图是面向机器的作为先验信息供无人驾驶汽车决策用的地图数据，包含每个车道的坡度、曲率、航向、高程、侧倾等数据；交通监管用高精地图是面向交通监管人员的二维、三维可视化地图数据，为交通监管提供车道级的精细地图数据支撑，高精地图与传统电子地图的性能对比见表 2-7。

表 2-7　高精地图与传统电子地图的性能对比[25]

分类	传统地图	高精地图
要素和属性	道路、POI	详细的道路模型、车道模型、道路部件、道路属性和其他定位图层信息
所属系统	信息娱乐系统	车载安全系统
用途	导航、搜索	环境感知、定位、路径规划、车辆控制
使用者	人	机器
服务型要求	相对低	高
更新频率	低（每季度）	高
精度	米级	亚米级
地图的生产	卫星地图＋GPS定位	使用陀螺仪、轮测距器、GPS、光学雷达等多种数据采集车，与车厂合作的众包方式

（1）高精地图数据采集方式

数据采集是高精地图的基础与核心，数据采集方式对高精地图的精度和地物丰富程度起决定性作用。目前，高精地图数据采集主要有 3 种实现方案：移动测绘车采集、无人机航测和 1∶500 地形图测绘。目前，主流互联网公司均采用移动测绘车的方式进行数据采集。这种方式具有作业效率高、道路信息采集全面的优势，需要搭载激光雷达、惯导、RTK、全景相机等[27]，如图 2-21 所示。同时，也有基于无人机航测与地面打点补测相结合的方式，基于获取的厘米级数字正射影像图可生产绝对精度达到分米级的高精度地图，具有作业灵活、高效、不受路况限制的优势，但缺点是申请空域周期较长。在 1∶500 地形图测绘中，采用数字化测图的作业方式更能保证地图的精度，但需要控制网布设、逐条道路测绘、后期编绘等大量工作，并且作业周期很长。

图 2-21　高精度地图数据采集车[26]

（2）高精地图构建

高精地图构建过程需要获取的地物主要包括车道线、道路交通设施（人行横道、转向标志、交通设施等）、车道拓扑网络数据及其他地物等。根据数据采集方式的不同，高精地图生产方式有所差异。基于移动测绘车采集的数据，前期需要进行点云数据的分区、去噪、拼接等预处理，进而进行矢量化、几何调整、增加属性和拓扑结构建立等加工处理；无人机航测高精地图的生产，会基于校正、拼接等预处理得到的高精度正射影像图，采用自动与人工相结合的方式进行数据矢量化加工处理；1∶500 地形图测绘基于外业采集的数据进行内业地图编绘，通过格式转换、地物分类等进行加工处理。三种高精地图生产过程均需要通过多级质检保证最终成果数据的可靠性。移动测绘车生产方式目前正在形成一种"专业采集 + 众包维护"的地图动态更新方式，无人机航测数据更新则需要重新进行航测，1∶500 地形图测绘采用部分补测的方式实现数据更新。此外，政府行业数据也是地图更新的重要数据来源。

（3）高精地图可视化表达

这是指通过可视化表达将车道线与交通设施等高精地图地物信息生动直观地展示出来，根据地图展现方式的不同，高精地图可视化表达分为二维和三维两种表达方式。二维地图表达基于主流的地理信息系统（Geographic Information System，GIS）软件进行地图符号化，通过 GIS 软件平台提供各类空间数据服务，或将获取的高精度矢量数据通过空间数据库引擎导入关系型数据库，使用 Javascript 开发包调取相应数据并设置参数进行地图渲染。三维地图表达基于提取的道路矢量图制作精细化三维高精度道路模型，利用倾斜摄影测量技术或建模技术搭建三维场景，集成建筑物、设施小品、其他地物等三维模型，形成三维高精地图[27]。

2.3.2　高精地图匹配技术的基本原理

对于结构化道路，可以利用激光雷达输出的点云数据结合高精地图匹配算法实现智能网联汽车的高精度定位。高精地图匹配技术的基本原理为，激光雷达或摄像头采集的环境数据与预先绘制好的高精电子地图进行匹配，演算出智能车在高精电子地图上的位置，从而得到智能车的精确位置。

图 2-22 所示流程为典型高精度地图制作方案，卫星基站的校正数据和移动站的原始定位数据进行后处理可以得到精度更高的差分定位结果。激光雷达采集到的点云数据结合车辆自身的位置转换到全局坐标，并通过人工筛选、识别算法等方式提取出车道线、交通标志、建筑物等特征，这些精确到厘米级的点特征组合到一起形成了信息丰富的高精度（Highly Definition，HD）地图。同时，将全景影像数据映射到原始的点云上，可以为地图添加色彩[28]。

基于高精点云地图的定位过程：激光雷达扫描所得的点云数据通过点云库（Point Cloud Library，PCL）转换成多个时间戳点云帧所组成的点云地图，然后激光雷达实时扫描的点云数据与点云地图进行匹配后输出激光雷达载体所在的点云地图的位置，实现点云地图下的相对定位。

基于高精点云地图的定位要得到较好的定位效果，需具备两个条件：一是较为完整和准确的高精点云地图。高精点云地图是匹配的参考点，当匹配的参考点不准确或不可靠时，即使激光雷达扫描的点云数据再好，定位的结果都是不可靠的。二是能够实现实时匹配和具有相应准确度的匹配算法，由于智能车实时运行，如何选取合适的匹配算法减少点云匹配的计算量以同时满足实时性的需求和定位精度的需求，是实现良好定位效果的重要研究方向[29]。

2.3.3　SLAM 算法

同步定位与地图构建（Simultaneous Localization and Mapping，SLAM）是指搭载特定传感器的主体，在没有环境先验信息的情况下，运动过程中建立环境的模型，并同时估计自身

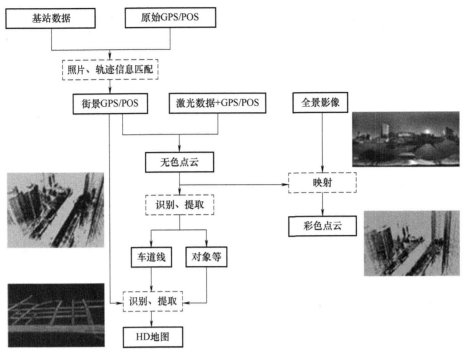

图 2-22　高精度地图处理流程

运动。目前，SLAM 主要应用于机器人、无人机、无人驾驶、AR、VR 等领域，用途包括传感器自身定位及路径规划、场景理解等功能。

根据传感器种类和安装方式的不同，SLAM 实现方式主要分为基于激光传感器的激光 SLAM 和基于视觉传感器的视觉 SLAM（Visual SLAM，VSLAM）两大类。其中，激光 SLAM 比 VSLAM 起步早，在理论、技术和产品落地上都相对成熟。VSLAM 方案目前主要有两种实现路径：一种是基于 RGB-D（RGB Depth）地图的深度摄像机，如 Kinect；另外一种是基于单目、双目或鱼眼摄像头。

1. 激光 SLAM

激光 SLAM 技术指搭载激光雷达的主体在运动中估计自身位置与姿态，与此同时建立周边环境地图。精确定位依赖精确地建图，而精确建图离不开准确定位。激光 SLAM 所需传感器一般有激光雷达、惯性测量单元、里程计。更新频率较高的激光雷达可实现里程计的功能。由于激光雷达具有误差模型简单、测距比较准确、点云处理容易、在光照变化明显的环境中运行稳定等特点，因此激光 SLAM 理论研究相对成熟，落地产品丰富。由于激光雷达能够快速地采集到的物体信息（激光点云）的准确距离与角度等丰富的信息，激光 SLAM 技术成为无人驾驶定位稳定的解决方案。

激光 SLAM 系统的工作原理是通过对不同时刻两帧激光点云进行比对与匹配，然后计算激光雷达载体在前后两个时刻的相对距离和姿态变化，最终完成载体定位。

（1）激光 SLAM 建模框架

激光 SLAM 建模框架分为前端扫描匹配、后端优化、闭环检测、点云地图构建四个核心模块，如图 2-23 所示。前端扫描匹配，是激光 SLAM 的关键步骤，工作原理是已知前一帧位置与姿态并利用下一帧的位姿变换关系估计当前帧的位姿；激光雷达的扫描频率决定前端扫描匹

配间隔的位姿变换与局部地图，但是由于不可避免地出现帧间匹配的累计误差，因此需要后端做长时间增量式扫描匹配后里程计及地图信息的优化；闭环检测环节的任务是，通过检测历史帧判断是否曾经到过此地从而减少全局地图的漂移，进一步减少前端匹配所产生的累计误差，以便生成全局一致性地图；激光点云地图构建的主要任务是，生成和维护全局地图。

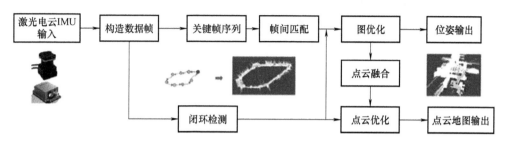

图 2-23　SLAM 建模框架

（2）点云匹配模型的建立

搭载激光雷达的无人车在处于运动状态时会实时构建环境点云数据，地图点云数据会随时间与行程的增加而累积，要匹配的激光点云与地图数据不断扩大，搜索量随即增加。在搜索步长不变的情况下，为保证匹配的精度，点云匹配的耗时也必然增加。为了控制匹配时间，激光 SLAM 的前端拟采用时间前后两帧点云匹配方法[30]。

该匹配方法的原理：以第一帧载体所在位置为建立全局地图的坐标系原点，以后所有帧都是基于第一帧与前一帧的点云进行匹配，定义第 n 次扫描的数据为 d_n，第 i 次匹配过程，首先将 d_i 作为待匹配数据向 d_{i-1} 进行匹配，然后根据 d_{i-1} 与 d_1 之间的变换矩阵，将 d_i 转换至 d_1 所在坐标系下。当前帧点云（x_i，y_i）与上一帧点云（x_{i-1}，y_{i-1}）进行配准，获取旋转角度为 θ_i，平移量设为（Δx_i，Δy_i），旋转平移后得到的点云为（$\hat{x}_{i-1}$，$\hat{y}_{i-1}$）上一帧点云与起始点第一帧点云存在准关系，即角度为 $\hat{\theta}_{i-1}$，平移量为（$\Delta \hat{x}_{i-1}$，$\Delta \hat{y}_{i-1}$），匹配后的点云为（$\hat{x}_{i,0}$，$\hat{y}_{i,0}$），变换关系如下：

$$\begin{bmatrix} \hat{x}_{i-1} \\ \hat{y}_{i-1} \end{bmatrix} = \begin{bmatrix} \cos(\theta_i) & -\sin(\theta_i) \\ \sin(\theta_i) & \cos(\theta_i) \end{bmatrix} \begin{bmatrix} x_i \\ y_i \end{bmatrix} + \begin{bmatrix} \Delta x_i \\ \Delta y_i \end{bmatrix} \tag{2-48}$$

$$\begin{bmatrix} \hat{x}_{i,0} \\ \hat{y}_{i,0} \end{bmatrix} = \begin{bmatrix} \cos(\hat{\theta}_{i-1}) & -\sin(\hat{\theta}_{i-1}) \\ \sin(\hat{\theta}_{i-1}) & \cos(\hat{\theta}_{i-1}) \end{bmatrix} \begin{bmatrix} \hat{x}_{i-1} \\ \hat{y}_{i-1} \end{bmatrix} + \begin{bmatrix} \Delta \hat{x}_i \\ \Delta \hat{y}_i \end{bmatrix} \tag{2-49}$$

因此

$$\begin{bmatrix} \hat{x}_{i,0} \\ \hat{y}_{i,0} \end{bmatrix} = \begin{bmatrix} \cos(\hat{\theta}_i) & -\sin(\hat{\theta}_i) \\ \sin(\hat{\theta}_i) & \cos(\hat{\theta}_i) \end{bmatrix} \begin{bmatrix} x \\ y \end{bmatrix} \begin{bmatrix} \Delta \hat{x}_i \\ \Delta \hat{y}_i \end{bmatrix} \tag{2-50}$$

其中

$$\hat{\theta}_i = \theta_i + \hat{\theta}_{i-1} \tag{2-51}$$

$$\begin{bmatrix} \Delta \hat{x}_i \\ \Delta \hat{y}_i \end{bmatrix} = \begin{bmatrix} \cos(\hat{\theta}_{i-1}) \Delta x_i - \sin(\hat{\theta}_{i-1}) \Delta y_i + \Delta \hat{x}_{i-1} \\ \cos(\hat{\theta}_{i-1}) \Delta x_i + \cos(\hat{\theta}_{i-1}) \Delta y_i + \Delta \hat{y}_{i-1} \end{bmatrix} \tag{2-52}$$

已经获得的 $\hat{\theta}_i$、$\Delta \hat{x}_i$、$\Delta \hat{y}_i$ 作为当前帧与原始点集配准的参数。通过此参数将当前帧的点集转换到全局地图所处的坐标系下,完成当前时刻的点云匹配。然而,由于时间前后两帧点云配准的配准会存在一定的误差,当多帧匹配时,误差便会累积。假设第 $i-1$ 次匹配过程中引入误差 $(\xi_{x_i}, \xi_{y_i})^T$,定义第 i 次匹配时 d_i 向 d_{i-1} 匹配的误差为 $(\xi_{x_i,i-1}, \xi_{y_i,i-1})^T$,因此通过位姿变换关系转换到 d_1 上时所引起的误差可表示为

$$\begin{bmatrix} \xi_{x_i} \\ \xi_{y_i} \end{bmatrix} = \begin{bmatrix} \xi_{x_{i-1}} \\ \xi_{y_{i-1}} \end{bmatrix} + \begin{bmatrix} \cos(\hat{\theta}_{i-1}) \xi_{x_i,i-1} - \sin(\hat{\theta}_{i-1}) \xi_{y_i,i-1} \\ \sin(\hat{\theta}_{i-1}) \xi_{x_i,i-1} + \cos(\hat{\theta}_{i-1}) \xi_{y_i,i-1} \end{bmatrix} \tag{2-53}$$

因此每一次匹配均有 $\begin{bmatrix} \cos(\hat{\theta}_{i-1}) \xi_{x_i,i-1} - \sin(\hat{\theta}_{i-1}) \xi_{y_i,i-1} \\ \sin(\hat{\theta}_{i-1}) \xi_{x_i,i-1} + \cos(\hat{\theta}_{i-1}) \xi_{y_i,i-1} \end{bmatrix}$ 的增量。当激光雷达运动为

直线时,由于 $\hat{\theta}$ 角度的变化不大,可以认为当前的角度 $\hat{\theta}_{i-1}=0$,因此累计误差为

$$\begin{bmatrix} \xi_{x_i} \\ \xi_{y_i} \end{bmatrix} = \begin{bmatrix} \xi_{x_{i-1}} + \xi_{x_i,i-1} \\ \xi_{y_{i-1}} + \xi_{y_i,i-1} \end{bmatrix} \tag{2-54}$$

由于每一次的匹配均有 $\begin{bmatrix} \xi_{x_i,i-1} \\ \xi_{y_i,i-1} \end{bmatrix}$ 的误差增量,所以随着匹配的数量上升,累计误差随即增加,综上为点云匹配的误差建模的建立过程。

2. VSLAM

VSLAM 是将图像作为主要环境感知信息源的 SLAM 系统。VSLAM 以计算相机位姿为主要目标,通过多视几何方法构建三维地图,VSLAM 还处于实验室研究阶段,实际应用较少。

VSLAM 系统的处理过程一般都是分为 2 个阶段:帧间估计和后端优化。在整个 SLAM 系统中,帧间估计是根据相邻两帧间的传感器信息获取该时间间隔内的运动估计,后端优化指对之前帧间估计产生的路径累积漂移误差做优化,解决机器检测到路径闭环后历史轨迹的优化问题。与激光 SLAM 相比,VSLAM 对色彩和纹理等信息更敏感,在提高帧间的估计精度和闭环检测方面有巨大潜力。

一般的 VSLAM 分为特征点法和直接法。特征点法,首先从每帧图片中提取分布均匀的角点和周围的描述子,通过这些角点周围的描述子的不变性完成帧间匹配,接下来使用对几何恢复相机姿态并确定地图坐标,最终根据最小化重投影误差完成相机位姿和地图的微调。直接法是根据光度误差确定相机位姿和地图的,不用提取角点和描述子。正因为这样,直接法不能表征一张图像的全局特征。另外,直接法的闭环检测面临的累积漂移的消除问题一直没有得到很好的解决。

近些年,计算机视觉与深度学习相互结合,促使视觉相关任务的准确率、执行效率及鲁棒性等实际表现得到巨大提升,如实例分类[31]、对象检测[32]、行为识别[33]等领域的表现。VSLAM 系统以计算机视觉为基础,为神经网络在该领域的应用提供很大的发挥空间。将深

度学习与 VSLAM 结合[34]，有以下优势：

1）基于深度学习的 VSLAM 系统有很强的泛化能力，可以在光线复杂的环境中工作。

2）对于动态物体的识别和处理更加有效。

3）采用数据驱动的方式，对模型进行训练，更符合人类与环境交互的规律。有很大的研究和发展空间。

4）采用神经网络可以更好地将图像信息与其他传感器的数据融合，优化帧间漂移。

5）更高效地提取语义信息，有益于语义 SLAM[35] 的构建和场景语义的理解。

6）端到端的 VSLAM，舍去前端点跟踪、后端优化求解的一系列过程，直接输入图像给出位姿估计。

参考文献

[1] 千龙网, 英媒: 中国北斗与美国 GPS 分庭抗礼将成为世界第三个全球导航系统 [EB/OL]. [2018-12-03]. http://mil. qianlong. com/2018/1203/2978817. shtml.

[2] 刘美生. 全球定位系统及其应用综述 (三): GPS 的应用 [J]. 中国测试技术, 2007 (1): 5-11.

[3] 威锋网. 等到 2020 年你的手机导航系统就不叫 GPS 了 [EB/OL]. [2017-02-28]. https://www.sohu. com/a/127468321_161062.

[4] 刘周巍. GPS/BDS/GALILEO 三模卫星系统选星算法研究 [D]. 昆明: 昆明理工大学, 2019.

[5] LUZUM B, PETIT G. The IERS Conventions (2010): reference systems and new models [J]. Proceedings of the International Astronomical Union, 2015, 10 (H16): 227-228.

[6] 基准网. 安装 GPS 车辆定位系统的好处 [EB/OL]. [2017-06-30]. http://www. jzbdgps. com/news/industry/20170630126. html.

[7] 李云飞. GPS 数据采集功能的实现 [J]. 中国水运, 2015 (4): 48-50.

[8] 李作虎. 卫星导航系统性能监测及评估方法研究 [D]. 郑州: 解放军信息工程大学, 2012.

[9] 北斗卫星导航系统网站. 系统介绍 [EB/OL]. http://www. beidou. gov. cn/xt/xtjs/.

[10] WELLENHOF B H, LICHTENEGGER H, WASLE E. GNSS-global navigation satellite systems: GPS, GLONASS, Galileo, and more [M]. New York: Springer Wien, 2008: 647-651.

[11] 刘健, 曹冲. 全球卫星导航系统发展现状与趋势 [J]. 导航定位学报, 2020, 8 (1): 1-8.

[12] 刘文姝. 北斗卫星定位信号波形模拟关键技术研究与验证 [D]. 成都: 电子科技大学, 2019.

[13] 程鹏飞, 文汉江, 成英燕, 等. 2000 国家大地坐标系椭球参数与 GRS 80 和 WGS 84 的比较 [J]. 测绘学报, 2009, 38 (3): 189-194.

[14] 利刃观察眼. 中国北斗系统还差一步, 关键时刻还拉了俄罗斯一把, 美国优势不再 [EB/OL]. [2019-09-09]. https://www.sohu. com/a/339692937_100185094.

[15] 康丽文, 李厚朴, 边少锋. CGCS 2000 与 PZ-90.02 坐标系的对比 [J]. 海洋测绘, 2017, 37 (5): 43-47.

[16] 刘春保. 星钟之殇: 伽利略系统与印度区域导航卫星系统都面临重大难题 [J]. 国际太空, 2017 (4): 67-70.

[17] 刘周巍. GPS/BDS/GALILEO 三模卫星系统选星算法研究 [D]. 昆明: 昆明理工大学, 2019.

[18] 颜里. 基于惯性导航的行人自主定位技术研究 [D]. 成都: 电子科技大学, 2020.

[19] 张博雅. 多源辅助惯性导航系统算法研究 [D]. 南京: 南京理工大学, 2019.

[20] 黄晨阳. 基于北斗卫星定位的算法研究 [D]. 大连: 大连交通大学, 2018.

［21］ 王鹏. 船舶综合导航多源信息融合技术研究［D］. 南昌：南昌大学. 2014

［22］ 汪秋婷. 自适应抗差 UKF 在卫星组合导航中的理论与应用研究［D］. 成都：四川大学. 2010.

［23］ 伍晓飞. BDS/DR 组合导航系统的滤波算法研究［D］. 天津：河北科技大学. 201

［24］ 万娇. 基于 GPS/INS 的无人机组合导航信息融合方法设计［D］. 南昌：南昌航空大学, 2018.

［25］ 张杰. C-V2X 与智能车路协同技术的深度融合［J］. 中兴通讯技术, 2020（1）：19-24.

［26］ 车云网, 巢艳君. 百度地图两辆高精度采集车被曝光 80% 自动化处理［EB/OL］.［2016-08-01］.
https://auto. qq. com/a/20160801/015352. htm.

［27］ 陈宗娟, 孙二鑫, 李丹丹, 等. 高精地图现状分析与实现方案研究［J］. 电脑知识与技术, 2018,
14（22）：270-272.

［28］ 汪涛. 智能行驶车辆定位技术研究［D］. 长春：吉林大学, 2017.

［29］ 钟海兴. 特定场景下智能车的融合定位及导航策略研究［D］. 广州：华南理工大学, 2019.

［30］ 陈贝章. 基于地磁信号与激光雷达融合的定位与建图研究［D］. 深圳：中国科学院大学（中国科学院深圳先进技术研究院）, 2020.

［31］ HE K M, ZHANG X Y, REN S Q, et al. Deep Residual Learning for Image Recognition［C］//2016 IEEE
Conference on Computer Vision and Pattern Recognition, June 27-30, 2016, Caesar's Palace, Las Vegas,
Nevada. New York：IEEE, c2016：770-778.

［32］ REN S Q, HE K M, GIRSHICK R, et al. Faster R-CNN：Towards Real-Time Object Detection with
Region Proposal Networks［J］. IEEE Transactions on Pattern Analysis and Machine Intelligence, 2017, 39
（6）：1137-1149.

［33］ DONAHUE J, HENDRICKS L A, GUADARRAMA S, et al. Long-term Recurrent Convolutional Networks
for Visual Recognition and Description［C］//2015 IEEE Conference on Computer Vision and Pattern
Recognition, June 7-12, 2015, Massachusetts Institute of Technology, Boston, Massachusetts. New York：
IEEE, c2015：2625-2634.

［34］ SÜNDERHAUF N, PHAM T T, LATIF Y, et al. Meaningful maps with object-oriented semantic mapping
［C］//2017 IEEE/RSJ International Conference on Intelligent Robots and Systems, September 24-28, 2017,
Vancouver Convention Centre, Vancouver, British Columbia. New York：IEEE, c2017：5079-5085.

第 **3** 章　智能网联汽车动力驱动系统

目前，智能网联汽车的主要动力源是发动机、动力蓄电池。根据汽车驱动的动力来源不同，智能网联汽车的动力驱动系统主要分为发动机驱动系统和动力蓄电池驱动系统。下面分别对这两种驱动系统的组成、原理及功能进行讲述。

3.1　发动机驱动系统

发动机驱动系统以发动机作为动力源，同时通过电子控制方式对发动机的电子节气门、点火正时、燃油喷射、怠速、增压、爆燃和尾气排放等进行智能优化控制。车辆的发动机控制系统要求在所有行驶工况下实现低排放、良好的燃油经济性和驱动性能。所以，精确地控制空燃比以及点火时间，获得发动机的最大功率和效率，减少有害排放物，是实现此目标的关键[1]。

3.1.1　发动机工作原理及特性

发动机的工作原理是燃料与空气进行混合并在机体内燃烧，推动活塞往复运动再带动曲轴旋转，从而将化学能转变为热能，再把输入气缸内的燃料燃烧产生的热能转化为机械能，输出机械动力。从总体功能来看，现代汽车发动机的结构都是由两大机构和五大系统组成：曲柄连杆机构，配气机构；供给系统，冷却系统，润滑系统，启动系统和点火系统（柴油机没有点火系统）。发动机结构示意图如图 3-1 所示。

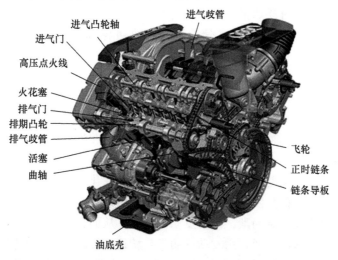

图 3-1　发动机结构示意图

1. 发动机主要性能指标与特性

发动机性能指标，是评价发动机性能优劣的依据。发动机性能指标有两种：一种是以工质对活塞做功为基础的性能指标，简称指示指标。该指标直接反映由燃烧到热功转换的工作循环进行得好坏，因而在工作过程的分析研究中得到广泛的应用。另一种是以曲轴输出功率为基础的性能指标，简称有效指标。有效指标被用来直接评定发动机实际工作性能的优劣，因而在生产实践中获得广泛的应用。发动机最重要的有效指标包括，动力性指标和经济性指标。

（1）动力性指标

1）有效功率。发动机曲轴上输出的功率称为有效功率，用 P_e 表示，由发动机台架试验得出。

2）有效转矩。发动机曲轴输出的转矩称为有效转矩，用 M_e 表示，可由测功器测得。

根据所测得的有效转矩 M_e（单位为 N·m）和发动机转速 n（单位为 r/min），可以得出有效功率 P_e（单位为 kW），即

$$P_e = M_e \left(2\pi \frac{n}{60} \right) \times 10^{-3} = \frac{M_e n}{9550} \tag{3-1}$$

3）平均有效压力。发动机单位气缸工作容积输出的有效功，称为平均有效压力，用 p_e 表示，其表达式为

$$p_e = \frac{W_e}{V_h} \tag{3-2}$$

式中，W_e 为发动机有效功（轴端），单位为 J；V_h 为气缸工作容积，单位为 L。

发动机的有效功率、有效转矩、平均有效压力越大，动力性越好。

（2）经济性指标

1）有效燃料消耗率，指的是单位有效功的耗油量，用式（3-3）表示。通常以每千瓦小时有效功的耗油量表示，单位为 [g/(kW·h)]。

$$g_e = \frac{G_T}{P_e} \times 10^3 \tag{3-3}$$

式中，G_T 为发动机的每小时耗油量，单位为 kg/h。

2）有效热效率，指的是发动机实际循环的有效功与所消耗燃料的热量之比，用 η_e 表示，即

$$\eta_e = \frac{W_e}{Q_1} \tag{3-4}$$

式中，Q_1 为得到有效功所消耗的热量，单位为 kJ；W_e 为发动机的有效功，单位为 kJ。

发动机有效燃料消耗率越小、有效热效率越高，经济性越好。

（3）发动机特性

发动机的性能指标随发动机调整情况和运转工况而变化的关系，称为发动机特性。发动机特性通常用曲线表示，称为发动机特性曲线。通过特性曲线可以分析在不同使用工况下，发动机特性变化的规律及影响因素，评价发动机性能，从而找出改善发动机性能的途径。发动机工况即发动机工作状况，通常用发动机功率与转速或发动机负荷与转速来表示。

1）发动机负荷特性。发动机负荷特性表示发动机在某一转速下，燃油经济性指标及其

他参数随负荷（可用有效功率 P_e、有效转矩 M_e 或平均有效压力 p_e 等表示）的变化关系。

汽油机负荷特性：在点火提前角最佳，供油系统、进气系统及控制系统工作正常的情况下，保持汽油机转速一定，每小时耗油量 G_T 及有效燃料消耗率 g_e 与负荷变化的关系，称为汽油机负荷特性。

汽油机的负荷调节方法称为量调节，即靠改变节气门开度，从而改变进入气缸的混合气数量来适应负荷变化。图 3-2 所示为某汽油机负荷特性。

如图 3-2 所示，每小时耗油量 G_T 随发动机负荷增大而增加，大负荷时由于混合气加浓增加得更快。有效燃料消耗率 g_e 随负荷增大逐渐减小，在小负荷区域减小得快（曲线陡），在大负荷区域减小得缓慢（曲线平缓），在接近全负荷时有效燃料消耗率 g_e 又有所增大。

2）发动机速度特性。发动机性能指标随转速变化的关系称为发动机的速度特性。

汽油机速度特性：汽油机节气门开度固定不动，在点火提前角最佳且供油系统、进气系统及控制系统工作正常的情况下，有效功率 P_e、有效转矩 M_e、燃油消耗率 g_e 随转速 n 变化的关系称为汽油机的速度特性。

节气门全开时的速度特性称为外特性。节气门部分打开时的速度特性称为部分负荷速度特性。图 3-3 所示为汽油机外特性曲线的一般趋势。

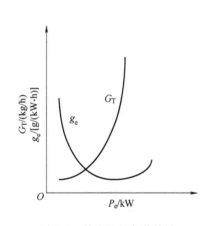

图 3-2　某汽油机负荷特性

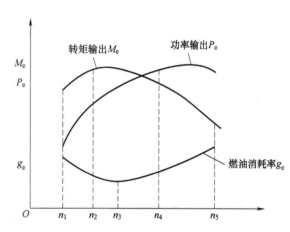

图 3-3　汽油机外特性曲线

有效转矩 M_e 曲线为上凸曲线，在某一转速下达到最大值，然后随之下降，且下降程度随转速升高而加快，曲线变化较陡。有效功率 P_e 曲线也是上凸曲线，某一转速下具有最大值。有效燃料消耗率 g_e 曲线为凹曲线，在某一转速下达最小值。

2. 汽车发动机的分类

从广义上来说，发动机可以按图 3-4 所示的方式分类。

发动机按内部运动类型可分为，往复式发动机和转子发动机。往复式发动机是一种利用一个或多个活塞将压力转换成旋转动能的发动机，其活塞在气缸内进行往复直线运动，通过曲轴把活塞的直线运动转化为曲轴的旋转。转子发动机是通过活塞在气缸内的旋转来带动发动机主轴（近似普通发动机的曲轴，因不是弯曲的，故不称为曲轴）旋转的。

从狭义上来说，根据发动机的结构特点和工作情况，还可以按照图 3-5 所示进行分类[2]。

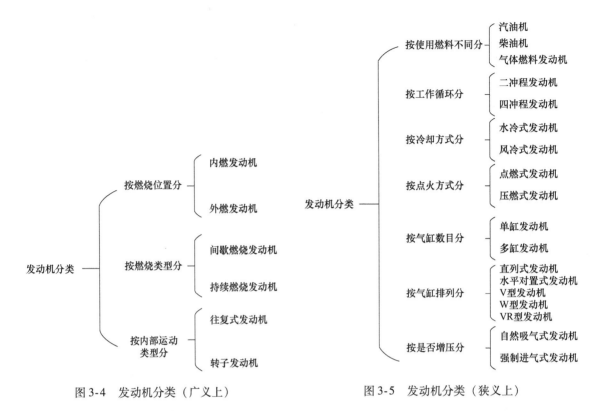

图 3-4 发动机分类（广义上）　　　　图 3-5 发动机分类（狭义上）

（1）按使用燃料分类

根据所用的燃料不同，发动机主要分为汽油机、柴油机、气体燃料发动机。汽油机以汽油为燃料，柴油机以柴油为燃料，而使用天然气、液化石油气和其他气体燃料的发动机称为气体燃料发动机。汽油机转速高、质量小、噪声小、启动容易；柴油机压缩比大、热效率高，经济性比汽油机好。

（2）按工作循环分类

在发动机气缸内进行的每一次将燃料燃烧的热能转变为机械能的一系列连续过程（如进气、压缩、做功、排气）称发动机的一个工作循环。凡活塞往复 4 个行程完成一个工作循环的称为四冲程发动机；活塞往复 2 个行程完成一个工作循环的则称为二冲程发动机。一般情况下，汽车多为四冲程发动机。

（3）按冷却方式分类

根据冷却方式不同，发动机可分为水冷式和风冷式。水冷式发动机以冷却液为冷却介质，而风冷式发动机以空气为冷却介质。一般情况下，汽车多为水冷式。

（4）按点火方式分类

根据点火方式不同，发动机可分为点燃式和压燃式。点燃式发动机利用电火花使可燃混合气着火，如汽油机。压燃式发动机则通过喷油泵和喷油器，将燃料直接喷入气缸，使其与在气缸内经压缩后升温的空气混合，在高温下自燃，如柴油机。

（5）按气缸数目分类

发动机只有 1 个气缸的称单缸发动机，有 2 个以上气缸的称为多缸发动机。多缸发动机还可根据气缸的具体数目及排列进一步分类。

（6）按气缸排列方式分类

根据气缸排列方式不同，可分为直列式、V 型、水平对置式、W 型、VR 型。直列式发动机各气缸排成一列；V 型发动机将气缸排成两列，其气缸中心线夹角 $\gamma < 180°$；水平对置式发动机是 V 型发动机的变形，即两列气缸中心线的夹角 $\gamma = 180°$；W 型发动机则是将 V 型发动机的每侧气缸再进行小角度的错开；VR 型发动机气缸夹角非常小，两列气缸接近平行，使发动机结构更紧凑。

（7）按进气系统是否采用增压方式分类

发动机按照进气系统是否采用增压方式可分为自然吸气式（非增压式）发动机和强制进气式（增压式）发动机。若进气是在接近大气状态下进行的，则为自然吸气式发动机或非增压发动机；若利用增压器将进气压力增高，进气密度增大，则为强制进气式发动机或增压式发动机。增压可以提高发动机功率。

3. 往复活塞式内燃机的基本结构及术语

（1）工作循环

发动机完成进气、压缩、做功和排气四个行程，称为一个工作循环。

（2）上止点（TDC）

上止点是指活塞顶位于其运动的顶部时的位置，即活塞的最高位置。

（3）下止点（BDC）

下止点是指活塞顶位于其运动的底部时的位置，即活塞的最低位置。

（4）活塞行程

活塞行程是指上、下止点间的距离，用 S 表示，单位为 mm。活塞由一个止点运动到另一个止点一次的过程，称为一个行程。

（5）曲柄半径

曲柄半径是指与连杆大头相连接的曲柄销的中心线到曲轴回转中心线的距离，用 R 表示，单位为 mm。显然，曲轴每转一周，活塞移动两个行程，即

$$S = 2R \tag{3-5}$$

（6）气缸工作容积

气缸工作容积是指活塞从一个止点移动到另一个止点所扫过的容积，用 V_h 表示，单位为 L，有

$$V_h = \frac{\pi D^2}{4 \times 10^6} \tag{3-6}$$

式中，V_h 为气缸工作容积，单位为 L；D 为气缸直径，单位为 mm。

（7）燃烧室容积

燃烧室容积是指活塞位于上止点时，活塞顶上方的气缸空间容积，用 V_c 表示，单位为 L，有

$$V_c = V_h l \tag{3-7}$$

（8）气缸总容积

气缸总容积是指活塞位于下止点时，活塞顶上方的气缸空间容积，用 V_a 表示，单位为 L，有

$$V_a = V_c + V_h \tag{3-8}$$

（9）发动机排量

发动机排量是指发动机所有气工作容积之和，用 V_L 表示，单位为 L。对于多缸发动机，有

$$V_L = V_h i \tag{3-9}$$

式中，i 为发动机气缸数。

发动机排量是一个非常重要的特征参数，轿车就是以发动机排量大小来进行分级。微型，$V_L \leqslant 1.0$；普通级，$V_L = 1.0 \sim 1.6$；中级，$V_L = 1.6 \sim 2.5$；中高级，$V_L = 2.5 \sim 4.0$；高级，$V_L > 4.0$。

（10）压缩比 ε

压缩比是指气缸总容积与燃烧室容积之比，用 ε 表示，有

$$\varepsilon = \frac{V_a}{V_c} = \frac{V_c + V_h}{V_c} = 1 + \frac{V_h}{V_c} \tag{3-10}$$

压缩比用来衡量空气或混合气被压缩的程度，它能影响发动机的热效率。一般，汽油发动机压缩比为 $6 \sim 10$；柴油发动机压缩比较高，为 $16 \sim 22$。

4. 四冲程汽油机工作原理

四冲程汽油机的工作循环由进气、压缩、做功和排气四个行程所组成[3]。

（1）进气行程

活塞由曲轴带动从上止点向下止点运动，此时，进气门开启，排气关闭。在活塞向下移动的过程中，气缸内容积逐渐增大，形成一定真空度，于是空气和燃气的可燃混合气通过进气门被吸入气缸，直至活塞到达下止点时，进气门关闭，停止进气。

由于进气系统存在进气阻力，进气终了时气缸内气体的压力低于大气压力，约为 $0.075 \sim 0.09$ MPa。由于气缸壁、活塞等高温件及上一循环留下的高温残余废气的加热，气体温度升高到 $370 \sim 400$ K（K 为热力学温度单位）。

（2）压缩行程

为使可燃混合气迅速燃烧，达到改善发动机动力性和经济性的目的，必须在燃烧前对可燃混合气进行压缩，以提高可燃混合气的温度和压力。因此，在进气行程结束时立即进入压缩行程，活塞在曲轴的带动下，从下止点向上止点运动。由于进、排气门均关闭，气缸内容积逐渐减小，可燃混合气压力、温度逐渐升高。压缩终了时，气缸内的压力为 $0.6 \sim 1.2$ MPa，温度为 $600 \sim 700$ K。

（3）做功行程

在压缩行程末，火花塞产生电火花点燃混合气并迅速燃烧，使气体温度、压力迅速升高而膨胀，从而推动活塞从上止点向下止点运动，通过连杆使曲轴旋转做功，至活塞到达下止点时做功结束。

在做功行程中，开始阶段气缸内气体压力、温度急剧上升，瞬间压力可达 $3 \sim 5$ MPa，瞬时温度可达 $2200 \sim 2800$ K。随着活塞下行，气缸容积增大，气缸内压力、温度逐渐下降，终了时，压力为 $0.3 \sim 0.5$ MPa，温度为 $1300 \sim 1600$ K。

（4）排气行程

为使循环能够连续进行，须将燃烧产生的废气排出。在做功行程终了时，排气门打开，进气门关闭，曲轴通过连杆推动活塞从下止点向上止点运动，废气在自身剩余压力和活塞推

动下，被排出气缸，至活塞到达上止点时，排气门关闭，排气结束。排气行程终了时，由于燃烧室容积，气缸内还存有少量废气，气体压力也因系统存在排气阻力而略高于大气压力。此时，压力为 0.105 ~ 0.115MPa，温度为 900 ~ 1200K。

3.1.2　汽油机燃料供给系统

1. 系统的分类及功用

汽油机燃料供给系统的作用是储存、输送清洁燃料，根据发动机不同工况的要求，配制一定量和浓度的可燃混合气进入气缸，并在燃烧做功后，将燃烧产生的废气排至大气[4]。

汽油机燃料供给系统有化油器式燃料供给系统和电控喷射式燃料供给系统两大类型。目前，智能网联汽车发动机广泛采用的是电控喷射式燃料供给系统。

2. 可燃混合气浓度

汽油在燃烧前必须与空气形成可燃混合气，处于能够点火燃烧的浓度界限范围内的混合气中燃料含量的多少称为可燃混合气浓度[4]。

可燃混合气浓度有两种表示方法：过量空气系数 α 和空燃比 AF。过量空气系数是理论上燃烧 1kg 燃料实际供给的空气质量与理论上完全燃烧时所需要的空气质量之比。由此可知，$\alpha = 1$ 的可燃混合气称为理论混合气（或标准混合气）；$\alpha < 1$ 的可燃混合气称为浓混合气；$\alpha > 1$ 的可燃混合气称为稀混合气。空燃比是燃烧时空气质量与燃料质量之比。理论上，1kg 汽油完全燃烧需要 14.7kg 空气，故空燃比 AF = 14.7 的可燃混合气称为理论混合气；AF < 14.7 的可燃混合气称为浓混合气；AF > 14.7 的可燃混合气称为稀混合气。

3. 可燃混合气浓度对发动机性能影响

可燃混合气浓度直接影响发动机的工作性能，各种浓度的可燃混合气在燃烧时有如下特点[5]：

1）理论混合气只是理论上有完全燃烧的混合比，实际上这种成分的混合气在气缸中不能完全燃烧。原因：①由于混合时间和空间的限制，气缸中混合气的浓度不可能是均匀分布，有可能使部分燃料来不及和空气混合就排出气缸。②由于气缸中总有一小部分的废气排不出去，阻碍了汽油分子与空气分子的结合，影响了火焰中心的形成和火焰的传播。

2）稀混合气为实际上可能完全燃烧的混合气，可保证所有汽油分子获得足够的空气而完全燃烧。因而经济性最好，故称经济混合气，α 值多在 1.05 ~ 1.15 的范围内。但是空气过量后燃烧速度放慢，热量损失加大，平均有效压力和汽油机功率稍有下降。若混合气过稀时（$\alpha > 15$），因空气量过多，燃烧速度过慢，热量损失过大，导致汽油机过热，加速性能变坏。

3）浓混合气（$\alpha < 1$）因汽油的含量较多，汽油分子密集，火焰传播快，可保证汽油分子迅速找到空气中的氧分子并与其相结合而燃烧。α 值在 0.85 ~ 0.95 的范围内时，燃烧速度最快，热量损失小，平均有效压力和汽油机功率大。因此，它又称为功率成分混合气。但是，浓混合气燃烧不完全，经济性降低。过浓的混合气（$\alpha < 0.88$），由于燃烧不完全，产生大量的一氧化碳，在高温高压的作用下析出自由碳，导致汽油机排气冒烟、放炮、燃烧室积炭、功率下降、耗油量显著增大并排放污染严重。

3.1.3　电控汽油喷射系统

电控汽油喷射（Electronic Fuel Injection，EFI）系统指的是利用安装在发动机不同部位

的各种传感器所测得的工作参数，按电控单元中设定的控制程序，通过对汽油喷射时间的控制调节喷油量从而改变混合气浓度，使发动机在各种工况下都能获得与所处工况相匹配的最佳空燃比[6]。

1. 发动机燃油喷射系统的分类

下面先介绍发动机燃油喷射系统分类如图3-6所示。

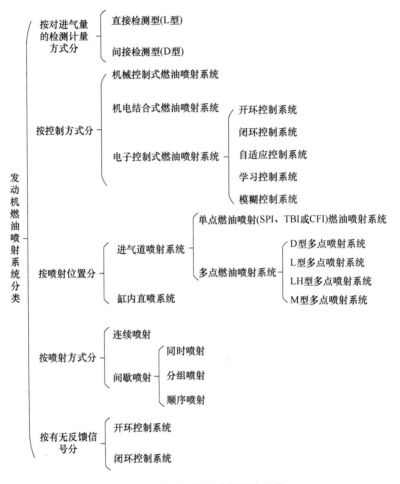

图3-6 发动机燃油喷射系统分类

（1）按对进气量的检测计量方式分

电控燃油喷射系统必须对进入气缸的空气量进行精确计量，才能对喷油量进行精确控制，从而实现空燃比的高精度控制目标。按对进气量的检测计量方式分，可分为直接检测型和间接检测型。

1）直接检测型（L型）。采用空气流量计直接测量单位时间发动机吸入的空气量。然后，电控单元根据发动机的转速计算每个环的空气量，并由此计算出循环基本喷油量。

2）间接检测型（D型）。在间接检测空气流量方式的汽油喷射系统中，利用进气歧管绝对压力传感器检测进气歧管内的绝对压力，电控单元根据进气歧管绝对压力和发动机转速，计算出发动机吸入的空气量，并由此计算出循环基本喷油量。这种方式的测量方法简

单，喷油量调整精度容易控制。但是由于进气歧管压力和进气量之间函数关系比较复杂，在过渡工况和采用废气再循环时，由于进气歧管内压力波动较大，会使这些工况空气量测量的精度较低，需进行流量修正，从而对这些工况混合气空燃比精确控制造成不利影响。

（2）按喷射位置分

按喷射位置分类，分为缸内直喷和进气道喷射两种[7]。

1）缸内直喷（Gasoline Direct Injection，GDI）系统。GDI 系统会将高压燃油直接喷到气缸内，这种喷射技术使用特殊的喷油器，燃油喷雾效果更好，并可在缸内产生浓度渐变的分层混合气（从火花塞往外逐渐变稀），因此可以用超稀的混合气（急速时可达 40∶1）工作，油耗和排放也低于普通汽油发动机。

此外这种喷射方式使混合气体积和温度降低，爆燃的倾向减小，发动机火花塞的压缩比可比进气管喷射的大大提高。但喷油器直接安装在缸盖上，必须能够承受燃气产生的高温、高压，且受发动机结构限制。

2）进气道喷射（Port Fuel Injected，PFI）系统。它又称为缸外喷射系统，将供油系统的燃油通过喷油器喷射在气缸外面节气门或进气门附近的进气道内。与缸内直喷相比，进气道喷射对发动机机体的设计改动较小，喷油器不受燃烧高温、高压的直接影响，喷油器的工作条件大大改善。进气道喷射系统按喷油器的数量不同，又可分为单点喷射系统和多点喷射系统。

① 单点燃油喷射（Single Point Injection，SPI）系统。单点燃油喷射系统是在节气门体上安装一个或两个喷油器，向进气歧管喷射燃油形成可燃混合气。这种喷射系统又被称为节气门体燃油喷射系统或集中燃油喷射系统，对混合气的控制精度比较低，各个气缸混合气的均匀性也较差，已很少使用。

② 多点燃油喷射（Multi-Point Injection，MPI）系统。多点燃油喷射系统在每一个气缸的进气门前安装喷油器。喷油器喷射出燃油后，在进气门附近与空气混合形成可燃混合气，这种喷射系统能较好地保证各缸混合气总量和浓度的均匀性。与单点燃油喷射系统相比较，多点燃油喷射系统对混合气的控制更为有效，各缸混合气的均匀性更好，同时这种系统是将燃油喷射在进气门处，气缸内燃油和空气混合得更充分，而且无须预热进气歧管来帮助燃油雾化，还可以冷却进气来提高进气量，增大功率，使节气门响应更快。

（3）按喷油器的喷射方式分

按喷油的持续性进行分类，分为连续喷射系统和间歇喷射系统两类。

1）连续喷射系统。对每个气缸均安装一个机械喷油器，只要系统给它提供一定的压力，喷油器就会持续不断地喷射出燃油，其喷油量的多少不是取决于喷油器，而是取决于燃油分配器中燃油计量槽孔的开度及计量槽孔内外两端的压差。

2）间歇喷射系统。在发动机运转期间间歇性地向进气歧管中喷射，其喷油量多少取决于喷油器的开启时间，即发动机控制单元发出的喷油脉冲宽度。这种燃油喷射方式广泛地应用于现代电子控制式燃油喷射系统中。间歇喷射系统根据喷射时序不同又可分为同时喷射、分组喷射和顺序喷射三种。

① 同时喷射，是指将各缸的喷油器并联，在发动机运转期间，所有喷油器由处理器的同一个喷油指令控制，同时喷油、同时断油。采用此种喷射方式，对各缸而言，喷油时刻不可能都是最佳的，其性能较差。

② 分组喷射，是指将各缸的喷油器分成几组，是同时喷射的变形方案。微处理器向某组的喷油器发出喷油或断油指令时，同一组的喷油器同时喷油或断油。

③ 顺序喷射，是指各喷油器由微处理器分别控制，按发动机各缸的工作顺序喷油。多缸发动机电控燃油喷射系统多采用顺序喷射方式。

（4）按燃油喷射系统的控制方式分

按控制方式不同，发动机燃油喷射系统可分为机械控制式、机电结合式和电子控制式三种。

① 机械控制式燃油喷射系统，指的是利用机械机构实现燃油连续喷射的系统，在早期的轿车上采用。

② 机电结合式燃油喷射系统，指的是由机械机构与电子控制系统结合实现的燃油喷射系统，是在机械控制式的基础上改进而成，仍为连续喷射系统。

③ 电子控制式燃油喷射系统（简称电控燃油喷射系统），指的是由电控单元直接控制燃油喷射的系统，它能对空气和燃油进行精确计量，控制精度高，目前在汽车发动机上广泛使用。

（5）按有无反馈信号分类

按有无反馈信号分，分为开环控制系统和闭环控制系统两类。

① 在开环控制系统中，输出端与输入端之间不存在反馈回路，输出量对系统的控制作用没有影响。

② 在闭环控制系统中，系统的输出端与输入端之间存在反馈回路，即输出量对控制作用有直接影响，如爆燃控制。闭环控制的精度更高。

2. 电控汽油喷射系统的组成

电控汽油喷射尽管形式多样，但它们都具有相同的控制原则，即以电子控制单元（Electronic Control Unit，ECU）为控制核心，以空气流量和发动机转速为控制基础，以喷油器为控制对象，保证发动机在各种工况下获得最佳的混合气浓度，以满足发动机动力性、经济性和排放要求。相同的控制原则决定了各类电控汽油喷射式发动机燃料供给系统具有相同的组成和类似的结构。

电控汽油喷射式发动机燃料供给系统由进气系统、燃油供给系统以及电子控制系统组成[8]。

（1）进气系统

进气系统由空气滤清器、空气流量计（传感器）或进气道绝对压力传感器、节气门体、怠速控制阀、进气总管以及进气歧管等组成，如图 3-7 所示。

进气系统的作用是向发动机提供与负荷相适应的清洁的空气，同时测量和控制进入发动机气缸的空气量，使它们在系统中与喷油器喷出的汽油形成空燃比符合要求的可燃混合气；同时，为容积有限的气缸尽可能多和均匀地供气。

进气系统工作流程框图如图 3-8 所示。在 L 型进气系统中，空气经空气滤清器过滤后，流经空气流量计、节气门体、进气管（或怠速控制阀）、进气总管以及进气歧管，与喷油器喷出的汽油混合，形成可燃混合气在气缸燃烧。进入进气总管的空气量是由空气流量计直接测量。发动机的进气系统不仅要对空气进行过滤、计量，为了增大进气量而提高发动机的功率，还必须对进气实施各种电子控制。因此，进气系统中除了有空气滤清器、节气门体、进气道外，还设置了许多传感器和执行器。

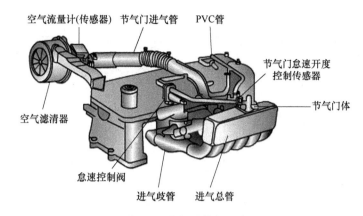

图 3-7　进气系统的组成

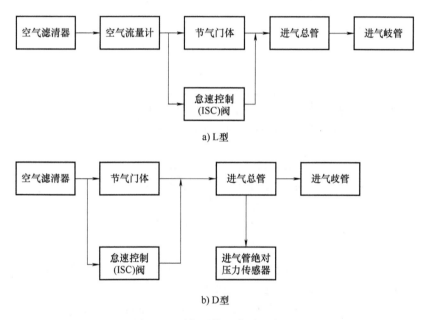

图 3-8　进气系统工作流程框图

在 D 型进气系统中，空气经空气滤清器过滤后，流经节气门体（或急速控制阀）、进气总管及进气歧管，与喷油器喷出的汽油混合，形成可燃混合气在气缸燃烧。进入发动机的空气量由进气道绝对压力传感器间接测量。

（2）燃油供给系统

汽油发动机燃油供给系统（简称供油系统）的作用是，储存并滤清汽油，根据发动机各工况的要求向发动机供给清洁的具有适当压力并经精确计量的汽油。汽油发动机燃油供给系统由汽油箱、电动汽油泵、汽油滤清器、燃油压力调节器、进气歧管以及喷油器等组成。图 3-9 所示为发动机燃油供给系统组成示意图。

电动燃油泵将汽油从油箱中吸出并加压后，经燃油滤清器、燃油分配管输送到各喷油器，在 ECU 的控制下向各进气道中喷射，多余的汽油经压力调节器流回油箱。其流程图如图 3-10 所示。

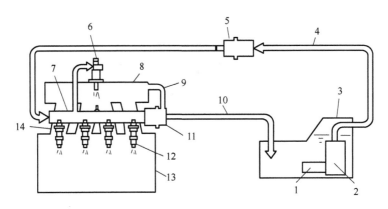

图 3-9　汽油发动机燃油供给系统组成示意图

1—滤网　2—电动汽油泵　3—汽油箱　4—供油管　5—汽油滤清器　6—冷起动喷油器　7—供油总管　8—进气总管
9—真空软管　10—回油管　11—燃油压力调节器　12—喷油器　13—发动机　14—进气歧管

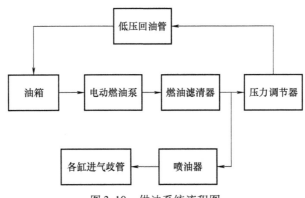

图 3-10　供油系统流程图

（3）电子控制系统

电子控制系统的主要作用是根据发动机和汽车不同的运行工况，确定并执行发动机最佳的控制方案，保证发动机的动力性、经济性和排放性能在各种工况下都处于最佳工作状态。该系统具有故障自诊断功能，由传感器、电子控制单元（ECU）和执行器三部分组成，是一个以单片机为中心组成的微型计算机控制系统。其中，ECU 是控制系统的核心部件。

3.1.4　电子点火控制系统

汽车发动机电子点火控制（Ignition Control，IC）主要功能是进行发动机的点火正时控制，即根据传感器采集得到的相关信号计算发动机火花塞点火时刻。点火正时控制对提高汽车发动机的动力性能经济性和排放性能具有重要的意义[9]。

1. 系统要求

为了保证发动机在各种工况下可靠并准确地点火，点火系统必须满足以下要求：

① 提供足够高的二次电压，使火花塞电极间跳火。能使火花塞电极间产生电火花的电压，称为击穿电压。启动时需要最高击穿电压为 17kV 左右，发动机在低速满负荷时需要 8~10kV 的击穿电压。为了使点火可靠，通常点火系统的二次电压高于击穿电压。现代发动机中大多数的点火系统都能提供 20kV 以上的二次电压。

② 火花要具有足够的能量。火花的能量不仅和火花的电压有关，而且还和火花电流及火花持续时间有关。点火能量越大，着火性能越好。在发动机启动、怠速及急加速等情况下要求较高的点火能量。一般的发动机点火系统应具有 50～80mJ 的点火能量，目前采用的高能点火装置，要求点火能量达到 80～120mJ。

③ 点火系统应按发动机的发火顺序并以最佳时刻（点火提前角）进行点火。最佳点火提前角是由发动机的动力性、经济性和排放性能要求共同确定的。

2. 系统组成和分类

电子控制点火系统与电控喷油系统一样，也是由传感器、ECU 和执行器组成的，如图 3-11 所示。

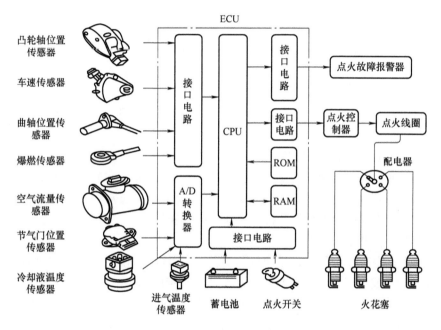

图 3-11　电子控制点火系统的组成

除了与电控汽油喷射系统中的车速和曲轴位置传感器、凸轮轴位置传感器、节气门位置传感器、冷却液温度和进气温度传感器等一样外，还有专为点火控制用的爆燃传感器，其执行器是点火控制器和点火线圈。

点火控制器的主要作用是将 ECU 输出信号送至功率管进行放大，并按发火顺序给点火线圈提供一次电流。常见的无分电器点火系统，是两个汽缸共用一个点火线圈，高压线圈的两端分别接在同一曲拐方向的两缸火花塞的中央电极上，高压电通过地形成回路。点火时，一个气缸活塞处在压缩行程的上止点前，火花将压缩混合气点燃；另一个气缸则处于排气行程上止点前，因此气缸内是废气，点火无效。

3. 点火提前角控制

点火时刻是用点火提前角来表示的，发动机的最佳点火提前角，不仅要使发动机的动力性、经济性最佳，还应使有害排放物最少[10]。影响点火提前角的因素主要包括以下几项：

① 发动机转速。发动机转速越高，最佳点火提前角也就越大。发动机转速增高时，扰流强度、压缩温度和压力均增加，但对燃烧诱导期所需时间影响不大，所以诱导期所占的曲

轴转角就要加大。

② 发动机负荷。发动机负荷低时，节气门开度小，充气量减小，气缸内残余废气相对新鲜混合气的比例增加，使混合气燃烧速度降低。因此，当负荷低时，最佳点火提前角要增大；反之，最佳点火提前角要减小。

③ 燃油品质。汽油的辛烷值越高，抗爆性能越好，点火提前角可增大；反之，点火提前角应减小。除了上述因素外，点火提前角还和发动机燃烧室形状、燃烧室温度、气流的运动、空燃比、排气再循环等因素有关。

在电子控制的点火提前（Electronics Spark Advance，ESA）中（ESA 也被称为可编程点火和数字点火），对于各种发动机运行工况，基本点火定时作为一个三维图储存在点火 ECU 的内存中，并从许多传感器中获得所需的基本信息，然后考虑特殊的驾驶环境进行某些修正。用这种方法虽然较复杂，但对点火定时控制的精度有很大改善。

ESA 控制器的基本输入参数是发动机转速和一个与发动机负荷有关的信号（进气歧管压力、进气流量或喷油的质量），根据这些信息从三维图中得到精确的基本点火提前角。三维图中的数据是从发动机台架试验中获得的，一般由 16 个数值的转速和 16 个数值的负荷的典型工况得到 256（16 × 16）个点火提前角数值。车辆在启动前后点火提前角的控制方式也不同：

（1）启动期间点火提前角的控制

在启动期间或发动机转速在规定转速（通常为 500r/min 左右）以下时，由于进气歧管压力或进气流量信号不稳定，因此点火提前角设为固定值，通常将此值定为初始点火提前角。另外，有的点火提前角根据发动机的转速而有所变化。

（2）启动后点火提前角的控制

启动后的点火定时控制是指，启动后发动机正常运行期间的点火定时的控制。它是由进气歧管压力信号（或进气流量信号）和发动机转速确定的基本点火提前角和修正量决定的。修正项目对各发动机是不同的，修正量也由各自的特性曲线所确定。启动后点火提前角的控制如图 3-12 所示。

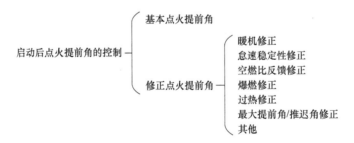

图 3-12　启动后点火提前角的控制

1）基本点火提前角。

① 怠速工况。ECU 根据发动机转速、空调开关和动力转向开关是否接通确定基本点火提前角，如图 3-13 所示。

②非怠速工况。ECU 根据发动机转速和负荷信号（歧管绝对压力信号或空气流量计的进气流量信号）在存储器中查到这一工况下运行时的基本点火提前角。

2）点火提前角的修正。

① 怠速工况。在闭环控制的电控喷油系统中对空燃比进行修正。随着修正喷油量的增加和减少，发动机转速会在一定范围内波动，为了提高怠速的稳定性，在反馈修正油量减少时点火提前角要相应增加。

在怠速运行期间，发动机负荷的变化会使发动机转速发生变化，ECU 调整点火提前角，使怠速转速与目标转速接近，如图 3-14 所示。

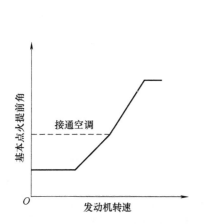

图 3-13　怠速工况下的基本点火提前角

图 3-14　调整点火提前角使怠速转速接近目标转速

② 满负荷工况。要特别小心地控制点火提前角，以免产生爆燃。

③ 部分负荷工况。根据冷却液温度、进气温度空调接通和节气门位置等信号对基本点火提前角进行修正。

④ 暖机修正。为了改善启动性能，当发动机冷却液温度低时，应增加点火提前角（即暖机修正），暖机过程中，随着冷却液温度升高，点火提前角的变化趋势如图 3-15 所示。修正曲线的形状与提前角的大小随车型不同而异。

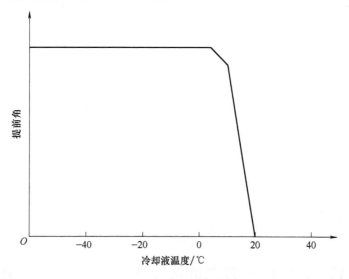

图 3-15　点火提前角的暖机修正

⑤ 过热修正。发动机处于正常运行工况（怠速触点断开）时，如果冷却液温度高，为了避免发生爆燃，应推迟点火提前角即过热修正，以降低燃烧温度和保护发动机，如图3-16所示。

点火提前角变化率及最大和最小提前角控制：为了避免发动机在变工况时工作不稳定，通常将两次点火提前角输出的变化限制在一定值内。

如果ECU算出的发动机点火提前角（初始点火提前角＋基本点火提前角＋修正点火提前角）不合理，发动机就很难正常运转。因此，ECU控制的基本点火提前角和修正点火提前角之和要控制在一定范围内。

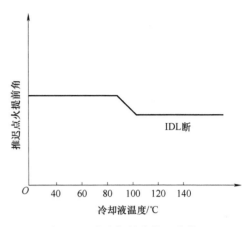

图3-16　点火提前角的过热修正

4. 闭合角控制

传统点火系统的闭合角是指断电器触点闭合的时间，即一次电路接通时分电器轴转过的角度。ECU控制的点火系统沿用了传统点火系统闭合角的概念，实际它是指一次电路接通的时间。当点火线圈的一次电路被接通后，一次电流是按指数曲线规律增长的，一次电路断开时一次电流的数值与一次电路通电时间的长短有关。只有当通电时间达到一定值时，一次电流才可能达到饱和。采用一次线圈电阻很小的高能点火线圈，其饱和电流可达30A以上。

点火线圈的二次电压和一次电路断开时的一次电流成正比。但通电时间过长，会使点火线圈发热，甚至烧坏，还会使能耗增大。因此，要控制一个最佳通电时间，既能得到较大的一次电流，获得较高的点火能量和二次电压，改善点火性能，同时又不会损坏点火线圈。通常规定在任何转速下电路断开时一次电流都能达到某一值（如7A）。要做到这一点可采用两种办法：一种是在点火控制电路中增加恒流控制电路；另一种办法是精确地控制通电时间，提高转速信号和曲轴位置信号分辨率。蓄电池的电压变化会影响一次电流的大小。当蓄电池电压下降时，在相同的通电时间里一次电流能达到的值会变小，因此，必须对通电时间进行修正。

5. 爆燃控制

爆燃控制系统框图如图3-17所示。

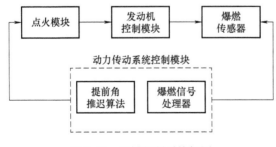

图3-17　爆燃控制系统框图

爆燃传感器将检测到的电压信号传送给ECU，由ECU中的爆燃信号处理器判断是否有

76

爆燃存在，并根据信号的强弱和频度决定爆燃的等级，算出要推迟的点火提前角数值，将此点火时刻经点火模块放大后，通过点火线圈和火花塞来控制缸内混合气的点火。然后，爆燃传感器又检测下一工作循环的爆燃信号，若爆燃还存在，则继续推迟提前角。当爆燃消失后，为了使发动机性能得到恢复，又要不断增加点火提前角，直至爆燃再次出现，如此不断地循环进行，如图 3-18 所示。

3.1.5　怠速控制系统

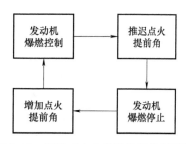

图 3-18　爆燃时点火提前角的控制逻辑

汽车发动机怠速控制（Idle Speed Control，ISC）系统的主要作用：维持发动机以较低的怠速转速稳定运转，当发动机受到负荷波动（主要来自空调压缩机、发电机和助力转向等设备）时，能够迅速调节发动机的进气量、喷油量和点火正时等来维持发动机的稳定运转。汽车在城市工况运行时，怠速工况下的油耗占到了全部油耗的近 30%。所以，汽车发动机怠速控制系统对发动机的经济性、排放性以及整车的舒适性等都具有重要的影响[11]。

1. 怠速控制系统

怠速转速控制实际上主要是对怠速进气量的控制，ECU 根据各传感器输入信号所决定的目标转速与发动机实际转速进行比较，确定两转速间的差值，并经执行机构改变进入发动机的空气量，使实际转速达到目标转速，但此种方法响应较慢。点火提前角对发动机转速变化的影响较快，但可变化的范围较小，通常怠速稳定性是通过点火提前角修正来完成的，当负载突变时通过喷油量和进气量共同改变来实现怠速控制。

2. 怠速控制系统的功能

怠速控制系统应具备的功能如下：

① 在所有怠速工况下，发动机保持目标怠速转速值。

② 当负荷突变时，能补偿负荷的变化。

③ 防止失速。

④ 将燃油消耗量降到最低。

⑤ 具有学习功能，即能自动补偿发动机由于老化或制造上造成的差异，不需要经常调整怠速执行机构。

⑥ 节气门全闭减速时，增加额外的空气，以减少有害排放物。

⑦ 改善汽车低速驾驶性能。

⑧ 避免系统在其自振频率附近发生振荡。

怠速控制通常用转速作为反馈信号进行闭环控制。当节气门关闭或汽车的行驶速度低于设定值（如 6km/h）时，都按怠速进行控制。

3. 怠速控制原理

当发动机怠速运行时，节气门处于全关位置，即进入发动机的空气量不再由节气门进行调节。怠速控制的实质就是，通过怠速执行器调节进气量，同时配合喷油量及点火提前角的控制，来改变怠速工况燃料消耗所发出的功率，以稳定或改变怠速转速。

4. 怠速控制装置

怠速控制的执行装置常用的有两种类型：一种为步进电机型；另一种为电子控制节气门型。

（1）步进电机型

旁通空气量是由执行机构怠速控制阀（Idle Speed Control Valve, ISCV）来控制的。广泛应用的执行机构是步进电机型的怠速装置，如多年前的美国通用汽车公司的北极星发动机、日本雷克萨斯LS400轿车采用的发动机均采用这种形式。怠速控制阀装在进气道内。ECU控制步进电机增减流过节气门旁通通道的空气量，从而控制发动机的怠速转速。

步进电机与怠速控制阀做成一体。电机可顺时针或逆时针旋转，使阀沿着轴向移动，改变阀和阀座间的空隙，调节流过节气门旁通通道的空气量。

（2）电子控制节气门型

近年来，由于车辆控制系统、混合动力的发展，广泛采用电子节气门进行转矩控制，电控发动机也开始采用电子节气门直接控制怠速转速。电子控制节气门主要由加速踏板及踏板位置传感器、节气门位置传感器、节气门控制电机和ECU模块组成。

其工作原理是ECU根据驾驶者的意愿（加速踏板踏入量），由加速踏板位置传感器进行检测，并与燃油电喷系统（EFI）、电控自动变速器（Electronic Control Transmission, ECT）、车辆稳定控制（Vehicle Stability Control, VSC）系统等各种控制信号配合，进行各系统之间的协调，得到一个目标转矩的需求，由发动机ECU决定合适的节气门开度、喷油脉宽、点火提前角等参数，发出指令，再由节气门执行器开启或关闭节气门，以及改变喷油量和点火提前角。其工作原理框图如图3-19所示。

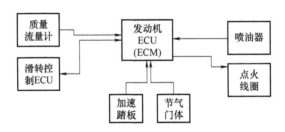

图3-19　电子节气门的工作原理框图

一般，采用直流电机通过减速齿轮和拉杆等带动节气门转动，节气门电机的驱动电路较多采用PWM脉宽调制驱动方式，占空比可以从0～100%，达到较高的控制精度，因而可满足怠速控制的要求。

节气门开度通过节气门位置传感器反馈到发动电控单元。加速踏板位置传感器、节气门位置传感器设有主、副系统，因此当系统发生故障时仍可保持安全运转。

5. 怠速控制策略

（1）启动初始位置的设定

为了改善发动机启动性能，在发动机点火开关断开后，ECU控制怠速控制阀完全打开（125步）或处于最大旁通空气流量，为下次启动做好准备。即，在点火开关切断后，主继电器由ECU电源锁存器供电，保持接通状态，待怠速控制阀达到设定的启动初始位置后，才开电源。

（2）启动时怠速控制

若发动机启动后，怠速控制阀仍保持在全开状态，怠速转速会升得过高，此时 ECU 始控制怠速控制阀，将阀门关到冷却液温度确定的阀门位置。例如，启动时冷却液温度为 20℃，当发动机转速达到 500r/min 时，电子控制单元使怠速控制阀从全开位置（125 步）A 点关小到 B 点位置，如图 3-20 所示。

（3）暖机控制

怠速控制阀从启动后根据冷却液所确定的位置开始逐渐关闭，当冷却液温度达到 70℃ 时暖机控制结束，如图 3-20 所示从 B 点到 C 点。

（4）反馈控制

如果发动机转速与电子控制单元存储器中存放目标怠速间的差值超过规定值（如高于 507r/min），电子控制单元就控制怠速控制阀，增减旁通空气量，使实际发动机转速与目标转速相同。如图 3-20 所示 C 点到 D 点，目标怠速值与冷却液温度、空档启动开关和空调开关的状态等有关。

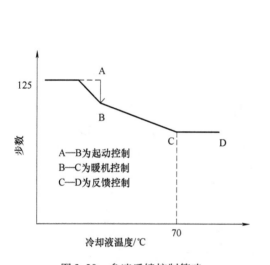

图 3-20　怠速反馈控制策略

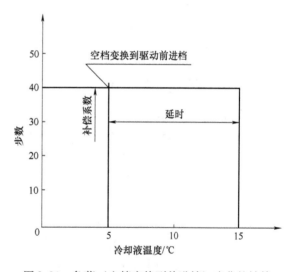

图 3-21　负荷（空档变换到前进档）变化的补偿

（5）发动机负荷变化的预测控制

由空档过渡到前进档时，会使发动机的负荷发生变化；为了避免此时发动机怠速转速的波动，在发动机转速变化前，对其进行补偿，ECU 预先将怠速控制阀增大一个定值，并增加额外的燃油，使转速的变化达到平稳过渡，并有一段时间的延迟，如图 3-21 所示。

空调是怠速时发动机的最大负荷。在空调压缩机离合器接合时，还会产生瞬时的负荷峰值。空调的负荷与环境的温度、湿度、鼓风机的转速和空调的设置（温度）有关。在大多数情况下，由 ECU 控制空调压缩机离合器的结合，也需延迟一段时间，以增加额外的空气量和油量，满足瞬时负荷的要求。在失速的情况下，要关掉空调压缩机；起步时，为了提高加速性能也要关掉空调压缩机 10 ~ 30s，这对一些功率不大的车辆尤为重要。在标定时，要确保额外的旁通空气量能满足空调最大负荷（最高的环境温度与湿度）的要求，空调压缩机离合器结合的延迟时间和增加的旁通空气量要使转速的变化达到最平顺作为标定的目标。动力转泵、电动风扇等负荷的控制和标定原则与空调的情况基本相同[12]。

（6）电器负载增多时的怠速控制

当使用的电器增多时，蓄电池电压降低，为了保证 ECU 的供电电压和点火开关端正常的供电电压，需要相应增加旁通空气量，提高发动机的怠速转速。

（7）失速补救

无论何时，只要发动机的转速降到低于标定的读值，失速补救的功能就起作用，ECU 操作怠速控制阀增加额外的步数，以加大旁通空气量。在标定手动变速器车辆的失速补救时，应注意不要产生喘振。一旦发动机转速超过另一个较高的读值时，失速补救将停止。经过一段时间（需标定）后，怠速控制阀的额外步数将衰减至零。

3.2 动力蓄电池驱动系统

动力蓄电池是纯电动汽车唯一的能量来源，也是电动汽车最重要的核心。电池性能的优劣直接决定着纯电动汽车的性能。与一般的蓄电池不同，电动汽车所用的动力蓄电池应具有比能量高、比功率大、充放电效率高、相对稳定性好、使用成本低、安全性好等特点。目前，国内外纯电动汽车所用的动力蓄电池种类按照材料分主要有铅酸蓄电池、镍氢电池和锂离子蓄电池 3 种[13]。

3.2.1 动力蓄电池的应用

在能源制约、环保压力的大背景下，全球新能源汽车发展迅速，混合动力汽车已实现商业化，纯电动汽车和氢燃料汽车处于规模化及示范应用阶段。鉴于动力蓄电池在电动汽车产业中的重要作用，美国、日本、德国等国家均制定了车用动力蓄电池发展的国家层面规划，对动力蓄电池的研发及产业化进行大力支持，以推动动力蓄电池技术的快速进步和市场推广应用。

动力蓄电池作为新能源汽车的能量存储装置（见图 3-22），其性能的优劣直接影响新能源汽车的市场应用和普通消费者的接受度，如安全性、比能量、能量密度、比功率、寿命及成本等[14]。

目前，铅酸蓄电池、镍氢电池和锂离子蓄电池在电动汽车领域均有应用，如图 3-23 所示。锂离子蓄电池是目前实现产业化的动力蓄电池产品中能量密度最高的电化学体系，具有较长的循环寿命及使用寿命，安全

图 3-22 汽车动力蓄电池示意图

性也在不断提升。同时，锂离子蓄电池已处于自动化大规模生产制造阶段，成本不断下降。锂离子蓄电池作为铅酸蓄电池和镍氢电池的技术及产业升级换代产品，具有比能量高、比功率高、自放电率低、无记忆效应及环境友好等突出优点[15]，成为目前技术研究及产业化的重点。其应用领域涵盖了混合动力汽车、插电式混合动力汽车、纯电动汽车及氢燃料电池汽车等。

锂离子蓄电池产品主要用于纯电动汽车及插电式混合动力汽车，但纯电动汽车续驶里程

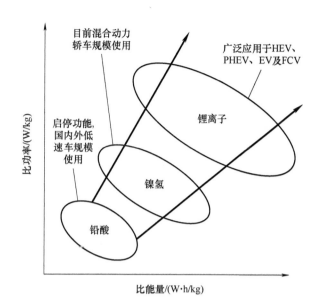

图 3-23　车用动力蓄电池技术发展现状及应用领域

相对来说较常规燃油车较短，动力蓄电池成本依然较高，安全性能有待进一步改善与提升。

从目前国内外动力蓄电池公司量产的锂离子动力蓄电池产品来看，现有的锂离子动力蓄电池产品基本可分为两大类：一类是小容量圆柱形电池。其电池系统需要采用多串并联的方式，以达到总电压与总容量要求，电池的数量达到数千只，电池之间的连接以及热、电的管理复杂。另一类则是大容量电池，通常采用铝塑膜封装或金属壳体焊接封装。由于电池的容量大，电池模块和系统需要的电池单体数量大大减少，电池之间的连接以及热、电的管理相对简单[16]。

3.2.2　动力蓄电池的工作原理

动力蓄电池模组放置在一个密封并且屏蔽的动力蓄电池箱内，动力蓄电池系统使用可靠的高压接插件与高压控制盒相连，然后输出的直流电由电动机控制器转变为三相脉冲高压电，驱动电机工作；系统内的电池管理系统（Battery Management System，BMS）实时采集各电芯的电压、各传感器的温度值、各电池系统的总电压值和总电流值等数据，实时监控动力蓄电池的工作状态，并通过 CAN 总线等与 ECU 或充电动机进行通信，对动力蓄电池系统充放电进行综合管理[17]。

动力蓄电池有三种充电方法，分别是恒流充电、恒压充电及恒流限压充电。

（1）恒流充电

恒流充电是指充电过程中使充电电流保持不变的方法。恒流充电具有较大的适应性，容易将蓄电池完全充足，有益于延长蓄电池的寿命；缺点是在充电过程中，需要根据逐渐升高的蓄电池电动势调节充电电压，以保持电流不变，充电时间也较长。恒流充电是一种标准的充电方法，有以下四种充电方式：

① 恒流充电是指，维持电池的满充电状态，恰好能抵消电池自放电的一种充电方法。其充电电流对满充电的电池长期充电无害，但对完全放电的电池充电，电流太小。

② 最小电流充电是指，在能使深度放电的电池有效恢复电池容量的前提下，把充电电流尽可能调整到最小的方法。

③ 标准充电是指，采用标准速率充电，充电时间为 14h。

④ 高速率充电（快充）是指，在 3h 内就给蓄电池充满电的方法，这种充电方法需要自动控制电路保护电池不损坏。

（2）恒压充电

恒压充电是指在充电过程中保持充电电压不变的充电方法，充电电流随蓄电池电动势的升高而减小。合理的充电电压，应在蓄电池即将充足时使其充电电流趋于 0，如果电压过高会造成充电初期充电电流过大和过充电，如果电压过低则会使蓄电池充电不足。充电初期若充电电流过大，则应适当调低充电电压，待蓄电池电动势升高后再将充电电压调到规定值。

恒压充电的优点是充电时间短，充电过程无须调整电压，较合适于补充充电；缺点是不容易将蓄电池完全充足，充电初期大电流对极板会有不利影响。

（3）恒流限压充电

先以恒流方式进行充电，当蓄电池组端电压上升到限压值时，充电机自动转换为恒压充电，指导充电完毕。

3.2.3　动力蓄电池系统结构及组成

电动汽车的车载电源系统主要由辅助动力电源和动力蓄电池系统（动力蓄电池模组、电池管理系统、动力蓄电池箱辅助元器件）组成[18]。

辅助动力源是供给新能源汽车其他各种辅助装置所需能源的动力电源，一般为 12V 或 24V 的直流低压电源。其作用是给动力转向、制动力调节、照明、电动窗门等各种辅助装置提供所需的能源。

动力蓄电池模组由多个电池模块或单体电芯串联组成。电池管理系统是整个动力蓄电池系统的神经中枢。动力蓄电池箱用来放置动力蓄电池模组。辅助元器件主要包括动力蓄电池系统内部的电子电器元件，如熔断器、继电器、分流器、接插件、紧急开关、烟雾传感器、维修开关；以及电子元器件以外的辅助元器件，如密封条、绝缘材料等。动力蓄电池系统的组成结构如图 3-24 所示。

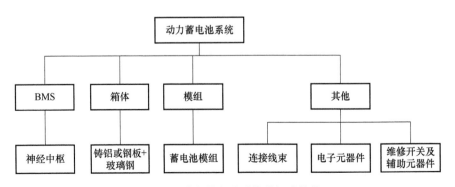

图 3-24　动力蓄电池系统的组成结构

动力蓄电池模组是由多个电池模块或单体电芯串联组成的一个组合体。电池单体是构成动力蓄电池模块最小的单元，一般由正极、负极、电解质及外壳等构成，实现电能与化学能之间的直接转换。电池模块是一组并联的电池单体的组合，该组合的额定电压与电池单体的额定电压相等，是电池单体在物理结构和电路上连接起来的最小分组，可作为一个单元替换。

3.2.4　动力蓄电池的分类

目前，国内外纯电动汽车所用的动力蓄电池种类按照材料主要有铅酸、锂离子和镍氢3 种。

（1）铅酸蓄电池

铅酸蓄电池是指正极活性物质使用二氧化铅（PbO_2），负极活性物质使用海绵状铅，并以硫酸溶液为电解液的电池。铅酸蓄电池主要用在低速电动汽车上[19]。

1）铅酸蓄电池的分类。铅酸蓄电池分为免维护铅酸蓄电池和阀控密封式铅酸蓄电池。

① 免维护铅酸蓄电池。免维护铅酸蓄电池由于自身结构上的优势，电解液的消耗量非常小，在使用寿命内基本不需要补充蒸馏水。它具有耐振、耐高温、体积小、自放电小的特点，使用寿命一般为普通铅酸蓄电池的 2 倍。市场上的免维护铅酸蓄电池也有两种：第一种是在购买时一次性加电解液以后使用中不需要添加补充液；另一种是电池本身出厂时就已经加好电解液并封死，用户不能加补充液。

② 阀控密封式铅酸蓄电池。阀控密封式铅酸蓄电池在使用期间不用加酸加水维护，电池为密封结构，不会漏酸，也不会排酸雾。电池盖子上设有溢气阀（也叫安全阀），其作用是当电池内部气体量超过一定值，即当电池内部气压升高到一定值时，溢气阀自动打开排出气体，然后自动关闭，防止空气进入电池内部。

阀控密封式铅酸蓄电池分为玻璃纤维隔板（Absorbent Glass Mat，AGM）铅酸蓄电池和胶体密封式（GEL 型）铅酸蓄电池两种。AGM 电池采用吸附式玻璃纤维作隔板，电解液吸附在极板和隔板中，电池内无流动的电解液，电池可以立放工作，也可以卧放工作；GEL型电池以二氧化硅（SiO_2）作凝固剂，电解液吸附在极板和胶体内，一般立放工作。无特殊说明，皆指 AGM 电池。

电动汽车使用的动力蓄电池一般是阀控密封式铅酸蓄电池。

2）铅酸蓄电池的型号含义。铅酸蓄电池是采用稀硫酸作为电解液，用二氧化铅和绒状铅分别作为电池的正极和负极的酸性蓄电池。它通常按用途、结构和维护方式来分类。实际上我国铅酸蓄电池产品的型号的中间部分就包含其类型。

通常铅酸蓄电池型号用三段式来表示：第一段用数字表示串联的单体电池数，第二段用两组字母分别表示其用途和特征，第三段用数字表示额定容量。例如，型号 6DAW150 表示为，由 6 个电池单体串联组合（通常电池单体电压为 2.0V）成的额定电压 12V 的，用于电动道路车辆的干荷电式、免维护的及额定容量为 150A·h 的蓄电池。其中的特征就是按其结构和维护方式来划分的。表 3-1 给出了铅酸蓄电池型号中表示用途和特征的两组拼音字母含义。

表 3-1　铅酸蓄电池型号中表示用途和特征的两组拼音字母含义

用　途	
字母	含　义
Q	启动用（启动发动机，要求大电流放电）
G	固定用（固定设备中作保护等设备用电源）
D	电池车（作牵引各种车辆的动力电源）
N	内燃机车（用于内燃机车启动和照明等）
T	铁路客车（用于车上照明等电器设备）
M	摩托车用（摩托车启动和照明）
KS	矿灯酸性（矿井下照明等）
JC	舰船用（潜艇等水下作业设备）
B	航标灯（航道夜间航标照明）
TK	坦克（用于坦克启动及其用电设备）
S	闪光灯（摄像机等用）
特　征	
字母	含　义
A	干荷电式（极板处于干燥荷电状态）
F	防酸式（电池盖装有防酸栓）
FM	阀控式（电池盖设有安全阀）
W	无须维护（免维修或少维修）
J	胶体电解液（电解液使用胶状混合物）
D	带液式（充电态带电解液）
J	激活式（用户使用时需激活方式激活）
Q	气密式（盖子的注酸口装有排气栓）
H	湿荷式（极板在电解液中浸渍过）
B	半密闭式（电池槽半密封）
Y	液密式

3）铅酸蓄电池的工作原理。铅酸蓄电池放电和充电的反应过程，是铅酸蓄电池活性物质进行可逆化学变化的过程。可以用下列化学方程式表示：

$$PbO_2 + 2H_2SO_4 + Pb \longleftrightarrow 2PbSO_4 + 2H_2O \tag{3-11}$$

放电时，铅酸蓄电池化学反应由左向右进行，其相反的过程为充电过程的化学反应。

放电时，负极板中的每个铅分子从硫酸电解液中吸收一个硫酸根离子组成硫酸铅，自己却放出两个电子到正极板；正极板的二氧化铅在吸收电子的同时，自硫酸电解液中吸收一个硫酸根离子化合成硫酸铅，并放出两个氧离子；电解液中硫酸的一个分子被铅吸收一个硫酸根离子后余下两个氢离子，当二氧化铅放出两个氧离子时就和这四个氢离子自动结合成两个水分子。所以，放电时电解液中水的成分会增加，而硫酸的成分会减少。

充电时，负极板的硫酸铅自电源中取得两个电子后就放出一个硫酸根离子于电解液中，而自己变为铅；正极板中的硫酸铅则变为二氧化铅；负极板放出的一个硫酸根离子与正极板

放出的一个硫酸根离子和电解液中剩下的四个氢离子化合成两个硫酸分子。所以，充电时电解液中的水分逐渐减少而硫酸的成分逐渐增加。

放电时由于铅酸蓄电池的 H_2SO_4 浓度会逐渐减小，因此，可以用比重计来测定硫酸的密度，再由铅酸蓄电池电解液密度确定铅酸蓄电池电解液的放电程度。单体铅酸蓄电池的电压为 2V，在使用或存放一段时间后，当电池电压降低到 1.8V 以下或 H_2SO_4 溶液的密度下降到 1.2g/cm³ 时，铅酸蓄电池就必须充电，如果电压继续下降，则铅酸蓄电池将可能损坏。

4）铅酸蓄电池的结构组成。汽车所用的普通铅酸蓄电池如前面蓄电池构造所述，正负极板浸入稀硫酸电解液中成为单体电池。每个单体电池的标称电压为 2V。为增加铅酸蓄电池的容量，一般由多块极板组成极群，即多块正极板和多块负极板分别用连接条（汇流排）焊接在一起，共同组成电池。新能源汽车的辅助电源及传统内燃机汽车用的 12V 铅酸启动电池就是由 6 个独立的铅酸蓄电池单体组成的，而新能源汽车的动力蓄电池组则为多个电池单体以多种方式组合成的大容量电池。铅酸蓄电池的构造如图 3-25 所示。

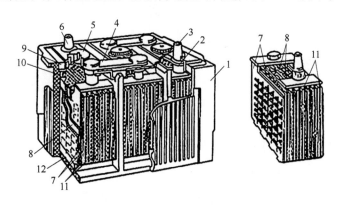

图 3-25　铅酸蓄电池的构造[19]

1—蓄电池电容器　2—极柱衬套　3—正极柱　4—电机连接条　5—加液口盖　6—负极柱
7—负极板　8—隔板　9—封料　10—护板　11—正极板　12—肋条

① 极板。极板是电池的基本部件。极板由棚架和活性物质组成，分为正极板和负极板。正极板上的活性物质是棕红色的二氧化铅，负极上的活性物质是青灰色的海绵状纯铅。蓄电池的极板棚架一般由铅锑合金铸成，其作用是固结活性物质。为了降低蓄电池的内阻、改善蓄电池的气动性能，有些铅蓄电池采用了放射型棚架结构。

② 隔板。隔板放置在正、负极板之间，以避免其接触而短路。隔板一面平整，一面有沟槽，沟槽应面对着正极板且与底部垂直，以便充放电时电解液能通过沟槽及时供给正极板。当正极板上的活性物质二氧化铅脱落时能迅速通过沟槽沉入容器底部。

③ 电解液。电解液由纯净硫酸和蒸馏水按一定比例配制而成，也叫稀硫酸。蓄电池的电解液密度一般为 1.24~1.30g/cm³。电解液的密度对蓄电池的工作有重要影响。密度大，可减少结冰的危险并提高蓄电池的容量，但密度过大，则黏度大，反而会降低蓄电池的容量，缩短其使用寿命。使用时，电解液的密度应根据地区、气候条件和制造厂商的要求而定。

④ 外壳。蓄电池每组极板所产生的电动势大约为 2V。要想获得更高的电动势，通常要将多组极板串联起来。因此，在制造蓄电池外壳时，将一个电池外壳分成若干个单格，每个

单格的底部制有凸筋，用来搁置极板组。凸筋之间的空隙可以积存极板的脱落物质，防止正、负极板短路。

（2）锂离子蓄电池

锂离子蓄电池是 1990 年由日本索尼公司首先推向市场的新型高能蓄电池。与其他蓄电池相比，锂离子蓄电池具有电压高、质量能量密度高、充放电寿命长、无记忆效应、无污染、快速充电、自放电率低、工作温度范围宽和安全可靠等优点。相对于镍氢电池，电动汽车采用锂离子蓄电池，可使电池组的质量下降 40%～50%，体积减小 20%～30%，能源效率也有一定程度的提高。所以，锂离子蓄电池逐渐成为电动汽车动力蓄电池的首选。常用的一种电动汽车用锂离子蓄电池（18650）如图 3-26 所示。

图 3-26　常用的一种电动汽车用锂离子蓄电池（18650）[19]

1）锂离子蓄电池的分类。

① 按电解质材料分类。根据所用电解质材料不同，锂离子蓄电池可以分为聚合物锂离子蓄电池和液态锂离子蓄电池。

② 按正极材料分类。根据正极材料不同，锂离子蓄电池可以分为锰酸锂离子蓄电池、磷酸铁锂离子蓄电池、镍钴锂离子蓄电池及三元（镍钴锰）材料锂离子蓄电池。目前，应用广泛的是锰酸锂离子蓄电池、磷酸铁锂离子蓄电池和三元锂离子蓄电池。

③ 按外形分类。根据外形形状的不同，锂离子蓄电池可以分为方形锂离子蓄电池和圆柱形锂离子蓄电池。

2）锂离子蓄电池的特点。一般情况下，单体电池工作电压高达 3.7V，是镍镉电池、镍氢电池的 3 倍，铅酸蓄电池的 2 倍；重量轻；比能量大，高达 150W·h/kg，是镍氢电池的 2 倍、铅酸蓄电池的 4 倍，因此重量是相同能量的铅酸蓄电池的 1/4～1/3；体积能量密度高，高达 400W·h/L，因此体积小，是铅酸蓄电池的 1/3～1/2；提供了合理的结构和更美观的外形设计条件、设计空间；循环寿命长，以容量保持 60% 计，电池组 100% 充放电循环次数可以达到 600 次以上，使用年限可达 3～5 年，寿命为铅酸蓄电池的 2～3 倍；自放电率低，每月不到 5%；允许工作温度范围宽，锂离子蓄电池可在 -20～55℃ 条件下工作；无记忆效应，所以每次充电前无须像镍镉电池、镍氢电池一样放电，可以随时随地进行充电；电池充放电深度对电池的寿命影响不大，可以全充全放；无污染，锂离子蓄电池中不存在有毒物质，因此被称为"绿色电池"，而铅酸蓄电池和镍镉电池由于存在有害物质铅和镉，故环境污染问题严重[20]。

3）锂离子蓄电池的基本结构。锂离子蓄电池正、负极及电解质材质上的差异使其具有不同的性能，尤其是正极材料对电池的性能影响最大。锂离子蓄电池有方形和圆柱形两种，其结构主要由正极、负极、隔板（隔膜）、电解液和安全阀等组成，如图 3-27 所示。

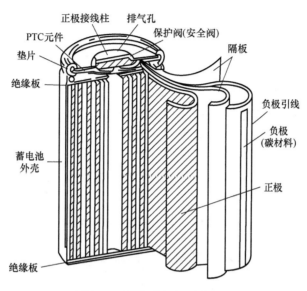

图 3-27　圆柱形锂离子蓄电池

① 正极。锂离子蓄电池正极是在正极活性物质中加入导电剂、树脂黏合剂，并涂覆在铝基体上，呈细薄层分布。正极活性物质在锰酸锂离子蓄电池中以锰酸锂为主要原料，在磷酸铁锂离子蓄电池中以磷酸铁锂为主要原料，三元材料锂离子蓄电池以镍钴锰锂为主要材料。

② 负极。锂离子蓄电池负极是由碳材料与黏合剂的混合物再加上有机溶剂调和制成糊状的负极活性物质涂覆在铜基上，呈薄层状分布。

③ 隔板。隔板用于关闭或阻断通道，一般是用聚乙烯或聚丙烯材料制成的微多孔膜。可以在电池出现异常温度上升（如外部短路引起过大电流）、阻塞或阻断作为离子通道的细孔时，使蓄电池停止充放电反应。

④ 电解液。电解液能影响锂离子的倍率放电性能和安全性。为了使主要电解质成分锂盐溶解，需采用高电容率且与锂离子相容性好的溶剂，以不阻碍离子移动的低黏度有机溶液为宜。另外，鉴于锂离子蓄电池的工作特性，其电解液还需具备凝固点低、沸点高、化学稳定性良好等条件。由于单一溶剂很难满足上述条件，因此锂离子蓄电池的电解液一般为几种不同性质的溶剂的混合，如高功率锂离子蓄电池采用的是以 $LiPF_6$ 为电解质盐、以碳酸乙烯酯（Ethylene Carbonate，EC）和直链碳酸酯组成的混合溶剂为电解液。

⑤ 安全阀。为了保证锂离子蓄电池的使用安全性，一般通过对外部电路的控制或在蓄电池内部设异常电流切断的安全装置。即使这样，在使用过程中也可能有其他原因引起蓄电池内压异常上升，这时安全阀释放气体，以防止蓄电池破裂。安全阀实际上是一次性非修复式的破裂膜，用以保护蓄电池使其停止工作，是蓄电池的最后保护手段。

4）锂离子蓄电池的工作原理。以两种不同的能够可逆地插入及脱出锂离子的嵌锂化合物，

分别作为电池正、负极的二次电池即为锂离子蓄电池。锂离子蓄电池是由锂原电池改进而来的。锂原电池的正极材料是二氧化锰（MnO_2）或亚硫酰氯（$SOCl_2$），负极是锂，电池组装完成后无须充电即有电压，这种电池虽也可充电，但循环性能不好，在充放电循环过程中容易形成锂枝晶，造成电池部短路，所以这种电池是不允许充电使用的。日本索尼公司在1991年研发成功了以碳材料为负极的锂离子蓄电池，它可进行可逆反应，不过该反应不再是一般电池中的氧化还原反应，而是锂离子在充放电过程中可逆地在化合物晶格中嵌入和脱出反应。

当对电池进行充电时，电池的正极上有锂离子生成，生成的锂离子经过电解液运动到达负极。而作为负极的碳呈层状结构，它有很多微孔，到达负极的锂离子就嵌入到碳层的微孔中，能嵌入的锂离子越多，充电容量越高。同样，当对电池进行放电时，嵌在负极碳层中的锂离子脱出，又运动回到正极，回正极的锂离子越多，放电容量越高。在充放电过程中，锂离子如同一把摇椅在正、负极两个电极之间往返嵌入和脱出，因此锂离子蓄电池也被形象地称为"摇椅式电池"[21]。锂离子蓄电池的电极反应表达式分别为

正极反应式
$$\text{LiMO}_2 \xleftrightarrow{\text{充电/放电}} \text{Li}_{1-x}\text{MO}_2 + x\text{Li}^+ + xe(\text{顺向为充电};\text{逆向为放电})$$

负极反应式
$$n\text{C} + x\text{Li}^+ + xe \xleftrightarrow{\text{充电/放电}} \text{Li}_x\text{C}_n(\text{顺向为充电};\text{逆向为放电})$$

电池反应式
$$\text{LiMO}_2 + n\text{C} \xleftrightarrow{\text{充电/放电}} \text{Li}_{1-x}\text{MO}_2 + \text{Li}_x\text{C}_n(\text{顺向为充电};\text{逆向为放电})$$

式中，M为Co、Ni、W、Mn等金属元素。

（3）镍氢电池

目前，在美、日等发达国家的很多油电混合动力汽车均使用镍氢（NiMH）电池组。镍氢电池是由美国人斯坦福发明的，其正极材料是氢氧化镍（NiOH），负极则是金属氢化物，即储氢合金（MH），电解液是30%的氢氧化钾水溶液。这里所谓"储氢合金"是指具有很强吸收氢气能力的金属镍，其单位体积储氢的密度相当于储存1000个大气压的高压氢气。储氢合金能稳定地储气和放气，其工作原理是利用水的氢离子移动反应来获得电流，这时氢气在负极上被逐渐消耗掉。其能量密度（电动汽车的续航能力）与普通的锂电池差距并不大，约为70～100W·h/kg。

镍氢电池于20世纪90年代发展起来，目前技术较为成熟，具有安全性好、无污染、比能量高、快速充放电、循环寿命长等优势。但是其能量效率较低，所以目前在如丰田普锐斯这样的混合动力汽车上使用较多。

1）镍氢电池的特点。镍氢电池是一种碱性电池，标称电压为1.2V，比能量可达到70～80W·h/kg，这有利于延长新能源汽车的行驶里程；比功率可达到200W/kg，是铅酸蓄电池的2倍，能够提高车辆的启动性能和加速性能；有高倍率的放电特性，短时间可以3C放电，瞬时脉冲放电率很大；过充和过放性能好，能够带电充电，并可以快速充电，在15min内可充60%的容量，1h内可完全充满，应急补充充电的时间短；在80%的放电深度下，循环寿命可达到1000次以上，是铅酸蓄电池的3倍；采用全封闭外壳，可以在真空环境中正常工作；低温性能较好，能够长时间存放；没有Pb和Cd等重金属元素，不会对环境造成污染；可以随充随放，不会出现其他电池在没有放完电后即充电而产生的"记忆效应"[22]。

镍氢电池用于新能源汽车，主要优点是，启动、加速性能好，一次充电后的行驶里程较长，不会对周围环境造成污染，易维护，快速补充充电时间短。

2）镍氢电池的结构原理。镍氢电池是一种碱性蓄电池，其结构如图 3-28 所示，主要由正极、负极、分离层、外壳、电解液等组成。镍氢电池正极是活性物质氢氧化镍，负极是储氢合金，分离层是隔膜纸，用氢氧化钾作为电解质，在正、负极之间有分离层。这些共同组成金属氢化物镍单体电池，在金属铂的催化作用下，完成充电和放电的可逆反应。

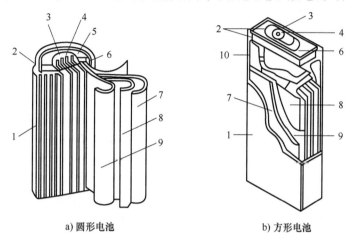

a) 圆形电池　　　　　　　　b) 方形电池

图 3-28　镍氢电池结构[19]

1—盒子（−）　2—绝缘衬垫　3—盖帽（＋）　4—安全排气口　5—封盘　6—绝缘圈
7—负极　8—隔膜　9—正极　10—绝缘体

在圆柱形电池中，正、负极用隔膜纸分开卷绕在一起，然后密封在金属外壳中。在方形电池中，正、负极由隔膜纸分开后叠成层状密封在外壳中。

3）镍氢电池的技术要求。镍氢电池的技术要求分为电池单体的要求和蓄电池模块的要求。电池单体是构成蓄电池的最小单元，一般由正极、负极及电解质等组成，其标称电压为电化学偶的标称电压；蓄电池模块是指一组相连的电池单体的组合。

① 对金属氢化物镍电池单体的要求。

a. 外观。在良好的光线条件下，用目测法检查电池单体的外观，外壳不得有变形及裂纹，表面平整、干燥、无碱痕、无污物且标志清晰。

b. 极性。用电压表检查蓄电池的极性时，电池极性应与标志的极性符号一致。

c. 外形尺寸及质量。电池单体的外形尺寸及质量应符合生产企业提供的技术条件。

d. 室温放电容量。电池单体按规定方法进行试验时，其放电容量应不低于额定容量，并且不超过额定容量的 110%，同时所有测试对象初始容量极差不大于初始容量平均值的 5%。

② 对金属氢化物镍蓄电池模块的要求。

a. 外观。在良好的光线条件下，用目测法检查蓄电池模块的外观，外观不得有变形及裂纹，表面平整干燥、无外伤，且排列整齐连接可靠、标志清晰等。

b. 极性。用电压表检查蓄电池模块的极性时，蓄电池极性应与标志的极性符号一致。

c. 外形尺寸及质量。蓄电池模块的外形尺寸及质量应符合生产企业提供的技术条件。

d. 室温放电容量。蓄电池模块按规定方法进行试验时，其放电容量应不低于额定值，并且不超过额定容量的 110%，同时所有测试对象初始容量极差不大于初始容量平均值的 7%。

e. 室温倍率放电容量。按照厂商提供电池类型分别进行试验，高能量蓄电池模块按规定方法进行试验时，其放电容量应不低于初始容量的 90%；高功率蓄电池模块按规定方法进行试验时，其放电容量应不低于初始容量的 80%。

f. 室温倍率充电性能。蓄电池模块按规定方法试验时，其放电容量应不低于初始容量的 80%。

g. 低温放电容量。蓄电池模块按规定方法试验时，此放电容量应不低于初始容量的 80%。

h. 高温放电容量。蓄电池模块按规定方法试验时，此放电容量应不低于初始容量的 90%。

i. 荷电保持与容量恢复能力。蓄电池模块按规定方法试验时，其室温荷电保持率应不低于初始容量的 85%，高温荷电保持率应不低于初始容量的 70%，容量恢复应不低于初始容量的 95%。

j. 耐振动性。按规定方法对蓄电池模块进行耐振动性试验时，不允许出现放电电流锐变、电压异常、蓄电池壳变形、电解液溢出等现象，并保持连接可靠、结构完好。

k. 储存。蓄电池模块按规定方法试验时，容量恢复应不低于初始容量的 90%。

l. 安全性。蓄电池模块按规定方法进行短路、过放电、过充电加热、针刺、挤压等试验时，应不爆燃、不起火、不漏液。

3.2.5 动力蓄电池管理系统

电池管理系统（Battery Management System，BMS），是电动汽车能量管理系统的核心。其主要任务是通过电压、电流及温度检测等功能，实现对动力蓄电池系统的各种控制、保护、故障报警及处理、与其他控制器通信功能等操作，保证电池安全可靠的使用，充分发挥电池的能力和延长使用寿命。动力蓄电池管理系统结构图如图 3-29 所示[23]。

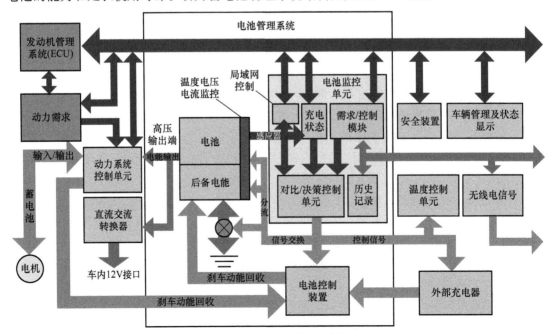

图 3-29　动力蓄电池管理系统结构图

1. BMS

（1）BMS 的基本功能

BMS 作为电池和整车控制器及驾驶人沟通的桥梁，通过控制接触器控制动力蓄电池组的充放电，并向整车控制器（Vehicle Control Unit，VCU）上报动力蓄电池系统的基本参数及故障信息。其基本功能包括，数据采集、电池状态计算、能量管理、安全管理、热量管理、电压均衡控制及人机接口等，见表 3-2。

表 3-2　动力蓄电池管理系统的基本功能[24]

功　能	硬　件	作　用
建立电池模型	—	描述电池参数的动态变化规律，用数学方程表达，用于动力蓄电池电池系统仿真
数据监测及采集	集中式或分布式检测装置	电池单体电压、电流，动力蓄电池电池组总电压、总电流检测和采集，控制均衡充电放电策略
能量管理	电池管理器模块	根据电池电压、电流，荷电状态（SOC）控制电池的充放电，防止过充和过放
状态估算	电池管理器模块	根据动力蓄电池 SOC 和 SOH 的算法，估计电池的寿命（衰减）状态
热量管理	热量检测模块及传感器	冷却系统和冷却装置（风扇或液泵）检测及控制
数据处理与通信	串行通信接口，CAN 总线	电池单体采用串行通信接口，整车管理系统采用 CAN 总线
数据显示	仪表、显示器	动力蓄电池组实现对电压、电流、SOC、剩余电量、温度等数据显示和故障报警等
安全管理	自动断电、报警	动力蓄电池过充电、过放电、过电压、过电流、高温等危险状态自动切断电源、报警等

（2）BMS 的结构组成

BMS 不仅要保证动力蓄电池组工作在安全区间内，提供车辆控制所需的必需信息，在出现异常时及时响应处理，并根据环境温度、电池状态、车辆需求等决定电池的充放电功率等。电池管理系统按性质可分为硬件和软件，按功能分为数据采集单元和控制单元。

BMS 的硬件主要包括主控盒、从控盒及高压控制盒，还包括采集电压线、电流、温度等数据的电子器件。图 3-30 所示为 BMS 硬件组成[25]。

1）高压盒。高压盒用于监视动力蓄电池的总电压、总电流和绝缘性能。其主要功能如下：

① 监视动力蓄电池的总电压，包括主机电气内外四个监测点。

② 检测充放电电流。

③ 检测高压绝缘性能。

④ 监控高压连接情况。

⑤ 将以上项目监控的数据反馈给主控盒。

2）主控盒。主控盒是一个连接外部通信和内部通信的平台，其主要功能如下：

① 接收从控盒反馈的实时温度和单体电压（并计算最大值和最小值）。

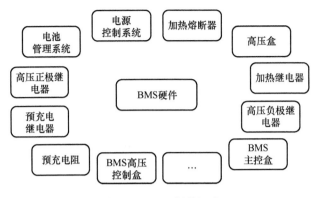

图 3-30   BMS 硬件组成

② 接收高压盒反馈的总电压和电流情况。

③ 控制与整车控制器通的通信。

④ 控制主正继电器。

⑤ 控制动力蓄电池加热。

⑥ 控制充放电流。

3）从控盒。从控盒又称为电压和温度采集单元，它用来监控动力蓄电池的单体电压和动力蓄电池组的温度，其主要功能如下：

① 监控每个单体电压，反馈给主控盒。

② 监控每个动力蓄电池组的温度，反馈给主控盒。

③ SOC 值监控。

④ 将以上项目监控到的数据反馈给主控盒。

BMS 的软件主要作用是检测电池的电压、电流、SOC 值、绝缘电阻值、温度值，通过与 VCU、充电机的通信，来控制动力蓄电池系统的充放电。

4）辅助元器件。辅助元器件主要包括动力蓄电池系统内部的电子电器元件（如熔断器、继电器、分流器、接插件、紧急开关、烟雾传感器等）、维修开关及电子电器元件以外的辅助元器件（如密封条，绝缘材料等）。

① 电流传感器。电流传感器用来监测充放电电流的大小。

② 维修开关。电动汽车所用的大多是高于 300V 的高压电，如果电路出现过载或短路，容易引起电气元件的损坏，如果操作不当，更易酿成电击危险。维修开关安装在电路大电流主干线上，通常位于动力蓄电池组箱体的中间位置。维修开关是保证电动汽车高压电气安全的关键部件，在紧急情况或进行高压系统、动力蓄电池维护维修保养等操作时，应将其断开，以保障维修人员的安全。

③ 熔断器。熔断器主要是为了保护高压系统的安全。当高压系统出现短路时，熔断器将会断开，维修开关内装有电压 500V（250A）熔断器。

④ 加热继电器和加热熔断器。加热继电器和加热熔断器用于动力蓄电池热管理系统。加热熔断器与加热膜片串接在起，加热继电器受 BMS 控制，在温度低于设定值时接通，对动力蓄电池系统进行加热。

5）继电器集成器。继电器集成器将高压正极继电器、高压负极继电器、预充电继电器

和预充电阻进行了集成。

高压正极继电器和高压负极继电器为主继电器，用来控制电路的通断。预充电继电器和预充电阻由 BMS 控制闭合和断开，在充放电初期闭合进行预充电，在充电完成后断开。

（3）BMS 的工作原理

动力蓄电池系统整体工作原理是将动力蓄电池模组放置在一个密封并且屏蔽的动力蓄电池箱里面。动力蓄电池系统使用可靠的高压接插件与高压控制盒相连，然后输出的直流电由电机控制器转变为三相交流高压电，驱动电机工作；系统内的 BMS 实时采集各电芯的电压、各温度传感器的温度值、电池系统的总电压值和总电流值等数据，实时监控动力蓄电池的工作状态，并通过 CAN 线与 VCU 线或充电机之间进行通信，对动力蓄电池系统充放电进行综合管理。

BMS 的主要工作原理可简单归纳为，数据采集电路首先采集电池状态信息数据，再由ECU 进行数据处理和分析，然后根据分析结果对系统内的相关功能模块发出控制指令，并向外界传递信息，如图 3-31 所示。

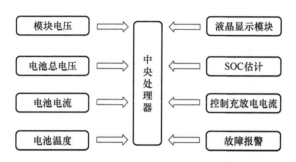

图 3-31　BMS 工作原理结构简图

BMS 一般包括电池管理、电压平衡控制、热管理和安全防护四个子系统。

1）电池管理。该子系统的主要功能是通过电压检测等功能实现对动力蓄电池系统的保护、对电池状态的估计和在线故障诊断。其中电池状态估计又包括电池荷电状态（State Of Charge，SOC）和电池劣化程度（State Of Health，SOH）两个方面。SOC 是系统最重要的一个指标，其工作原理是通过各类传感器采集电池的相关参数，包括电压、电流及温度等，然后由 ECU 对数据进行分析和处理，根据结果对 SOC 进行分析，并将结果传递到驾驶人仪表板上。

2）电压平衡控制。该子系统主要是通过充电控制、自动均衡、继电器控制、SOC 估算、充放电管理、均衡控制、故障报警及处理、与其他控制器通信功能等实现电压平衡控制。

3）热管理。该子系统是为了确保动力蓄电池系统能在适宜的温度下工作，以保障动力蓄电池系统的电性能和寿命，其主要功能包括，电池温度的准确测量和监控；电池组温度过高时的有效散热和通风；低温条件下的快速加热；有害气体产生时的有效通风；保证电池组温度场的均匀分布。

4）安全防护。该子系统为整个 BMS 提供了重要的功能，主要包括过电流保护、过充过放保护、过温保护和绝缘监测。

① 过电流保护。由于电池有一定的内阻，当工作电流过大时，电池内部会产生热量，从而造成电池温度升高、热稳定性下降。BMS 会通过判断采集的充放电电流值是否超过安全范围来采取相应的安全保护措施。

② 过充过放保护。过充电会使电池正极晶格结构被破坏，从而导致电池容量减小，如果电压过高还会引发因正负极短路而造成的爆炸。过放电会导致放电电压低于电池放电截止电压，使电池负极上的金属集流体被溶解，电池被损坏，若继续给这种电池充电则有内部短路或漏液的危险。BMS会判断采集的电池单体电压值是否超过充放电的限制电压。如果电压值超过限制，BMS就会断开充放电电路从而保护电池系统。

③ 过温保护。动力蓄电池的稳定运行需要适宜的温度。过温保护结合了热管理系统，BMS在电池温度过高或过低时，禁止系统进行充放电。

④ 绝缘监测。动力蓄电池系统的电压通常有几百伏，如果出现漏电，会对人员造成危险。BMS会实时监测总正、总负搭铁绝缘阻值，在该值低于安全范围时，上报故障，并断开高压电。

（4）BMS的要求

QC/T 897—2011《电动汽车用电池管理系统技术条件》给出了电池管理系统的一般要求和技术要求。

1）电池管理系统一般要求。

① 电池管理系统应能检测电池的电和热相关数据，至少应包括电池单体或电池模块的电压、电池组回路电流和电池包内部温度等参数。

② 电池管理系统应能对动力蓄电池的SOC、最大充放电电流（或功率）等状态参数进行实时估算。

③ 电池管理系统应能对电池系统进行故障诊断，并可以根据具体故障内容进行相应的故障处理，如故障码上报、实时警示和故障保护等。

④ 电池管理系统应有与车辆的其他控制器基于总线通信方式的信息交互功能。

⑤ 电池管理系统应用在具有可外接充电功能的电动汽车上时，应能通过与车载充电机或非车载充电机的实时通信或其他信号交互方式，实现对充电过程的控制和管理。

2）电池管理系统的技术要求

① 绝缘电阻。电池管理系统与动力蓄电池相连的带电部件和其壳体之间的绝缘电阻值应不小于$2M\Omega$。

② 绝缘耐电压性能。电池管理系统应能经受绝缘耐电压性能试验，在试验过程中应无击穿或闪络等破坏性放电现象。

③ 状态参数测量精度。电池管理系统所检测状态参数的测量精度要求见表3-3。

④ SOC估算精度。SOC估算精度要求不大于10%。

⑤ 过电压运行。电池管理系统应能在规定的电源电压下正常工作，且满足表3-3所示的精度要求。

表3-3　动力蓄电池管理系统参数测量精度要求

参数	总电压值	电流值	温度值	单体电压值
精度要求	≤ ±2% FS	≤ ±3% FS	≤ ±2% ℃	≤ ±0.5% FS

注：1. 应用在具有外接充电功能的电动汽车上时，电流值精度同时应满足 ≤ ±1.0A（当电流小于30A时）。

　　2. FS指满载。

⑥ 欠电压运行。电池管理系统应能在规定的电源电压下正常工作，且满足表3-3所示

的精度要求。

2. 动力蓄电池状态数据检测方法

（1）单体电压检测方法

电池单体电压采集模块是动力蓄电池组管理系统中的重要一环，其性能好坏或精度高低决定了系统对电池状态信息判断的准确程度，并进一步影响到后续的控制策略能否有效实施。常用的单体电压检测方法有以下 5 种。

① 继电器阵列法。

② 恒流源法。

③ 隔离运放采集法。

④ 压/频转换电路采集法。

⑤ 线性光电耦合放大电路采集法。

（2）电池温度采集方法

电池的工作温度不仅影响电池的性能，而且直接关系到新能源汽车使用的安全问题，因此准确采集温度参数显得尤为重要。采集温度并不难，关键是如何选择合适的温度传感器。目前，使用的温度传感器有很多，如热电偶、热敏电阻、热敏晶体管、集成温度传感器等。常用的采集方法有热敏电阻采集法、热电偶采集法、集成温度传感器采集法。

（3）电池工作电流检测方法

常用的电流检测器件有分流器、互感器、霍尔式传感器和光纤传感器 4 种，各方法的特点见表 3-4。其中，光纤传感器昂贵的价格影响了其在控制领域的应用；分流器成本低、频响应好，但使用麻烦，必须接入电流回路；互感器只能用于交流测量；霍尔式传感器性能好，使用方便。目前，在新能源汽车动力蓄电池管理系统电流采集与监测方面应用较多的是分流器和霍尔式传感器。

表 3-4　常用电流检测方法的特点

项目	分流器	互感器	霍尔式传感器	光纤传感器
插入损耗	有	无	无	无
布置形式	需插入主电路	开孔、导线传入	开孔、导线传入	—
测量对象	直流、交流、脉冲	交流	直流、交流、脉冲	直流、交流
电气隔离	无隔离	隔离	隔离	隔离
使用方便性	小信号放大、需隔离处理	使用较简单	使用简单	
使用场合	小电流、控制测量	交流测量、电网监控	控制测量	高压测量，电力系统常用
价格	较低	低	较高	高
普及程度	普及	普及	较普及	未普及

3. 电量管理系统

电池电量管理是电池管理的核心内容之一，对于整个电池状态的控制及能源汽车续驶里程的预测和估计具有重要的意义。SOC 估计常用算法有开路电压法、容量积分法、电池内阻法、模糊逻辑推理法、法尔曼滤波法。

（1）开路电压法

开路电压法是最简单的测量方法，主要根据电池组开路电压判断 SOC 的大小。由电池

的工作特性可知，电池组的开路电压和电池的剩余容量存在一定的对应关系。某动力蓄电池组的电压与放电容量的对应关系如图 3-32 所示，随着电池放电容量的增加，电池的开路电压降低。由此，可以根据一定的充放电倍率时电池组的开路电压和 SOC 的对应曲线，通过测量电池组开路电压的大小，插值估算出电池 SOC 值。

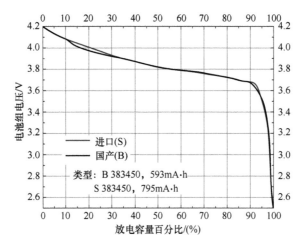

图 3-32　某动力蓄电池组电压与放电容量的对应关系[23]

（2）容量积分法

容量积分法是，通过对单位时间内流入流出电池组的电流进行累积，从而获得电池组每一轮放电能够放出的电量，来确定电池 SOC 的变化。

（3）电池内阻法

电池内阻有交流内阻（常称交流阻抗）和直流内阻，它们都与 SOC 有密切的关系。电池交流阻抗为电池电压与电流之间的传递函数，是一个复数变量，表示电池对交流电的反抗能力，要用交流阻抗仪来测量。电池交流阻抗受温度影响大，是对电池处于静置后的开路状态还是对电池在充放电过程中进行交流阻抗测量存在争议，所以很少在实车测量中使用。直流内阻表示电池对直流电的反抗能力，等于在同一很短的时间段内，电池电压变化量与电流变化量的比值。在实际测量中，将电池从开路状态开始恒流充电或放电，相同时间里负载电压和开路电压的差值除以电流值就是直流内阻。直流内阻的大小受计算时间段的影响，若时间段短于 10ms，只能够检测到欧姆内阻；若时间段较长，内阻将变得复杂。准确测量电池单体内阻比较困难，这是直流内阻法的缺点。在某些电池管理系统中，会将内阻法与安时计量法组合使用来提高 SOC 估算的精度。

（4）模糊逻辑推理和神经网络法

模糊逻辑推理和神经网络是人工智能领域的两个分支。模糊逻辑推理接近人的形象思维方式，擅长定性分析和推理，具有较强的自然语言处理能力；神经网络采用分布式存储信息，具有很好的自组织、自学习能力。它们共同的特点是均采用并行处理结构，可从系统的输入、输出样本中获得系统输入、输出关系。电池是高度非线性的系统，可利用模糊逻辑推理和神经网络的并行结构和学习能力估算 SOC，如图 3-33 所示。

（5）卡尔曼滤波法

卡尔曼滤波理论的核心思想是对动力系统的状态做出最小方差意义上的最优估算。卡尔

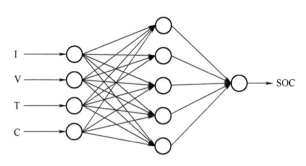

图 3-33　利用模糊逻辑推理和神经网络的并行结构和学习能力估算 SOC

曼滤波法也被应用于电池 SOC 估算，电池被称为动力系统，SOC 是系统的一个内部状态。卡尔曼滤波法适用于各种电池，与其他方法相比，尤其适合电流波动比较剧烈的混合动力新能源汽车电池 SOC 的估计，它不仅能给出 SOC 的估计值，还能给出 SOC 的估计误差。该方法的缺点是要求电池 SOC 估计精度越高，电池模型越复杂，涉及大量矩阵计算，工程上难以实现。并且，该方法对于温度、自放电率及放电倍率对容量的影响，考虑得不够全面。

4. 均衡管理系统

随着动力蓄电池在新能源汽车动力系统中的广泛应用，逐渐暴露出一系列如耐久性、可靠性和安全性等方面的问题。电池成组后单体之间的不一致是引起这一系列问题的主要原因之一。由于汽车类型和使用条件的限制，所以对电池组功率、电压等级和额定容量的要求存在差别，电池组中电池单体数量也存在很大的差异。即使参数要求相似，由于电池类型不同，所需的电池数量也存在较大的差别。总体看来，单体数量越多，电池一致性差别越大，对电池组性能的影响也越明显。车载动力锂离子蓄电池成组后，电池单体性能的不一致会严重影响电池组的使用效果，减少电池组的使用寿命。造成电池单体间差异的因素主要有以下三方面：

① 电池制作工艺限制，即使同一批次的电池也会出现不一致。

② 电池组中电池单体的自放电率不一致。

③ 使用过程中，温度、放电效率、保护电路对电池组的影响会导致差异的放大。

因此，均衡系统是车载锂离子动力蓄电池组管理系统的关键技术。从电池集成和管理方面来看，主要可以从两个方面来缓解电池不一致带来的影响：成组前动力蓄电池的分选；成组后基于电池组不一致产生的表现形式和参数的电池均衡技术。然而，成组前电池单体的分选技术在保证电池组均衡能力方面是有限的，无法消除电池组在使用过程中产生的不均衡。所以，掌握电池组不一致的表现形式和参数的电池均衡技术，是保证电池组正常工作、延长电池寿命的必要模块和技术。

串联蓄电池组均衡策略，按照均衡过程中能量的流动和变换形式可以分为被动均衡和主动均衡两大类。被动均衡策略的典型代表为电阻分流均衡策略，其均衡过程是将串联蓄电池组中能量较高的电池单体中的能量通过电阻转化成热能，最终实现串联蓄电池组中各电池单体能量的一致，如图 3-34 所示。该方法在均衡过程中耗散一定的电池能量，故而现在已经较少在用。

5. 热量管理系统

由于过高或过低的温度都将直接影响动力蓄电池的使用寿命和性能，并有可能导致电系

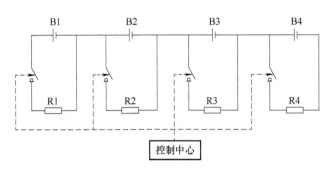

图 3-34   电阻分流的被动均衡策略

统的安全问题，并且电池箱内温度场的长久不均匀分布将造成各电池模块、单体间性能的不均衡，因此，电池热管理系统对于新能源汽车动力蓄电池系统而言是必需的。可靠、高效的热管理系统对于新能源汽车的可靠、安全应用意义重大。电池组热管理系统有以下项主要功能：电池温度的准确测量和监控；电池组温度过高时的有效散热和通风；低温件下的快速加热；有害气体产生时的有效通风；保证电池组温度场均匀分布。

按照传热介质，可将电池组热管理系统分为空冷、液冷和相变材料（Phase Change Materials，PCM）冷却三种。考虑材料的研发及制造成本等问题，目前最有效且最常用的散热系统是采用空气作散热介质。

（1）空冷系统

该类系统不使用任何外部辅助能量，直接利用汽车行驶形成的自然风将电池的热量带走。该方法简单易行，成本低。目前空冷散热通风方式一般有串行和并行两种。

空冷方式的主要优点是，结构简单，质量相对较小，没有发生液体泄漏的可能，有害气体产生时能有效通风，成本较低；缺点在于，空气与电池表面之间换热系数低，冷却和加热速度慢。

（2）液冷系统

液冷系统利用液体相对于空气有较高的换热系数，可将电池产生的热量快速带走，达到有效降低电池温度的目的。

液体冷却主要分为直接接触和非直接接触两种方式。非直接接触式液冷系统必须将套筒等换热设施与电池组进行整合设计才能达到冷却的效果。这在一定程度上降低了换热效率，增加了热管理系统设计和维护的复杂性。

对于直接接触式的液冷系统，通常采用不导电且换热系数较高的换热工质，常用的有矿物油、乙二醇等。对于非直接接触式的液冷系统，可以采用水、防冻液等作为换热工质。

随着纳米技术的发展，新型传热介质纳米流体不仅在科研中，而且在应用上得到很大关注。纳米流体是以一定的方式和比例将纳米级金属或非金属氧化物粒子添加到流体中制成的。研究表明，在液体中添加纳米粒子，可以显著提高液体的热导率，提高热交换系统的传热性能。因此将纳米流体应用于电池热管理技术将会是一个新的研究发展方向，值得广泛的关注。

（3）PCM 冷却系统

PCM 冷却系统，是一种将相变储能材料与电池模块进行整合，利用其相变潜热来实现电池管理的被动式冷却系统。

石蜡具有的相变温度接近电池最佳工作温度，具有较高的相变潜热和成本低廉等特点，但是其不足之处是热导率很低。因此，许多研究者开展了旨在克服其低热导率缺陷的实验研究，通过在石蜡中添加热导率高的物质制成复合 PCM，有助于提高材料的综合性能。采用添加金属填料、金属阵列结构、金属翅片管、铝切削片来提高石蜡的热导率多有报道。研究表明，在 PCM 中添加碳纤维，或者将碳尼米管分散在 PCM 中心，可以大幅提高 PCM 的导热率。

PCM 热管理系统具有降低整个电池系统体积、减小运动部件、不需要耗费电池额外能量的优点。理论分析和实验数据表明，该技术会有良好的产业前景，值得引起国内业界高度重视。

（4）热管冷却系统

根据热管的散热原理，蒸发端将电池所产生的热量以相变热的形式储存于工质中，借助工质输运能力把热量传递到冷凝端。工质可以连续不断进行循环，将电池产生的热量源源不断地传递到环境空气中，从而实现小温差下大热流的传输，使电池温度迅速降低。该系统具有换热效率高、冷却效果显著和寿命长等特点。与风冷、液体冷却方案相比，该方案具有技术含量较高、系统的工艺和制造相对复杂、不易进行系统维护等缺点。

（5）多种冷却方式复合系统

由于单一的冷却方式有其固有缺点和局限性，将多种冷却方式进行复合可以更好地利用不同冷却方式的优点，并尽可能克服其缺点与不足带来的不利影响。这种复合式散热系统对电池热管理有着很好的效果。由于翅片有良好的导热性能且与热管之间有很好的热耦合，将热管加铝翅片插入电池中，热管的冷凝段再加上冷却风扇，可构成一个多种冷却方式的复合散热系统，能显著降低锂离子蓄电池的温度并保障电池单体间的温度均匀性。

6. 数据通信系统

数据通信是电池管理系统的重要组成部分之一，主要涉及电池管理系统内部主控板与检测板之间的通信，电池管理系统与车载主控制器、非车载充电动机等设备之间的通信等。在有参数设定功能的电池管理系统上，还有电池管理系统主控板与上位机的通信。CAN 总线通信方式是现阶段电池管理系统通信应用的主流，国内外大量产业化新能源汽车电池管理系统及国内外关于电池管理系统数据通信标准均提倡采用该通信方式。RS-232、RS-485 总线等方式在电池管理系统内部通信中也有应用。电池管理系统可实现电池单体电压检测、电池温度检测、电池组工作电流检测、绝缘电阻检测、冷却风机控制、充放电次数记录、电磁和 SOC 的估测等功能。其中，RS-232 主要实现主控板与上位机或手持设备的通信，完成主控板、检测板各种参数的设定；RS-485 主要实现主控板与检测板之间的通信，完成主控板电池数据、检测板参数的传输。CAN 通信分为 CAN1 和 CAN2 两路，CAN1 主要与车载主控制器通信，完成整车所需电池相关数据的传输；CAN2 主要与车载仪表、非车载充电动机通信，实现电池数据的共享，并为充电控制提供数据依据。

车载运行模式下电池管理系统的结构如图 3-35 所示。电池管理系统中央控制模块通过CAN 总线将实时、必要的电池状态告知整车控制器以及电动机控制器等设备，以便采用更加合理的控制策略，既能有效地完成运营任务，又能延长电池使用寿命。同时，电池管理系统（中央控制模块）通过高速 CAN2 将电池组的详细信息告知车载监控系统，完成电池状态数据的显示和故障报警等功能，为电池的维护和更换提供依据。

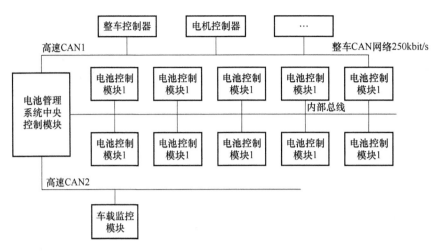

图 3-35　车载运行模式下电池管理系统的结构

7. SOC 估计

SOC 是用来描述电动汽车（Electric Vehicle，EV）、混合动力汽车（Electric and Hybrid Vehicle，EHV）和插入式混合动力汽车（Plug-in Hybird Eletric Vehicle，PHEV）电池组剩余电量，是电池工作过程中的重要参数。SOC 相当于燃油汽车的油表，用来提醒驾驶人电动汽车电池组的剩余电量和续驶里程。SOC 以百分点作为计量单位（0% = 电池电量耗尽，100% = 电池电量为满值）。

动力蓄电池 SOC 估计是动力蓄电池管理系统的核心功能之一，精确的 SOC 估计可以保障动力蓄电池系统安全可靠地工作，优化动力蓄电池系统，并为电动汽车的能量管理和安全管理等提供依据。新能源汽车动力蓄电池的 SOC 相当于普通燃油汽车的油表示数。SOC 作为能量管理的重要决策因素之一，对于优化整车能量管理，提高动力蓄电池容量和能量利用率，防止动力蓄电池过充电和过放电，保障动力蓄电池在使用过程中的安全性和长寿命等起着重要作用[26]。

动力蓄电池结构复杂，电化学反应过程和反应阶段复杂且难以确定，而且车载工况恶劣、多变，作为隐性状态量的 SOC 精确值难以得到。常见的动力蓄电池 SOC 估计方法大致可分为四类：基于表征参数的方法、安时积分法、基于模型的方法以及基于数据驱动的方法[16]，如图 3-36 所示。

（1）基于表征参数的方法

该方法主要分为两步：①建立动力蓄电池表征参数与 SOC 的离线关系。②实时计算动力蓄电池表征参数值，并以之标定动力蓄电池 SOC。

该方法的应用需满足两个前提：所建立表征参数与 SOC 的离线关系应该相对稳定；所选表征参数应该是易获取的。可选表征参数包括当前剩余容量、阻抗谱、OCV 等。

当前剩余容量可通过放电实验法得到，该方法被认为是确定动力蓄电池 SOC 最为直接的方法。但是新能源汽车在运行中难以进行长时间的恒流放电来确定剩余容量，使得该方法仅适用于实验室等特定环境。基于阻抗谱的方法则需要借助电化学工作站来测试动力蓄电池不同 SOC 值的阻抗，并制定 SOC 和参数的映射关系，进而采用查表的方式完成 SOC 的标

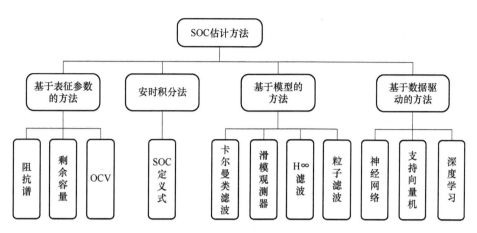

图 3-36　SOC 估计方法的分类

定。相对稳定的 OCV-SOC 关系常被工业界用来标定动力蓄电池 SOC。大量的 BMS 产品也使用这一关系来标定动力蓄电池初始 SOC。但是，OCV 的准确直接测量要求动力蓄电池静置足够长的时间，因而在实际中往往需要与 OCV 在线辨识方法结合使用。

（2）安时积分法

该方法又称为库伦计数法，即利用 SOC 定义估计动力蓄电池 SOC：

$$z(t) = z(t_0) - \frac{\int_{t_0}^{t} \eta_i i_L(\tau) \, d\tau}{C_{\max}} \tag{3-11}$$

式中，$z(t)$ 为 t 时刻下的动力蓄电池 SOC 估计值；$z(t_0)$ 为动力蓄电池 SOC 初始值；η_i 为动力蓄电池充放电库伦效率，其值通过试验确定，对于锂离子动力蓄电池而言，放电效率通常视为 1，充电效率为 $0.98 \sim 1$（充电电流值为 $3C$ 以内）；$i_L(\tau)$ 为 τ 时刻下动力蓄电池充放电流；$C_{\max}$ 为当前条件下动力蓄电池的最大可用容量。作为目前动力蓄电池 SOC 计算的核心方法，安时积分法经典易用，应用最为广泛。但它主要存在三个缺陷：

① 动力蓄电池初始 SOC 的精确值难以获得。

② 该方法对于电流传感器的精度要求很高。但在实际应用中，电流传感器的精度经常受噪声、温度漂移及其他未知随机扰动的影响。在积分计算中，这些随机量容易造成累加误差，控制器的四舍五入计算也会产生一定的影响。

③ 动力蓄电池性能衰退造成其静态容量的退化，从而影响 SOC 的计算精度。

以上三个因素相互影响，进一步降低了该方法的可靠性。为避免以上因素的制约并提高计算精度，需要复杂烦琐的定期标定。为此，该方法经常与其他方法综合使用。例如，使用 OCV 确定动力蓄电池初始 SOC，使用安时积分法计算后续的 SOC 轨迹。

（3）基于模型的方法

该方法利用模型和状态估计算法完成动力蓄电池的 SOC 估计，因此该方法首先需要建立可靠的性能模型。本章主要以等效电路模型为例，介绍基于模型的动力蓄电池 SOC 估计方法。基于建立的动力蓄电池等效电路模型及其状态方程，应用滤波算法和观测器，搭建基于模型的 SOC 估计算法框架，具体实施流程包括以下 5 个步骤：

① 基于上一时刻的 SOC 或初始 SOC 与电流测量值，利用安时积分来计算当前时刻的

SOC 预估值。

② 基于模型参数 SOC 关系式计算此时模型参数值，如 OCV-SOC 关系。

③ 基于模型端电压与参数关系式计算此时模型端电压。

④ 基于电压测量值，获取模型端电压误差，即新的信息，简称新息。

⑤ 以新息的一定增益（倍率）来修正上述 SOC 预估值，从而获取最终的 SOC 修正值，并将其用于下一时刻的输入。

其中，第⑤步中增益的表达形式取决于采用的估计算法。显然，基于模型的方法是一种闭环的方法，它通过不断地修正 SOC 估计值，使得算法具有一定的鲁棒性。一般来说，基于模型的方法估计精度由预估过程与修正过程两部分共同决定，当信任安时积分的估计结果（SOC 预估计值较准）时，可适当地减小增益修正；否则应增大增益修正。但是过大的修正会使得 SOC 值波动剧烈，具体应该根据实际情况调整。

（4）基于数据驱动的方法

该方法指基于大量的离线数据，建立并训练动力蓄电池电流、电压、温度等数据与动力蓄电池 SOC 的直接映射关系模型。具体实现主要分为以下 3 步：

① 离线数据的预处理。即，将数据整理为符合所建模型的输入输出要求的数据格式，包括数据清洗、归一化、数据分块等。其中数据分块指将归一化后的数据按照一定比例分为训练集、验证集与测试集。

② 模型的建立与训练。根据数据量的大小，初步确定模型的结构，进而采用训练集训练所建模型，并以验证集验证结果为训练截止条件。

③ 模型的测试。采用测试集来测试模型，判断精度是否符合要求，若符合则判断训练完成；否则返回第①步重新进行设计与规划。

基于数据驱动的方法对解决强非线性问题有特别的优势，估计精度高，但是往往需要大量的实验数据作为先验知识，且所用实验数据应能充分反映动力蓄电池特性，否则极易造成模型的过拟合。同时，所建模型的复杂度、所选训练函数与训练截止条件等，也会直接影响模型的估计精度与泛化能力。

四类 SOC 估计方法的优缺点及估计精度与鲁棒性的评价见表 3-5。

表 3-5　四类 SOC 估计方法的优缺点及估计精度和鲁棒性的评价

方法	优　点	缺　点	精度	鲁棒性
基于表征参数的方法	简单易实现，计算成本低，实时性好	易受不确定因素影响，如温度、工况、劣化程度等；需要定期校准 OCV 或 EIS 信息需要精密的测量仪器	差	好
安时积分法	简单易实现，计算成本低，出色的实时性	准确的 SOC 初值依赖开环计算方法，需要定期的修正；容易受到电流漂移、噪声、劣化因素的影响	一般	差
基于模型的方法	估计精度高，采用闭环反馈控制，实时性好，自适应性强	对模型的准确度依赖性强；计算成本比较高；初值不当造成估计结果发散	优秀	优秀
基于数据驱动的方法	估计精度高，善于处理非线性问题	算法复杂程度高；对训练数据的依赖程度高	优秀	差

8. 电池故障诊断与分析

（1）电池管理系统故障分析

新能源汽车的主要部件电池系统属于高压部件，其设计好坏直接影响整车安全性和可靠性。在电池系统中，从故障发生的部位看，有传感器故障、执行器故障（接触器故障）和元器件故障（电芯故障）等。这些故障在新能源汽车系统中一旦发生，轻则造成系统性能下降，重则引起事故，造成人员和财产的巨大损失。因此，电池系统故障诊断及容错控制问题的研究十分必要[27]。

表 3-6 所示为电池系统预先危险性分析，电池系统设计需要根据电池预先危险性分析，对每个可能的危害源都采取针对性的故障检测及处理设计，确保电池系统运行安全、可靠、高效。

表 3-6 　电池系统预先危险性分析

电池危害	潜在危害源	可采取措施
电池爆炸或破裂	电池过充电	监控电池电压和电流
	电池过放电	
	线束故障	检测线束异常及保护措施
	电池短路	监控电池电流及保险熔断器设计
	电池内部过热	监控电芯温度及热管理
	接触器控制异常	监控接触器状态及控制
	通过通电分解水产生氢气和氧气，氢气在空气中浓度达到 4% 时易爆炸	电池气体检测及电池包排气设计
高压触电	高压线束连接错误	检测高压线束异常及预充电设计
	高压绝缘低	高压绝缘检测及控制

新能源汽车存在着特有的高压电安全隐患，新能源汽车的动力电压远远超过了人体的安全电压；电池发生短路或电解液泄漏，可能引起剧烈的爆炸和燃烧；电池化学反应产生的有害物质，也会对司乘人员造成潜在的危害等。这些都将影响新能源汽车的应用前景。由于电池是新能源汽车高压源，因此，电池管理系统需要确保整车高压系统安全可靠，可通过包括高压绝缘检测、高压互锁电路、碰撞安全开关、手动维修开关及电池各部件诊断设计等实现。当检测到高压系统故障时，系统可及时做出响应并采取措施，以确保高压动力安全性及整车碰撞安全性等。

（2）动力蓄电池故障诊断策略

动力蓄电池故障诊断策略开发主要包括三个方面的内容：故障检测、故障数据管理和诊断服务接口。故障诊断对象是指电池系统各个部件，故障检测需要根据每个部件的失效模式进行分析，并配合相应的硬件设计以具备该部件的故障检测功能；故障数据管理是动力蓄电池故障诊断系统的核心，它执行主要的故障诊断与处理的算法；诊断服务接口提供根据 ISO 标准所定义的电控单元与外部诊断设备通信的底层驱动及协议；外部诊断仪是车辆检修时维修人员使用的，满足 ISO 标准的外部工具，用以读取存储的故障码，便于合理高效维修。

软件架构应该包含应用层软件、核心层软件和底层驱动软件。应用层软件，主要进行电

池系统故障检测、电池状态数据的读取及电池系统关键控制变量的控制；核心层软件，是整个故障诊断的中枢，包括故障码的管理、诊断服务接口和故障码的存储/擦除管理；底层驱动软件，包括一些单片机 A/D、I/O 等的状态读取及控制，以及符合 ISO 15765 诊断规范的 CAN 接口驱动程序。

故障数据管理是故障诊断系统的核心，它包括以下几个主要功能：

① 实现电池系统故障码的存储和管理。

② 存储和管理与故障相关的冻结帧信息，便于故障排查。

③ 提供应用程序和诊断仪的诊断服务接口函数。

④ 电池系统故障灯的管理。

⑤ 故障处理机制的管理。

系统会定时执行故障诊断软件顺序巡检每个故障码状态，并根据每个故障码对应的故障等级和故障状态标志位来设置每个故障级别的故障计数器，再根据电池系统故障级别采取相应的故障处理措施，以确保电池和整车高压系统安全可靠。由于外界因素的干扰，信号可能偶尔会产生一些正常的跳变抖动。将一个信号识别为异常后，系统并不直接视其为故障，而是通过一定方式进行累积，只有当累积结果达到一定程度时，才最终将异常判断为故障。这样可以提高系统的容错性，避免由于过度敏感而导致无法使用。

3.2.6　动力蓄电池测试

动力蓄电池测试是电池研制、出厂检测、产品评估等的必要手段（见图 3-37）。作为电动汽车的能量源，从保证交通工具必要的性能和安全性角度出发，汽车行业管理部门也对动力蓄电池、动力蓄电池组，甚至动力蓄电池系统的测试制定了详细的测试规程和检验标准。虽然电动汽车产业尚处于初级阶段，标准会随着应用及对动力蓄电池的认识逐步修改完善，但对于性能和安全性测试的基本方法和要求相对稳定。[28]

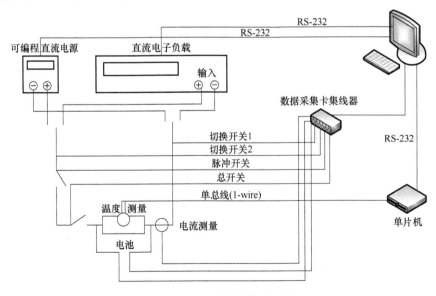

图 3-37　电池测试系统原理图

（1）动力蓄电池基本测试原理与方法

化学电源的电化学基本性能包括容量、电压、内阻、自放电、存储性能、高低温性能等。动力蓄电池作为典型的二次化学电源还包括充放电性能、循环性能、内压等。因此，对于动力蓄电池单体而言，主要性能测试内容包括，充电性能测试、放电性能测试、放电容量及倍率性能测试、高低温性能测试、能量和比能量测试、功率和比功率测试、存储性能和自放电测试、寿命测试、内阻测试、内压测试及安全性测试等。

从车辆实际应用角度出发，应用于电动汽车的动力蓄电池需要以动力蓄电池组作为测试对象进行针对车用的一系列测试，如静态容量检测、峰值功率检测、动态容量检测、部分放电检测、静置试验、持续爬坡功率测试、热性能、启动功率测试、电池振动测试、充电优化和快速充电能力测试、循环寿命测试及安全性测试等。下面介绍其中一些测试：

① 静态容量检测。该测试的主要目的是确定车辆在实际使用时，动力蓄电池组是否具有充足的电量和能量，在各种预定放电信率和温度下是否正常工作。主要的试验方法为恒温条件下恒流放电测试，放电终止以动力蓄电池组电压降低到设定值或动力蓄电池组内的单体一致性（电压差）达到设定的数值为准。

② 动态容量检测。在电动汽车的行驶过程中，动力蓄电池的使用温度、放电信率都是动态变化的。该测试主要检测动力蓄电池组在动态放电条件下的能力。其主要表现为不同温度和不同放电倍率下的能量和容量。其主要测试方法为采用设定的变电流工况或实际采集的车辆应用电流变化曲线，进行动力蓄电池组的放电性能测试，试验终止条件根据试验工况及动力蓄电池的特性有所调整，基本也是遵循电压降低到一定的数值为标准。该方法可以更加直接和准确地反映电动汽车的实际应用需求。

③ 静置试验。该测试的目的是检测动力蓄电池组在一段时间未使用时的容量损失，用来模拟电动汽车一段时间没有行驶而电池开路静置时的情况。静置试验也称为自放电及存储性能测试。它是指在开路状态下，电池存储的电量在一定环境条件下的保持能力。

④ 启动功率测试。由于汽车启动功率较大，为了适应不同温度条件下的汽车启动需要，需对动力蓄电池组进行低温（−18℃）启动功率和高温（50℃）启动功率测试。该项测试除了在设定温度下进行以外，为了能够确定电池在不同荷电状态下的放电能力，一般还设定SOC值。常见的测试为SOC = 90%、50%和20%时进行的功率测试。

⑤ 快速充电能力测试。该测试的目的是通过对动力蓄电池组进行高倍率充电来检测电池的快速充电能力，并考察其效率、发热及对其他性能的影响。对于快速充电，美国先进电池联盟（United States Advanced Battery Consortium，USABC）的目标是15min内电池SOC从40%恢复到80%。目前，日本电动汽车快速充电器协会（CHADeMO）制定标准要求，电动汽车动力蓄电池组充电10min左右可保证车辆行驶50km，充电时间超过30min可保证车辆行驶100km。

⑥ 循环寿命测试。电池的循环寿命直接影响电池的使用经济性。当电池的实际容量低于初始容量或是额定容量的80%时，即视为动力蓄电池寿命终止。该测试采用的主要方法是在一定的条件下进行充放电循环，以循环的次数作为寿命指标。由于动力蓄电池的寿命测试周期比较长，一般试验下来需要数月甚至一年的时间。因此，实际操作中，经常采用的方法是，在确定的测试循环数量下，测定容量衰减情况，并据此数据进行线性外推。另外，为了缩短动力蓄电池寿命的测试时间，也在研究通过提高测试的温度、充放电倍率等加速电池

劣化的方法进行动力蓄电池及动力蓄电池组寿命的测试。

⑦ 安全性测试。电池的安全性能是指电池在使用及搁置期间对人和装备可能造成的伤害的评估。尤其是电池在滥用时，由于特定的能量输入，导致电池内部组成物质发生物理或化学反应而产生大量的热量，如热量不能及时散佚，可能导致电池热失控。热失控会使电池发生毁坏，如猛烈的泄气、破裂，并伴随起火，造成安全事故。在众多化学电源中，锂离子蓄电池的安全性问题尤为突出。通用的动力蓄电池安全测试项目见表3-7。

表 3-7 通用的动力蓄电池安全测试项目

类　别	主要测试方法
电性能测试	过充电、过放电、外部短路、强制放电等
机械测试	自由落体、冲击、针刺、振动、挤压等
热测试	焚烧、热成像、热冲击、油浴、微波加热等
环境测试	高空模拟、浸泡、耐菌性等

⑧ 电池振动测试。该测试的目的是检测由于道路引起的频繁振动和撞击对动力蓄电池及动力蓄电池组性能和寿命的影响。电池振动测试主要考察动力蓄电池（组）对振动的耐久性，并以此作为改正动力蓄电池（组）在结构设计上不足的依据。振动试验中的振动模式一般使用正弦振动或随机振动两种。由于动力蓄电池（组）主要是装载于车辆上使用，为更好地模拟电池的使用工况，一般采用随机振动。

（2）动力蓄电池基本测试评价

动力蓄电池的测试评价应根据电性能、环境适应性、安全保护性能及安全要求这四个面全面开展，并以安全性作为否决项，对动力蓄电池进行全面评价。将各指标计算得到白结果进行数量级的统一化，利用层次分析法确定每个指标对应的调节系数，建立一个偏最小和评价值最大的评价模型。

动力蓄电池基本测试评价指标体系满分为100分，其中电性能、环境适应性、安全保护性能和安全要求占比分别为43%、18%、11%、28%，如图3-38所示。

试验结果分为 A、B、C、D 四档，对应的分值分别为 5 分、4 分、3 分和 0 分，试验项目中的各项得分出现 0 分即为否决项，总分在 90～100 分为优、80～90 分为良、60～80 分为合格、60 分以下为不合格。计算公式为

$$C = f\sum NS \qquad (3-12)$$

式中，C 为总得分；f 为评级系数，当评级为 D 级或危险级别为 L1～L7 级时 $f = 0$，当评级为 A～C 级或

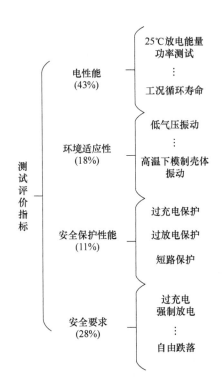

图3-38 动力蓄电池基本测试评价指标

危险级别为 L0 级时 $f=1$；N 为各级别对应分数；S 为调节系数。

① 电性能。电性能评价指标见表 3-8。

表 3-8　电性能的评价指标

项　目	测试方法	测试内容	调节系数
25℃放电能量	充电后，搁置 0.5 ~ 1h，在（25 ± 2）℃的环境温度下以 1 倍 I_3（单位为 A）电流恒流放电。当有 2 次电池包或电池系统容量差小于 2% 时，停止	实际放电能量（W·h）/额定能量（W·h）	0.3
		电池包或电池系统质量比能量（W·h/kg）	0.15
		电池包或电池系统体积比能量（W·h/L）	
功率测试	充电后，以 1 倍 I_3 电流恒流放电调整至 80% SOC，以 I_{CMAX} 充电 10s，计算充电 10s 的平均功率。调整至 20% SOC，以 I_{DMAX} 放电 18s，计算 18s 的平均功率	10s 再生充电平均功率（W）/规定的 10s 再生充电平均功率（W）	0.3
		18s 放电平均功率（W）/规定的 18s 放电平均功率值（W）	0.15
		10s 再生充电比功率	
欧姆内阻	充电后，在（25 ± 2）℃的环境温度下放置 1h 后，分别在 100% SOC、50% SOC、20% SOC 时以 3 倍 I_3 电流放电 5s 后停止放电，采集截断电流前电压、截断电流后 10ms 时的电压，计算欧姆内阻值为 $R_{dc} = U_a/(3I_3)$	欧姆内阻（mΩ）/规定值（mΩ）	0.1
		K 值	0.4
充电特性	在（25 ± 2）℃下以 1 倍 I_3 恒流放电。分别在 0℃、20℃、40℃ 环境温度下搁置至热平衡，以 1 倍 I_3 进行恒流充电 充电后在（25 ± 2）℃下搁置至热平衡，以 1 倍 I_3 放电 完成 1 倍 I_3 充电后，再将充电电流设定为 3 倍 I_3、I_{MAX}，重复上述过程	0℃，1 倍 I_3 放电能量（W·h）/初始放电能量（W·h）	0.1
		0℃，3 倍 I_3 放电能量（W·h）/初始放电能量（W·h）	
		20℃，1 倍 I_3 放电能量（W·h）/初始放电能量（W·h）	
		20℃，3 倍 I_3 放电能量（W·h）/初始放电能量（W·h）	
		20℃，I_{MAX} 放电能量（W·h）/初始放电能量（W·h）	
		40℃，1 倍 I_3 放电能量（W·h）/初始放电能量（W·h）	
		40℃，3 倍 I_3 放电能量（W·h）/初始放电能量（W·h）	

（续）

项　目	测试方法	测试内容	调节系数
放电特性	充电后，在（25±2）℃下以3倍I_3恒流放电，然后测试不同倍率（6倍I_3、I_{DMAX}）下的放电性能 在55℃环境下搁置至热平衡，以1倍I_3进行恒流放电，测试高温放电性能 在-20℃环境温度下搁置至热平衡，以1倍I_3进行恒流放电，测试低温放电性能	-20℃，1倍I_3放电能量（W·h）/初始放电能量（W·h）	0.1
		25℃，3倍I_3放电能量（W·h）/初始放电能量（W·h）	
		25℃，6倍I_3放电能量（W·h）/初始放电能量（W·h）	
		25℃，I_{CMAX}放电能量（W·h）/初始放电能量（W·h）	
		45℃，1倍I_3放电能量（W·h）/初始放电能量（W·h）	
		45℃，3倍I_3放电能量（W·h）/初始放电能量（W·h）	
荷电保持能力及容量恢复	充电后，在环境温度（25±2）℃下，开路放置28天，以I_3恒流放电 经荷电保持试验后的电池包或电池系统以1倍I_3恒流放电	荷电保持实际放电能量（W·h）/初始放电能量（W·h）	0.15
		容量恢复实际放电能量（W·h）/初始放电能量（W·h）	
		10s再生充电平均功率（W）/10s初始充电平均功率（W）	
		18s放电峰值功率（W）/18s初始放电平均功率（W）	
储存	储存前将荷电状态设置为50%SOC，在环境温度（25±5）℃、相对湿度45%RH~90%RH的环境中储存3个月。期满后取出电池包或电池系统，充满电放置1h后，以1倍I_3恒流放电	实际放电能量（W·h）/初始放电能量（W·h）	0.3
		10s充电平均功率（W）/10s初始充电平均功率（W）	0.15
		18s放电峰值功率（W）/18s初始放电平均功率（W）	
55℃搁置	荷电状态设置为（50±5）%SOC，在环境温度（55±2）℃下搁置7天。7天后在（25±2）℃下搁置2~5h，以1倍I_3将电池模块放电，0.5h后充电，静置0.5h，再以1倍I_3恒流放电，以此放电能量作为恢复能量。以上步骤为1周循环，直至某周恢复能量低于初始能量的80%试验结束	8周后实际放电能量（W·h）/初始放电能量（W·h）	0.3
		10s再生充电平均功率（W）/10s初始充电平均功率（W）	0.15
		18s放电峰值功率（W）/18s初始放电平均功率（W）	
循环寿命	充电后搁置0.5h，以1.5倍I_3电流放电。搁置0.5h，进行下一个充放电循环，直至连续两次放电能量低于初始能量的93%结束	240次循环后实际放电能量（W·h）/初始放电能量（W·h）	0.4
		240次循环后10s充电平均功率（W）/初始10s充电平均功率（W）	
		240次循环后18s放电平均功率（W）/初始充电平均功率（W）	

（续）

项　目	测试方法	测试内容	调节系数
45℃加速循环寿命	在（45±2）℃条件下，电池以3倍I_3恒流充电，电池端电压达到充电截止电压时，改为恒压充电；充电电流小于或等于0.2倍I_3时停止充电，搁置0.5h；以3倍I_3电流放电至终止电压，搁置0.5h。再进行下一个充放电循环，直至连续两次放电能量低于初始能量的93%结束	100次循环后实际放电能量（W·h）/初始放电能量（W·h）	0.4
		100次循环后10s充电平均功率（W）/初始10s充电平均功率（W）	
		100次循环后18s放电平均功率（W）/初始18s充电平均功率（W）	
工况循环寿命	按标准方法充电，用主放电工况直到最低电池电压，每天循环22h后，"主放电工况"结束，静置2h，每周循环7天	2400次循环后实际放电能量（W·h）/初始放电能量（W·h）	0.5
		2400次循环后10s充电平均功率（W）/初始10s充电平均功率（W）	0.25
		2400次循环后18s放电平均功率（W）/初始18s充电平均功率（W）	

注：1. I_3指电池电量在3h内刚好放完时所对应的放电电流。

2. 定义$R=K(U/C)$。其中，R为欧姆内阻；K为欧姆内阻系数｛mΩ/[V/(A·h)]｝；U为总电压（V）；C为容量（A·h）。推荐电池包或电池系统的欧姆内阻系数为15mΩ/[V/(A·h)]。

3. 下角标CMAX中的C表示充电；下角标DMAX中的D表示放电。

② 环境适应性。危险级别见表3-9，环境适应性评价标准见表3-10。

表3-9　危险级别

危害级别	描述	归类及判断标准	级别	分项分值
L0	无反应或主动保护装置起作用	未变形、未漏液、未破裂、未排气、未冒烟、未起火、未解体、未爆炸，仍可使用	A级	5
L1	被动保护装置起作用	未变形、未漏液、未破裂、未排气、未冒烟、未起火、未解体、未爆炸，被动保护装置需要维护后可使用	D级	0
L2	变形	外观、形状发生变化		
L3	漏液、破裂	有电解液流出；电池壳体产生破裂。重量损失小于测试样品重量的10%		
L4	排气	通过安全阀、壳体裂口释放内部压力，有气体或电解液喷出。质量损失介于测试样品质量的10%~20%		
L5	冒烟	通过安全阀、壳体裂口喷出含固体颗粒、雾化电解液的烟气。质量损失大于测试样品质量的20%		
L6	起火	测试样品的任何部位产生明火（持续时长大于1s）		
L7	解体、爆炸	测试样品的外壳猛烈破裂伴随响声且主要成分抛射出来		

表 3-10　环境适应性评价标准

项　目	测试方法	测试内容	调节系数
低气压	充电后，在（25±2）℃下，放置在真空箱中。关闭真空箱，逐渐减小内部气压至不高于 11.6kPa 并保持 6h	试验后放电能量（W·h）/初始放电能量（W·h）	0.4
		试验后欧姆内阻（mΩ）/初始欧姆内阻（mΩ）	0.1
		危险级别（应不高于 1.0）	
振动	充电后，在振动台面上进行振动试验。频率 5~55Hz 加速度 $3g$，x、y、z 每个方向扫频循环次数为 10 次，扫频速率为 1oct/min	试验后放电能量（W·h）/初始放电能量（W·h）的比值	0.4
		试验后欧姆内阻（mΩ）/初始欧姆内阻（mΩ）	0.1
		危险级别（应不高于 L0）	
恒定湿热	充电后，在（40±2）℃，相对湿度 90%RH~95%RH 的恒温恒湿箱中放置 24h，取出后在（25±5）℃温度下放置 1h	试验后放电能量（W·h）/初始放电能量（W·h）	0.4
		试验后欧姆内阻（mΩ）/初始欧姆内阻（mΩ）	0.1
		危险级别（应不高于 L0）	
温度冲击	在（75±2）℃下搁置 4h，在 30min 内降温至（25±5）℃并恒温 2h，再在 30min 内降温至（-20±2）℃并恒温冲击 2h。连续 4 次重复以上步骤为一个循环。10 个循环后，在（25±5）℃的环境温度下将电池包或电池系统搁置 7 天	实验后放电能量（W·h）/初始放电能量（W·h）的比值	0.4
		试验后欧姆内阻（mΩ）/初始欧姆内阻（mΩ）	0.1
		危险级别（应不高于 L0）	
高温下模制壳体应力	充电后，在（70±2）℃的恒温箱中放置 7h，取出电池组并恢复至室温	试验后放电能量（W·h）/初始放电能量（W·h）	0.4
		试验后欧姆内阻（mΩ）/初始欧姆内阻（mΩ）	0.1
		危险级别（应不高于 1Ω）	

③ 安全保护性能。安全保护性能的评价标准见表 3-11。

表 3-11　安全保护性能的评价标准

项　目	测试方法	测试内容	调节系数
过充电保护	充电后，在（25±5）℃下接恒压恒流源，电压设置为标准电源的 2 倍，电流为 1.5 倍 I_3，持续给电池系统充电	危险级别（应不高于 L0）	0.6
过放电保护	在（25±5）℃下，以 1 倍 I_3 恒流放电，电池系统接恒流源，电流设为 1 倍 I_3，用电源持续给电池系统放电	危险级别（应不高于 L0）	

（续）

项　　目	测 试 方 法	测 试 内 容	调节系数
短路保护	充电后，在主动保护和被动保护均起作用的情况下，以线路总电阻不大于 50mΩ 短路电池系统的正、负极直至电池系统的保护功能起作用	危险级别（应不高于 L1）	0.6

④ 安全要求。安全要求的评价标准见表 3-12。

表 3-12　安全要求的评价标准

项　　目	测 试 方 法	测 试 内 容	调节系数
过充电	在 (25 ± 5)℃ 下，以 3 倍 I_3 恒流充电，待电压至上限电压的 150% 后转为恒压充电，直到充电时间到 90min 或发生阻止过充电试验继续进行的事件	危险级别（应不高于 L5）	
强制放电	在 (25 ± 5)℃ 下，以 1 倍 I_3 恒流放电至终止电压，然后以 1 倍 I_3 电流对电池进行反向充电，直至充电时间到 60min 或发生阻止强制放电试验继续进行的事件	危险级别（应不高于 L5）	
外部短路	在 (25 ± 5)℃ 下，以外部电路电阻小于 5mΩ 的回路将测试样品正负极短路 20min 或电池表面温度稳定时停止短路	危险级别（应不高于 L6）	0.6
针刺	在 (25 ± 5)℃ 下，用 $\phi 8$ 的耐高温钢针从垂直于单体电池排列的方向贯穿 3 个以上的串联电池，10min 后拔出钢针，持续观察 30min 或电池表面温度稳定时停止试验	危险级别（应不高于 L6）	
挤压	在 (25 ± 5)℃ 下，按照以下方法进行试验： 1. 挤压力 方法 1，以 1000 倍电池模块或电池包重量的力进行挤压，但最大不超过 500kN 方法 2，不限制挤压力，将电池模块或电池包挤压变形达到 30% 2. 挤压方向 在整车布置上最容易受到碰撞的方向，如果该方向不可获得，以垂直于电池排列的方向进行挤压 3. 挤压头结构 参考 QC/T 734—2006 放入高温防爆箱中，以 (5 ± 2)℃/min 升温速率升温至 130℃，在该温度下放置 60min	危险级别（应不高于 L6）	

（续）

项　　目	测　试　方　法	测　试　内　容	调节系数
高温烘烤	将电池包放入高温防爆箱中，以（5±2）℃/min升温速率升温至130℃，该温度下放置60min。在（25±5）℃下，电池包在三个互相垂直的方向上各承受一次等值的冲击。至少要保证一个方向与电池包或电池系统的宽面垂直	危险级别（应不高于L2）	0.6
机械冲击	每次冲击按下述方法进行：在最初的3ms内，最小平均加速度为75g，峰值加速度介于125g~175g	危险级别（应不高于L2）	
自由跌落	充电后，将电池包由高度（最低点高度）为600mm的位置自由跌落到水泥地面上20mm厚的硬木板上，从x，y，z三个方向各一次	危险级别（应不高于L2）	

（3）动力蓄电池测试设备

电池检测仪器主要包括电池充放电性能试验台（充放电设备、温度测量设备、内阻检测设备）、环境模拟试验系统（温度、湿度、振动、温度冲击）、电池安全性检验设备（挤压试验机、针刺试验机、冲击试验机、跌落试验机）等。

① 充放电性能检测设备。电池充放电性能检测是最基本的性能检测，一般由充放电单元和控制程序单元组成，可以通过计算机远程控制动力蓄电池恒压、恒流或设定功率曲线进行充放电。通过电压、电流、温度传感器可进行相应的参数测量及获得动力蓄电池容量、能量、电池组一致性等评价参数。一般试验设备按照功率和电压等级分类，以适应不同电压等级和功率等级的动力蓄电池及电池组性能测试需要。

② 内阻检测设备。电池内阻作为二次测量参数，测试方法包括方波电流法、交流电桥法、交流阻抗法、直流伏安法、短路电流法和脉冲电流法等。直流伏安法比较简单，并且在工程实践中比较常用。该方法是通过对电池进行瞬间大电流（一般为几十安培到上百安培）放电，测量电池上的瞬间电压降，通过欧姆定律计算出电池内阻。交流法通过对电池注入一个低频交流电流信号，测出蓄电池两端的低频电压和流过的低频电流及两者的相位差，从而计算出电池的内阻。现在设备厂商研制生产的电池内阻测试设备，多是采用交流法为基础进行的测试。

③ 温度测量设备。电池在充放电过程中的温度升高是重要的参数之一，但一般的测试只能测量电池壳体的典型位置参数。充放电的设备一般带有相应的温度采集系统，具有进行充放电过程温度数据同步的功能。除此之外，专业的温度测试设备还包括非接触式测温仪及热成像仪。热成像仪可以采集电池一个或多个表面温度的变化，并可以提取典型的测量点的温度变化数据，是进行电池温度场分析的专业测量设备。

④ 环境模拟设备。动力蓄电池常用的应用环境模拟包括，温度、湿度以及车辆使用时

随道路情况变化而出现的振动环境。因此，在环境试验方面主要考虑这三个方面。可采用独立的温度试验箱、湿度调节试验箱、振动试验台进行相关的单一因素影响的动力蓄电池环境模拟试验。但在实际的动力蓄电池应用工况下，是三种环境参数的耦合。因此，在环境模拟方面有温、湿度综合试验箱以及温、湿度和振动三综合试验台。为考核电池对温度变化的适应性，还需要设计温度冲击试验台，进行快速变温情况下电池的适应性试验。

⑤ 电池安全性检验设备。电池滥用试验设备是，模拟电池在车辆碰撞、正负极短路、限压限流失效等条件下，是否会出现着火、爆炸等危险状况的试验设备。针刺试验机、冲击试验机、跌落试验机、挤压试验机等，可以模拟车辆发生碰撞事故时，电池可能出现的损伤形式；短路试验机、被动燃烧试验平台等，可以模拟电池被极端滥用情况下可能出现的损伤形式；采用充放电试验平台，可以进行电池过充电或过放电等滥用测试。

3.2.7　电机驱动系统

1. 电动汽车电机驱动系统的组成

电机驱动系统是电动汽车的心脏，由电机、功率转化器、控制器、各种检测传感器和电源（蓄电池）组成，如图3-39所示。其任务是，在驾驶人控制下，高效率地将蓄电池的电量转化为车轮的动能，或者将车轮的动能反馈给蓄电池[29]。

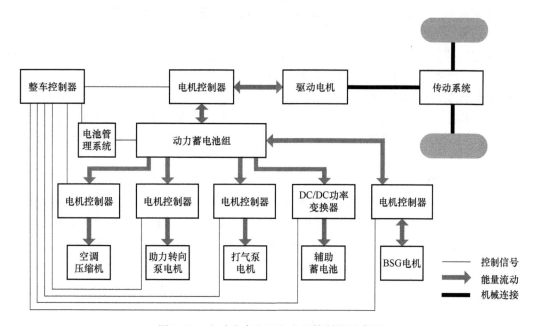

图 3-39　电动汽车电机和电机控制器示意图

2. 电动汽车对电机的要求

在行驶过程中，电动汽车经常频繁地驱动/停车、加速/减速等，这就要求电动汽车中的电机比一般工业应用的电机性能更高。其基本要求如下[30]：

① 电机的运行特性需要满足电动汽车的要求。在恒转矩区，要求低速运行时具有大转矩，以满足电动汽车启动和爬坡的要求；在恒功率区，要求低转矩时具有高的速度，以满足电动汽车在平坦的路面能够高速行驶的要求。

②电机应具有瞬时功率大、带负载启动性好、过载能力强、加速性能好、使用寿命长的特点。

③电机应在整个运行范围内，具有很高的效率，以提高一次充电的续驶里程。

④电机应能够在汽车减速时实现再生制动，将能量回收并反馈给蓄电池，使得电动汽车具有最佳能量的利用率。

⑤电机应可靠性好，能够在较恶劣的环境下长期工作。

⑥电机应体积小、重量轻，为一般工业用电机的 1/3 ~ 1/2。

⑦电机的结构要简单坚固，适合批量生产，便于使用和维护。

⑧价格便宜，从而能够减少整体电动汽车的价格，提高性价比。

⑨运行时噪声低，减少污染。

3. 电机的额定指标

①额定功率。额定功率是指，额定运行情况下轴端输出的机械功率（单位为 W 或 kW）。

②额定电压。额定电压是指，外加于线端的电源线电压（单位为 V）。

③额定电流。额定电流是指，电机额定运行（额定电压、额定输出功率）情况下电枢绕组（或定子绕组）的线电流（单位为 A）。

④额定频率。额定频率是指，电动机额定运行情况下电枢（或定子侧）的频率（单位为 Hz）。

⑤额定转速。额定转速是指，电动机额定运行情况（额定电压、额定频率、额定输出功率）下，电动机转子的转速（单位为 r/min）。

4. 电动汽车电机驱动系统的类型

电动汽车电机驱动系统按所选电动机的类型可分为，直流电动机、无刷直流电动机、异步电动机、永磁同步电动机和开关磁阻电动机等。下面主要介绍直流电动机和永磁同步电动机[31]。

（1）直流电动机

直流电动机由定子与转子两大部分构成，定子和转子之间的间隙成为气隙，如图 3-40 所示。直流电动机分为绕组励磁式直流电动机和永磁式直流电动机。在电动汽车所采用的直流电动机中，小功率电动机多采用永磁式直流电动机，大功率电动机多采用绕组励磁式直流电动机。绕组励磁式直流电动机根据励磁方式的不同，可分为他励、并励、串励和复励四种类型。

1）直流电动机具有以下特点：

①调速性能好。直流电动机可以在重负载条件下实现均匀、平滑的无级调速，而且调速范围较宽。

②启动力矩较大。可以均匀而经济地实现转速调节，因此，凡是在重负载下启动或要求均匀调节转速的机械，如大型可逆轧钢机、卷扬机、电力机车、电车等，都可用直流电动机拖动。

③控制比较简单。一般用斩波器控制，它具有效率高、控制灵活、重量轻、体积小、响应快等优点。

④有易损件。由于存在电刷、转向器等易磨损部件，所以必须进行定期维护或更换。

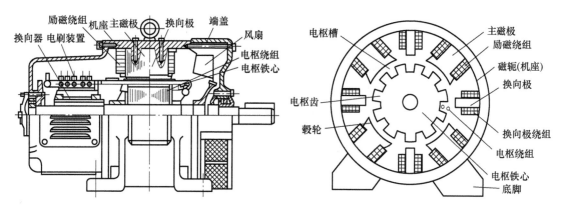

图 3-40　直流电动机结构

2）直流电动机的工作原理。其工作原理图如图 3-41 所示，定子有一对 N、S 极，电枢绕组末端分别接到两个换向片上，正、负电刷 A 和 B 分别与两个换向片末端。

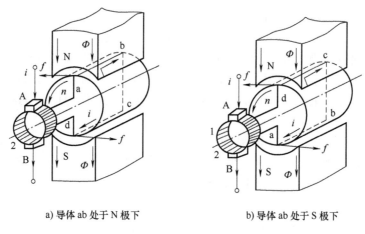

a) 导体 ab 处于 N 极下　　　　　　　b) 导体 ab 处于 S 极下

图 3-41　直流电动机工作原理图

3）直流电动机的控制。直流电动机转速控制方法主要有电枢调压控制、磁场控制和电枢回路电阻控制，其系统结构图如图 3-42 所示。

电枢调压控制是指，通过改变电枢的端电压来控制电动机的转速。这种控制只适合电动机基速以下的转速控制，它可保持电动机的负载转矩不变，电动机转速近似与电枢端电压成比例变化，所以称为恒转矩调速[32]。直流电动机采用电枢调压控制可实现在宽广范围内的连续平滑的速度控制，调速比一般可达 1∶10。如果与磁场控制配合使用，调速比可达 1∶30。

电枢调压控制的调速过程：当磁通量保持不变时，减小电压，由于转速不立即发生变化，反向电动势也暂时不变化，由于电枢电流减小了，转矩也减小了；如果阻转矩未变，则转速下降。随着转速的降低，反向电动势减小，电枢电流和转矩就随着增大，直到转矩与阻转矩再次平衡为止，但这时转速已经较原来降低了。

磁场控制是指，通过调节直流电动机的励磁电流改变每极磁通量，从而调节电动机的转速，这种控制只适合电动机基数以上的控制。当电枢电流不变时，具有恒功率调速特性。磁场控制效率高，但调速范围小，一般不超过 1∶3，而且响应速度较慢。磁场控制可采用可变

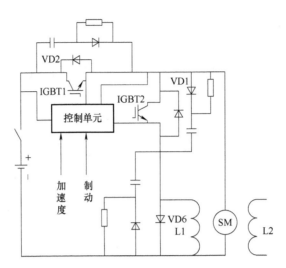

图 3-42　直流电动机驱动控制系统结构图

电阻器，也可采用可控整流电源作为励磁电源。

磁场控制的调速过程：当电压保持恒定时，减小磁通量，由于机械惯性，转速不立即发生变化，于是反向电动势减小，电枢电流随之增加。由于电枢电流增加的影响超过磁通减小的影响，所以转矩也就增加。如果阻转矩未变，则转速上升。随着转速的升高，反向电动势增大，电枢电流和转矩也随着减小，直到转矩和阻转矩再次平衡为止，但这时转速已经较原来升高了。

电枢回路电阻控制是指，当电动机的励磁电流不变时，通过改变电枢回路电阻来调节电动机的转速。这种控制方法的机械特性较软，而且电动机运行不稳定，一般很少应用。对于小型串励电动机，常采用电枢回路串电阻控制方式。

（2）永磁同步电动机

永磁同步电动机分为正弦波驱动电流的永磁同步电动机和方波驱动电流的永磁同步电动机。永磁同步电动机结构示意图如图 3-43 所示，和传统电动机一样，主要由定子和转子两大部分构成。

1）与其他电动机相比，永磁同步电动机具有以下优点[33]：

① 用永磁体取代绕线式同步电动机转子中的励磁绕组，从而省去了励磁线圈、集电环和电刷，以电子换向实现无刷运行，结构简单，运行可靠。

② 永磁同步电动机的转速与电源频率间始终保持准确的同步关系，控制电源频率就能控制电动机的转速。

③ 永磁同步电动机具有较硬的机械特性，对于因负载的变化而引起的电动机转矩的扰动具有较强的承受能力，瞬间最大转矩可以达到额定转矩的 3 倍以上，适合在负载转矩变化较大的工况下运行。

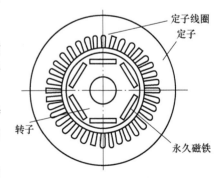

图 3-43　永磁同步电动机结构示意图

　　④ 永磁电动机转子为永久磁铁无须励磁，因此电动机可以在很低的转速下保持同步运行，调速范围宽。

　　⑤ 永磁同步电动机与异步电动机相比，不需要无功励磁电流，因而功率因数高，定子电流和定子铜耗小，效率高。

　　⑥ 体积小、重量轻。近些年来随着高性能永磁材料的不断应用，永磁同步电动机的功率密度得到很大提高，与同功率的异步电动机相比，体积和重量都有较大的减少，使其适合应用在许多特殊场合。

　　⑦ 结构多样化，应用范围广。

　　2）永磁同步电动机的电枢反应。永磁同步电动机带负载时，气隙磁场是由永磁体磁动势和电枢磁动势共同建立的。电枢磁动势对气隙磁场有影响，电枢磁动势的基波对气隙磁场的影响称为电枢反应。电枢反应不仅使气隙磁场波形发生畸变，而且还会产生去磁或增磁作用，因此，气隙磁场将影响永磁同步电动机的运行特性。

　　对永磁同步电动机进行分析时，需要采用双反应理论，即需要把电枢电流和电枢电动势分解成交轴和直轴两个分量。交轴电枢电流产生交轴电枢电动势，发生交轴电枢反应；直轴电枢电流产生直轴电枢电动势，发生直轴电枢反应。

　　电磁功率与功率角的关系成为永磁同步电动机的功率角特性，如图 3-44 所示。

　　3）永磁同步电动机运行特性。永磁同步电动机的运行特性主要是指机械特性和工作特性。永磁同步电动机稳态正常运行时，转速始终保持同步速不变，因此，其机械特性为平行于横轴的直线（见图 3-45）。调节电源频率来调节电动机转速时，转速将严格地与频率成正比变化。

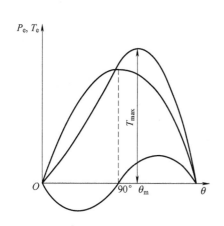

图 3-44　永磁同步电动机功率角特性

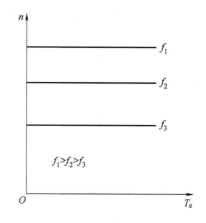

图 3-45　永磁同步电动机运行特性

　　4）永磁同步电动机的控制。

　　① 压变频（Variable Voltage Variable Frequency，VVVF）开环控制（恒压频比）。VVVF 控制变量为电动机的外部变量，即电压和频率。控制系统将参考电压和频率输入到实现控制策略的调制器中，最后由逆变器产生一个交变的正弦电压施加在电动机的定子绕组上，使之运行在指定的电压和参考频率下。按照这种控制策略进行控制，使供电电压的基波幅值随着速度指令成比例地线性增长，从而保持定子磁通的近似恒定。VVVF 控制策略简单，易于实现，转速通过电源频率进行控制，不存在异步电动机的转差和转差补偿问题。但是，由于系统中不引入速度、位置等反馈信号，因此无法实时捕捉电动机状态，致使无法精确控制电磁

转矩；在突加负载或速度指令时，容易发生失步现象；另外，也没有快速的动态响应特性。因此，恒压频比开环控制是调整电动机磁通量而不是控制电动机的转矩，控制性能差。通常只用于对调速性能要求一般的通用变频器上。

② 矢量控制。矢量控制理论的基本思想为是，以转子磁链旋转空间矢量为参考坐标，将定子电流分解为相互正交的两个分量。一个分量与磁链同方向，代表定子电流励磁分量。另一个分量与磁链方向正交，代表定子电流转矩分量。分别对其进行控制，获得与直流电动机一样良好的动态特性。因其控制结构简单，控制软件实现较容易，已被广泛应用到调速系统中（见图 3-46）。

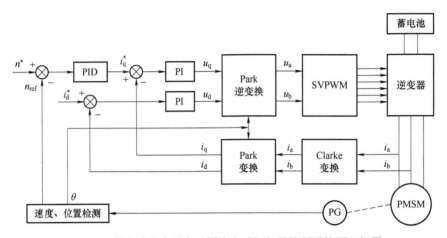

图 3-46　某电动汽车用永磁同步电动机矢量控制系统原理框图

永磁同步电动机矢量控制策略与异步电动机矢量控制策略有些不同。由于永磁同步电动机转速和电源频率严格同步，其转子转速等于旋转磁场转速，转差恒等于零，没有转差功率，控制效果受转子参数影响小。因此，永磁同步电动机更容易实现矢量控制。

③ 直接转矩控制控制。某电动汽车用永磁同步电动机直接转矩控制系统原理框图如图 3-47 所示。

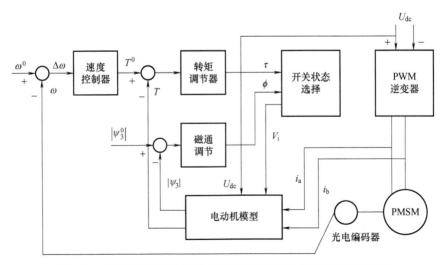

图 3-47　某电动汽车用永磁同步电动机直接转矩控制系统原理框图

④ 智能控制。为了提高永磁同步电动机的控制性能和控制精度，模糊控制、神经网络控制等已开始应用于同步电动机的控制。

采用智能控制方法的永磁同步电机控制系统，在多环控制结构中，智能控制器处于最外环充当速度控制器，而内环电流控制、转矩控制仍采用 PI 控制、直接转矩控制这些方法。这主要是因为外环是决定系统的根本，而内环主要的作用是改造对象特性以利于外环的控制，各种扰动给内环带来的误差可以由外环控制或抑制。在永磁同步电机系统中应用智能控制时，也不能完全摒弃传统的控制方法，必须将两者很好地结合起来，才能彼此取长补短，使系统的性能达到最优。

参考文献

[1] 李建秋，赵六奇，韩晓东，等. 汽车电子学 [M]. 北京：清华大学出版社，2011.

[2] 翁海珊，窦忠强，樊百林. 发动机原理与拆装实践教程：现代工程实践教学 [M]. 2 版. 北京：人民邮电出版社，2011.

[3] 仇雅丽. 汽车发动机构造与维修 [M]. 北京：机械工业出版社，2014.

[4] 李东江. 现代汽车电子控制技术 [M]. 北京：科学技术文献出版社，1998.

[5] 钱耀义. 汽车发动机电控汽油喷射系统 [M]. 北京：人民交通出版社，1996.

[6] 陆际清，刘铮，等. 汽车发动机燃油供给与调节 [M]. 北京：清华大学出版社，2002.

[7] 邹博文. 基于模型的汽油机空燃比控制技术研究 [D]. 杭州：浙江大学，2006.

[8] 刘飞龙. 汽车发动机控制单元硬件的研制 [D]. 北京：清华大学，2002.

[9] 樊林. 电控汽油机怠速控制策略的研究 [D]. 北京：清华大学，2003.

[10] 王晓薇. 点火提前角优化对汽油机工作的影响 [J]. 移动电源与车辆，2002（2）：35-38.

[11] 吴庆文. 汽油机爆燃智能控制电脑点火系统的研究 [D]. 北京：清华大学，1996.

[12] 汪智勇. 多点汽油喷射控制软件的研究 [D]. 北京：清华大学，2000.

[13] 赵杰权，马宁，柳厚田. 混合动力车用阀控式铅酸蓄电池负极碳添加剂的研究进展 [J]. 蓄电池，2010，47（5）：195-207.

[14] 谭晓军. 电动汽车智能管理系统技术 [M]. 北京：机械工业出版社，2000.

[15] 谭晓军. 电动汽车动力电池管理系统设计 [M]. 广州：中山大学出版社，2011.

[16]《中国公路学报》编辑部. 中国汽车工程学术研究综述·2017 [J]. 中国公路学报，2017，30（6）：1-197.

[17] 徐世述. 混合动力机车电池管理系统及其冗余设计 [D]. 北京：北京交通大学，2019.

[18] 熊瑞. 动力电池管理系统核心算法 [M]. 北京：机械工业出版社，2019.

[19] 杨光明，陈忠民. 电动汽车动力电池及管理系统原理与检修 [M]. 北京：化学工业出版社，2019.

[20] 孙欢. 锂离子电池能量管理系统研究与设计 [D]. 重庆：重庆交通大学，2015.

[21] 刘斌. 电动车辆动力电池包热管理控制策略研究 [D]. 北京：北京理工大学，2015.

[22] 柏林. 电动汽车动力电池的电气特性分析及模型研究 [D]. 重庆：重庆大学，2013.

[23] 何洪文，熊瑞. 电动汽车原理与构造 [M]. 北京：机械工业出版社，2018.

[24] 胡勇. 增程式电动车故障诊断系统研究与控制算法开发 [D]. 长春：吉林大学，2012.

[25] 李敬福，王洪佩. 新能源汽车关键技术研究 [M]. 北京：北京理工大学出版社，2017.

[26] 曾鑫，刘涛. 新能源汽车动力电池与驱动电机 [M]. 北京：人民交通出版社股份有限公司，2017.

[27] 陈美多，彭新. 新能源汽车技术 [M]. 成都：西南交通大学出版社，2017.

[28] 王震坡，孙逢春，刘鹏. 电动车辆动力电池系统及应用技术 [M]. 北京：机械工业出版社，2017.

［29］ 尹力卉，王林，左晨旭. 新能源汽车技术 ［M］. 北京：机械工业出版社. 2017.

［30］ 于广. 电动汽车动力电池管理系统研究与设计 ［D］. 济南：山东大学，2016.

［31］ 黄嫄. 电动汽车动力电池在线监测技术研究 ［D］. 北京：华北电力大学，2015.

［32］ 刘洋. 电动汽车用永磁同步电机设计与分析 ［D］. 武汉：华中科技大学，2013.

［33］ 张剑波，卢兰光，李哲. 车用动力电池系统的关键技术与学科前沿 ［J］. 汽车安全与节能学报，2012，3（2）：87-104.

第 **4** 章　智能网联汽车底盘控制系统

智能网联汽车底盘控制系统作为整车系统的重要组成部分,在很大程度上影响车辆运行安全。实现底盘集成控制,是改善车辆道路行驶安全性及驾驶舒适性的关键。底盘主动安全集成控制问题主要是研究两个或两个以上底盘控制子系统的集成。智能网联汽车底盘控制系统包括,防抱死制动系统(Anti-lock Braking System,ABS)、电子稳定程序(Electronic Stability Program,ESP)系统、汽车巡航控制系统(Adaptive Cruise Control System,ACCS)、协同式自适应巡航控制系统(Cooperative Adaptive Cruise Control System,CACCS)、车道偏离预警系统(Lane Departure Warning System,LDWS)或车道保持辅助系统(Lane Keep Assist System,LKAS)等。为了提高车辆在各种道路场景下的行驶稳定性,集成底盘控制已成为智能网联汽车的研究热点[1]。

智能车辆底盘控制系统框图如图4-1所示,模式切换按钮与智能车的油门电控系统、行车制动系统、转向系统、驻车制动系统、自动驾驶单元的信号输入端相连接;油门电控系统、行车制动系统、转向系统、驻车制动系统、自动驾驶单元均基于整车 CAN 总线进行信息交互[2]。

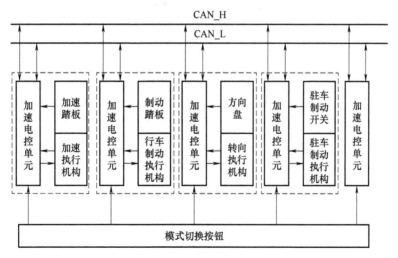

图 4-1　智能车辆底盘控制系统框图

4.1　防抱死制动系统

ABS,是汽车上一种主动安全装置,其作用就是防止汽车在制动时车轮抱死拖滑,并把车轮的滑移率保持在一定的安全范围内(滑移率保持在 20% 左右),保证车轮与地面的附着

力在最大值，以提高汽车制动过程中的方向稳定性、转向控制力及缩短制动距离，使汽车制动更为安全有效。ABS 有以下特点：

① 制动时保持车辆的方向稳定性。

② 制动时保持车辆转向控制力。

③ 缩短制动距离。

④ 减少轮胎磨损。

4.1.1 ABS 基本工作原理

抱死，指汽车在制动过程中一次制动使轮胎不再旋转。抱死容易造成汽车失去控制，引发交通事故。防抱死指防止汽车轮胎不再旋转，采用间歇性制动刹车。汽车 ABS 的主要作用是改善整车的制动性能，防止在制动过程中车轮抱死（即停止滚动），保证驾驶人在制动时能控制方向，并防止后轴侧滑。

ABS 基本工作原理为，紧急制动时，依靠装在各车轮上高灵敏度的车轮转速传感器，一旦发现某个车轮抱死，计算机立即控制压力调节器使该轮的制动分泵泄压，使车轮恢复转动，达到防止车轮抱死的目的，如图 4-2 所示。ABS 工作过程实际上是"抱死—松开—抱死—松开"的循环工作过程，使车辆始终处于临界抱死的间隙滚动状态，有效克服紧急制动时由车轮抱死产生的车辆跑偏现象，防止车身失控等情况的发生[4]。

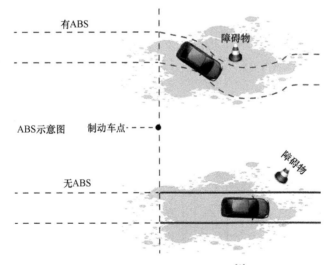

图 4-2　ABS 基本工作原理图[3]

汽车制动过程中，当车轮滑移率在 20% 左右时，纵向附着系数最大，如图 4-3 所示，此时车轮能获得的地面制动力最大。当制动力进一步增加，车轮滑移率将快速增大，纵向附着系数不再增大，反而逐渐减小。车轮滑移率大于 λ_0 时，纵向附着系数处于非稳定区域，因此需要将车轮滑动率控制在稳定区域里。从横向附着系数和滑动率的关系曲线可以看出，滑移率越小，横向附着系数越大，侧向力矩也越大。当车轮完全抱死时，横向附着系数几乎为零，完全失去承受侧向力的能力。当这种现象发生在前轮时，汽车失去转向能力，如果发生在后轮，汽车将发生后轴侧滑，失去稳定性。滑移率保持在稳定区域里是 ABS 的主要控制目标。

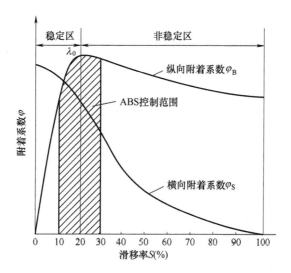

图 4-3　车轮横向附着系数、纵向附着系数和滑移率的关系曲线

　　制动性是汽车主要性能之一。重大交通事故往往都与制动距离过长、紧急制动时发生侧滑等情况有关,因此汽车制动性是实现安全行驶的重要保障。目前,ABS 已被广泛运用于汽车上。

4.1.2　ABS 组成

　　ABS 主要由电子控制单元、轮速传感器、液压式调节器及制动压力调节装置等组成,基本结构如图 4-4 所示。

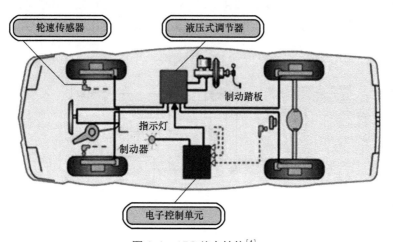

图 4-4　ABS 基本结构[4]

1. 电子控制单元

　　电子控制单元（Electronic Control Unit,ECU）是 ABS 的控制中心（见图 4-5）,由硬件和软件两部分组成。ECU 硬件包括输入电路、运算电路、电磁阀及电动液压泵控制电路和安全保护电路等。ECU 软件具有运算控制和系统监测两大功能。当系统的各组成部分都运行正常时,ECU 接收传感器的输入信号,然后按一定的控制策略和运算逻辑进行处理和计

算，形成相应的控制指令，对制动压力调节装置进行控制。当 ECU 监测到系统工作不正常时，会自动终止 ABS 工作，同时点亮 ABS 警示灯。此时，传统的制动系统照常工作，不受任何影响。

图 4-5　电子控制单元

2. 轮速传感器

轮速传感器作为 ABS 重要部件，要向 ECU 及时提供可靠、精确的车轮转速值。轮速传感器可分为电磁式、霍尔式和磁阻式。其中，电磁式传感器是一种被动式轮速传感器，不需要外部电源就能产生相应的电信号，结构简单且成本低。但是，当车速很低时，电磁式轮速传感器输出信号太弱，ABS 无法正常工作；当车速过高时，电磁式轮速传感器的频率响应跟不上，容易出现错误信号。此外，电磁式传感器还有抗电磁波干扰能力较差和不能识别车轮的转动方向等缺点。目前，ABS 越来越多地使用霍尔式或磁阻式主动轮速传感器，从而避免了电磁式轮速传感器的不足。

3. 制动压力调节装置

制动压力调节装置是汽车 ABS 的压力执行机构，即 ECU 发出控制指令控制 ABS 电磁阀的接通和关断进而改变制动管路中的压力，并对相应的车轮实施增压、保压或减压动作，使汽车保持在最好的制动状态。常用的制动压力调节装置主要分为气压式和液压式。

（1）液压式 ABS 结构

目前，小型轿车大多使用液压 ABS，基本上都是使用由 2 位 2 通道电磁阀、低压储液室、电动泵组成的压力调节装置（见图 4-6）。根据不同工况阶段，压力调节装置可进入 4 种不同的压力调节模式：普通制动、保压制动、减压制动和增压制动。

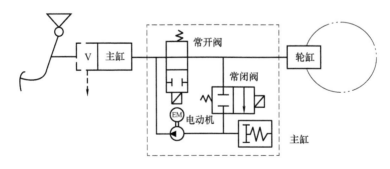

图 4-6　ABS 制动压力调节装置

液压制动的管路里有专门的制动液。制动时，利用制动踏板直接驱动制动总泵产生压力，通过液压管传递到各制动分泵上去。为了降低操作所需的力度，大多安装助力器，一般液压制动器多采用盘式，也有鼓式（成本低），而鼓式的多用于后轮。

（2）气压式 ABS 结构

目前，重型车辆大多采用气压式 ABS。图 4-6 给出了一种典型的气压 ABS，一般由轮速传感器、ECU 和制动压力调节装置等构成。轮速传感器采集各轮转动信号并发送给 ECU，

ECU 根据采集的信号按照一定的控制逻辑分析后发送控制信号至气压控制单元，驱动相应电磁阀执行增压、减压或保压操作（见图 4-7），实现对各轮缸制动压力 P 以及各车轮滑移率 λ 的控制，从而获得合适的制动力矩，保证车轮最有效地利用与地面之间的附着力，得到最佳的制动距离和稳定性。

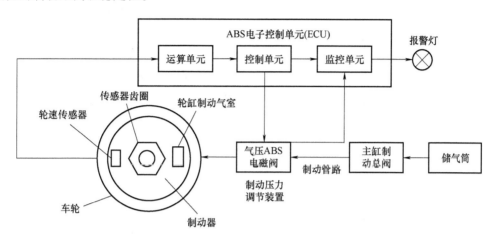

图 4-7　一种典型的气压 ABS

4.1.3　制动过程分析

1. 制动时车轮受力分析

（1）地面制动力

忽略空气阻力的影响，汽车制动时大地提供的使汽车减速所需的力称为地面制动力。它的大小由制动盘与摩擦片之间以及地面与轮胎之间的力决定。当车重固定时，地面提供的力增加，车辆的减速度增加，制动距离减少，因此制动性与地面制动力的大小密切相关。图 4-7 所示为单轮车辆制动模型，有沿 X 方向的移动和车轮的滚动 2 个自由度，反映了基本受力和运动之间的关系。其中，滚动阻力矩、车辆制动时自身惯性力和力矩可以忽略，微分方程如下[5]：

$$J\omega = \mu_x mgr - T_\mu \qquad (4\text{-}1)$$

$$mu = -\mu_x mg \qquad (4\text{-}2)$$

式中，m 为车体质量；J 为车轮转动惯量；ω 为车轮滚动速度；μ_x 为地面附着系数；r 为车轮半径；T_μ 为制动力矩；u 为车速。

对车轮的中心，通过力矩的平衡方程，可得轮胎与地面之间制动力 F_x 为

$$F_x = \mu_x mg \qquad (4\text{-}3)$$

如图 4-8 所示，车轮运动状态主要由 T_μ 和 F_x 决定。F_x 受地面附着极限制约，当 T_μ 过大时，车轮将会抱死。

（2）制动器制动力

在轮胎外侧周围切线方向上施加的克服制动器摩擦力使车轮转动的外力，为制动器制动力 F_μ。因此，有

$$F_\mu = \frac{T_\mu}{r} \qquad (4\text{-}4)$$

（3）附着力

附着力 F_φ 表示车轮与地面无相对位置改变时地面作用力的极值，其值为地面对车轮的垂直反作用力 F_z 和附着系数 φ 的乘积：

$$F_\varphi = F_z\varphi \tag{4-5}$$

由式（4-5）可知，F_φ 随着 φ 的增大而增大。φ 的大小除了和表面胎纹、路面情况等相关外，还和车轮运动情况相关。

（4）三个力之间的关系

制动时三个力之间的关系如图4-9所示，当踏板力 F_p 比较小时，F_x 可以克服制动器的摩擦力进而使车轮持续滚动。此时，$F_x = F_\mu$，且 F_μ 与 F_p 成正比。但 F_x 的大小由地面与车轮之间的 φ 决定，且不大于 F_φ。即

$$F_x \leq F_\varphi = F_z\varphi \tag{4-6}$$

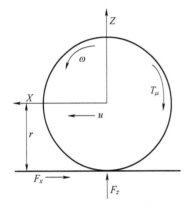

图4-8　单轮车辆制动模型

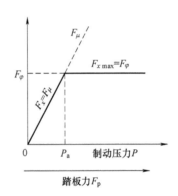

图4-9　制动时三个力之间的关系

因此，F_x 的大小取决于 F_μ 和 φ 的大小。因此要想获得一定的 F_x，制动器不仅要提供一定的 F_μ，地面也要提供一定的 F_φ。

2. 不同路面附着系数与滑移率的关系

φ 的大小主要与轮胎胎纹、轮胎材质、行驶路况等相关。因此对于不同路面，φ_x 与 λ 的关系是不同的。根据反复的道路试验，可得图4-10所示的不同路面下轮胎 φ_x 与 λ 的关系图。

如图4-10所示，汽车在不同路面下相应的 λ_S 是不同的。在低附着路面（如结冰路面），λ_S 约为0.07。在高附着路面（如干沥青路面），λ_S 约为0.18。随着不同路面下最大附着系数的增加，相应的 λ_S 也增加。

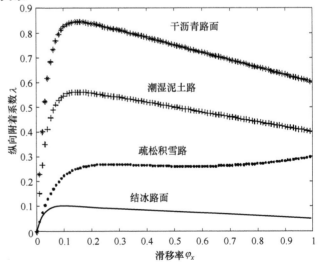

图4-10　不同路面下轮胎 φ_x 与 λ 的关系

4.2　电子稳定程序控制系统

电子稳定程序（Electronic Stability Program，ESP）控制系统，也称为车身动态稳定系统，是通过调节车轮纵向力大小及匹配来控制汽车的横摆运动，来使汽车具有良好的操纵性和方向稳定性的主动安全控制系统[6]。

ESP 整合了 ABS、制动辅助系统（Brake Assist System，BAS）和加速防滑（Acceleration Slip Regulation，ASR）控制系统等多项功能，主要是在异常路面、危机工况及紧急情况下对车辆动态行为安全进行主动干预。ESP 还可以提前识别侧滑的风险，在物理极限范围内保持车辆稳定，拯救生命和财产损失。

4.2.1　ESP 基本工作原理

ESP 基本原理是，通过传感器和运算逻辑来识别驾驶人对汽车的期望运动状态，同时测量和估算出汽车的实际运动状态。当两者之间的差大于给定的门限值时，按一定的控制逻辑对车轮纵向力大小进行相应的控制和调节，使作用在汽车上的横摆力矩发生变化。附加的横摆力矩迫使汽车作相应的横摆运动，让汽车的实际运动状态更接近驾驶人对汽车的期望运动状态[7]。

汽车在湿滑路面上行驶时，如果前轮受到侧向力而侧滑，则路径跟踪能力将丧失，行驶轨迹将偏离；如果后轮受到侧向力而侧滑（如转动转向盘过猛即转向过度，后轮产生较大的侧偏角），后轮将会侧滑甩尾并失去稳定性。ESP 控制原理如图 4-11 所示。

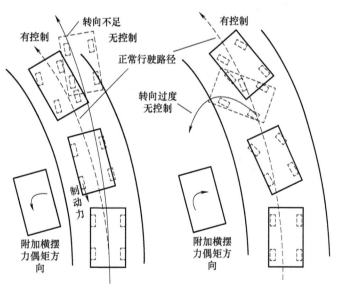

图 4-11　ESP 控制原理[8]

为了使车辆车身稳定性得到控制，必须控制汽车侧滑。ESP 首先是抑制前轮出现侧滑，保持车辆的路径跟踪能力；其次是抑制后轮出现侧滑，避免车身出现甩尾，保证车辆稳定运行。在车辆行驶中（特别是在湿滑的道路上），当前轮侧滑时会产生较大的横向加速度，当

后轮侧滑时会产生较大的侧偏角。因此，在抑制前轮侧滑时，首先需要减小发动机输出降低车速，同时需要另外增加制动力以使车身向内旋转；在抑制后轮侧滑时，首先需要通过减小发动机输出降低车速，同时需要另外增加向外的旋转运动，平衡由侧滑引起的向内运动，防止车身甩尾掉头[8]。

4.2.2　ESP 系统控制特点

（1）主动干预

ABS 等安全技术是对驾驶人主导的操作进行响应、配合和辅助的干预，但不能调控发动机。ESP 依靠高频率实时检测的传感器，由 ECU 主导，主动调控发动机转速、转矩，并可调整每个车轮的驱动力和制动力，修正汽车转向不足和转向过度，确保稳定安全行驶。

（2）实时监控

ESP 能以每秒 25 次的高频率实时监控驾驶人的操控动作、路面反应、车辆运行工况，并可及时向发动机管理系统和制动系统发出指令。一个完备的 ESP 系统包括车距控制、防驾驶人困倦、限速识别、并线警告、停车入位、夜视仪、周围环境识别、综合稳定控制和BAS 9 项功能[9]。

（3）通过 CAN 总线完善控制功能

ESP 的 ECU 与发动机传动系的 ECU 通过 CAN 总线互联，能更高速有效地发挥控制功能。自动变速器将即时的机械传动比、液力变矩器的变矩比和档位等信息传递给 ESP，以估算驱动轮上的驱动力。例如，后轮驱动的车辆常易出现转向过度，致使后轮失控而甩尾，ESP 便会预先慢刹外侧前轮来稳定车辆；当转向不足时为了校正循迹的方向，ESP 会慢刹内侧后轮来纠正行驶方向。

（4）事先预警

当驾驶人操作不当或路面异常时，ESP 会用警告灯或电子显示屏警示驾驶人。ESP 是一类既能控制驱动轮又能控制从动轮的牵引力控制系统。当 ESP 识别出行进在低附着系数的路面时，会禁止驾驶人挂低速挡。在这类路面上起步时，ESP 会告知传动系，ECU 应挂入 2挡，不仅确保安全，也显著改善大功率轿车起步的舒适性。

4.2.3　ESP 系统结构及控制策略

在高速转弯或在湿滑路面上行驶时，ESP 提供最佳的车辆稳定性和方向控制。ECU 通过转向盘转角传感器，来确定驾驶人计划的行驶方向；通过纵向加速度传感器、横向角速度传感器、横摆转角传感器和轮速传感器获得的信息，来计算车辆实际行驶方向[10]。

1. ESP 控制系统结构

ESP 系统是由传感器、ECU 和执行器三大部分组成。图 4-12 给出了汽车 ESP 系统的控制框图。

图 4-12 中，控制器以理想的横摆角速度 γ_d 和实际的横摆角速度 γ 的偏差为被控变量，以开关量为输出变量，用来控制整车中的液压控制单元对车轮制动，从而调整汽车的运行姿态；整车是包括液压单元、制动管路和制动器的汽车模型；传感器包括轮速传感器、转向盘转角传感器和横摆角速度传感器，分别用来检测轮速 v、转向角度 δ 和横摆角速度 γ；信号处

理主要是对传感器输出的信号进行滤波、整形等处理；参考模型是用来计算理想的横摆角速度。其中，虚线框中为 ESP 系统的 ECU。

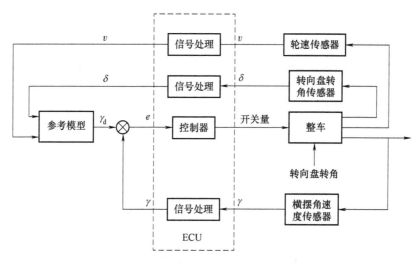

图 4-12　汽车 ESP 系统的控制框图

2. ESP 系统传感器组成

为了识别驾驶人对汽车的期望并获得汽车实际运动状态，ESP 系统需要比 ABS 和牵引力控制系统（Traction Control System，TCS）具备更多的传感器，包括 ECU、转向盘转角传感器、轮速传感器、纵向/横向加速度传感器等。ESP 控制系统各功能部件位置示意图如图 4-13 所示。

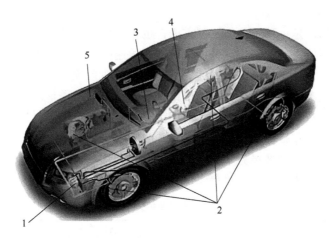

图 4-13　ESP 控制系统各功能部件位置示意图
1—ESP 电子控制单元　2—轮速传感器　3—转向盘转角传感器
4—纵向/横向加速度传感器　5—发动机 ECU

（1）转向盘转角传感器

ESP 通过计算转向盘转角的大小和转角变化速率来识别驾驶人的操作意图。转向盘转角传感器将转向盘转角转换为一个可以代表驾驶人期望的行驶方向的信号，转向盘转角一般是

根据光电编码来确定的，安装在转向柱上的编码盘上包含了经过编码的转动方向、转角等信息。这一编码盘上的信息由接近式光电耦合器进行扫描。接通点火开关并且转向盘转角传感器转过一定角度后，处理器可以通过脉冲序列来确定当前的转向盘绝对转角。转向盘转角传感器与 ECU 的通信一般通过 CAN 总线完成。

（2）横摆角速度传感器

横摆角速度传感器检测汽车沿垂直轴的偏转，该偏转的大小代表汽车的稳定程度。如果偏转角速度达到一个阈值，说明汽车发生了侧滑或甩尾的危险工况，则触发 ESP 控制。当车绕垂直方向轴线偏转时，传感器内的微音叉的振动平面发生变化，通过输出信号的变化计算横摆角速度。

（3）纵向/横向加速度传感器

ESP 中的加速度传感器包括沿汽车前进方向的纵向加速度传感器和垂直于前进方向的横向加速度传感器，其基本原理相同，成 90°夹角安装。ESP 一般使用微机械式加速度传感器，在传感器内部，一小片致密物质连接在一个可移动的悬臂上，反映出汽车纵向/横向加速度的大小，其输出在静态时为 2.5V 左右，正加速度对应正电压变化，负加速度对应负电压变化，每 1.0 ~ 1.4V 对应 1g 的加速度变化，具体参数因传感器不同而有所不同。

（4）轮速传感器

在汽车上检测轮速信号时，最常用的传感器是电磁感应式传感器，一般做法是将传感器安装在车轮总成的非旋转部分（如转向节或轴头）上，与随车轮一起转动的导磁材料制成的齿圈相对。当齿圈相对传感器转动时，由于磁阻的变化，在传感器上激励出交变电压信号，这种交变电压的频率与车轮转速成正比，ECU 采用专门的信号处理电路将传感器信号转换为同频率的方波，再通过测量方波的频率或周期来计算车轮转速。

3. ESP 控制策略

逻辑门限值控制，是一种经典的控制方法，也是一种使用历史最长的控制方法。该方法采用一些参数的门限值进行控制，即根据汽车横摆角速度和前轮转角的门限进行直接横摆力矩控制，使汽车保持在预定的轨道上行驶，这对于非线性系统是一种有效的控制方法。这种方法系统可靠，控制参数较少，构成也较简单，但控制参数的调整需要较多的经验[11]。

通过对车辆左右车轮的同时制动，从而产生一个作用于车身的附加横摆力矩，对车辆运行姿态进行调整，避免车辆失去控制出现危险。

目前，主动制动车轮的选择方案主要有，单轮制动和双轮制动。主动单侧双轮制动能够产生比单轮更大的附加横摆力矩，见表 4-1。

表 4-1 主动制动车轮选择策略

$e(\gamma_d - \gamma)$	δ	转向情况	制动车轮
+	$\delta \geq 0$	转向过度	右侧车轮制动
+	$\delta < 0$	转向不足	右侧车轮制动
-	$\delta \geq 0$	转向不足	左侧车轮制动
-	$\delta < 0$	转向过度	左侧车轮制动
0	任意 δ	—	不操作

规定横摆角速度 γ 向右为正，向左为负；前轮转角 δ 向左时 $\delta \geq 0$，反之为 $\delta < 0$；e 为理想横摆角速度 γ_d 与实际横摆角速度 γ 的偏差，当 $\gamma_d - \gamma > 0$ 时为 +，反之为 -。

下面介绍逻辑门限值控制的过程[11]。

（1）当 e 为 + 时

①$\delta \geq 0$，汽车发生转向过度，此时 ESP 控制液压单元使右侧车轮制动，产生与转向过度相反的附加横摆力矩，调整汽车的转向过度。

②$\delta < 0$，汽车发生转向不足，此时 ESP 控制液压单元使右侧车轮制动，产生一个与横摆方向相同的附加横摆力矩，调整汽车的转向不足。

（2）当 e 为 – 时

①$\delta \geq 0$，汽车发生转向不足，此时 ESP 控制液压单元使左侧车轮制动，产生一个与横摆方向相同的附加横摆力矩，调整汽车的转向不足。

②$\delta < 0$，汽车发生转向过度，此时 ESP 控制液压单元使左侧车轮制动，产生与过度转向相反的附加横摆力矩，调整汽车的转向过度。

（3）当 $e = 0$ 时

实际的横摆角速度等于理想的横摆角速度时，汽车正常行驶，ESP 系统不工作。

4.3　自适应巡航控制系统

汽车的巡航控制系统是利用电子技术对汽车行驶速度进行自动调节，从而实现以某一设定车速行驶的电子控制系统。在公路上长时间行驶时，启动该系统后，巡航控制系统将根据道路行驶阻力自动增减发动机节气门开度等，动态调整车速[11]。汽车的巡航控制系统分为巡航控制系统（Cruise Control System，CCS）、自适应巡航控制系统（Adaptive Cruise Control System，ACCS）和协同式自适应巡航控制系统（Cooperative Adaptive Cruise Control System，CACCS）三大类。其中的 ACCS 示意图如图 4-14 所示。

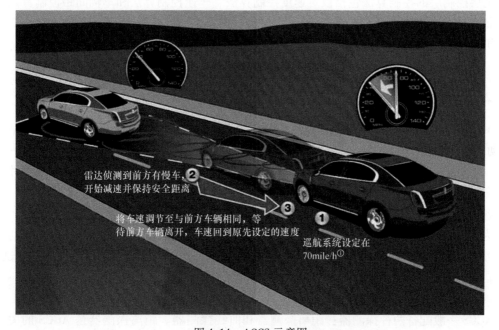

图 4-14　ACCS 示意图

① mile/h 为英里每小时，1mile/h = 1.609km/h。

4.3.1　ACCS 基本工作原理

ACCS 被看成是普通巡航控制系统（Conventional Cruise Control Systems，CCCS）的扩展。并且，ACCS 的设计目标是提高驾驶舒适性，减少长途驾驶的紧张性，提高交通流的顺畅性。CCCS 的主要功能是 CCCS 控制器控制车辆保持在由驾驶人设定的固定速度行驶。在距离传感器的协助下，ACCS 既能够实现 CCCS 的功能，同时也增加了自动跟随前车行驶的新功能。另外，由于 ACCS 只是实现了车辆纵向运动的自动化，因此驾驶人对车辆横向运动始终具有控制权。

ACCS 一般由上层控制层和下层控制层组成，工作原理框图如图 4-15 所示。上层控制层通过距离传感器采集相邻的两车相对速度与车间距、通过速度或加速度传感器采集本车速度或加速度等数据，ACCS 控制模块计算出理想的加速度值传输给下层控制层，下层控制层通过控制相关的执行机构使车辆尽量实现理想的加速度[13]。

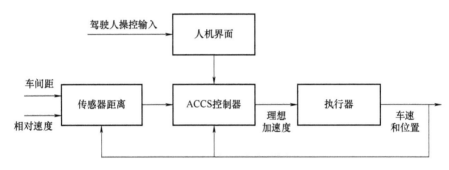

图 4-15　ACCS 工作原理框图

上层控制层的控制算法包括设定速度控制算法、车速控制算法和车辆间距控制算法。下层控制层的控制算法主要包括节气门执行机构控制算法、制动器执行机构控制算法或变速器执行机构控制算法等。下层控制层的实现一般是在原有的相应的执行机构控制模块的基础上进行一些改动，并不需要重新设计新的电子控制单元。

4.3.2　ACCS 组成

ACCS 作为一种纵向驾驶辅助系统，能够探测并识别前车，根据控制算法自动调整车速（制动、加速的自动应用）以保持设定车距[13]。从组成部件的角度来看，ACCS 一般由ACCS 控制器、执行机构控制模块、人机界面及一些相关的传感器所组成，各组成部件安装在汽车的不同部位，如图 4-16 所示。

各个装置之间通过 CAN 总线连接，其系统功能拓扑结构[14]如图 4-17 所示。

为了使 ACCS 得到更有效的应用，系统拓扑结构采用分散设计的方法，每个主要功能的信号处理器都是独立的，系统内各个复杂的信号处理功能块（如算式发展、测试、调试等）能够自由地发展，不必把耗时不同的各种软件块集成到一个固定时序的处理器内[12]。

（1）探测器、传感器子系统

ACCS 一般配备两种探测器：距离探测器和曲线探测器。距离探测器是 ACCS 的关键部件，基本功能是提供本车与先行车之间距离，并通过处理器结合其他信息计算出先行车的速

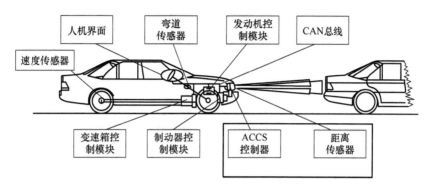

图 4-16 ACCS 的组成部件示意图

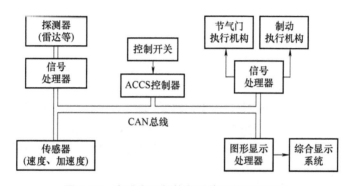

图 4-17 自适应巡航控制系统功能拓扑结构

度和加速度等数据。目前，有多种装置可以作为距离探测器使用，如超声波收发器、激光雷达、毫米波雷达等[14]。但超声波作用距离过短，延迟时间长；激光雷达受天气的影响很大，目前主流的距离探测器主要是毫米波雷达。ACCS 一般设定探测距离为 150m，并能排除像街道设施之类的非移动目标。

在实际道路状况下，车道是弯曲的，要正确获得车距要使用曲线探测器。常用的探测曲率技术包括轮间转速差传感器、转向轮位置传感器和陀螺仪或视频相机等。国外一些研究机构提出了，建设道路边界雷达信息静态目标来预测道路和车道的方案，以及使用导航系统（数字地图和车道计算）来提供更高级的曲线预测。

ACCS 使用的传感器包括速度传感器和加速度传感器。探测器和传感器共同作用完成子系统的三大功能，即目标探测、多目标追踪和路径估计。

（2）控制器子系统

控制器子系统根据交通状况决定 ACCS 的控制模式，硬件采用高性能单片机。如图 4-18 所示，ACCS 控制器由两类操作模块组成：速度控制（巡航控制）和距离控制。其中，距离控制又分为多种控制模式。控制器子系统根据车辆所处的行驶环境，在不同操作模式之间自动切换，并调用相应模式控制程序完成控制。

① 速度控制（巡航控制）即为传统巡航控制，车辆以设定车速行驶。ACCS 选择此控制模式的条件为，当汽车处在开放道路（open-road）行驶时，车速不受前方车辆的影响。

② 距离控制模式是 ACCS 的主要特点，具体包括以下多种控制模式：

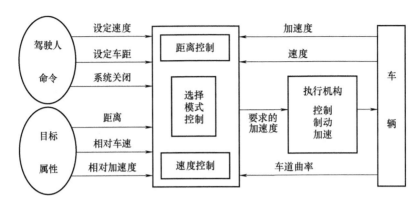

图 4-18　ACCS 控制器功能图

a. 逼近（approaching）模式。本车与前车相距很近，要使本车减速以保持车距。

b. 跟随（following）模式。本车与前车速度相等，并且两车距离处在设定的范围内。跟随模式是汽车在高等级公路（即，高速公路，汽车专用一级、二级公路等汽车专用公路）和城市主干道上的主要行驶状况。

c. 追赶（chasing）模式。前车速度高于本车，本车则试图追上前车。

d. 超车（overtaking）模式。当本车要超越前车时候开始工作。

e. 停车-行走（stop-go）模式。当汽车在交通堵塞状况时，车辆自动怠速，一旦交通恢复就跟随先行车行驶。

f. 突然汇合（suddenmerge）模式。前车突然切入本车前方，或者是本车突然切入前车后方。

（3）执行机构

ACCS 的执行机构由自动加速控制装置、主动制动装置组成，主要功能为完成控制器的指令，实现汽车加速或减速。加速控制装置分为气动伺服机构和电动伺服机构。由于真空系统的控制精度不高，气动伺服机构缺乏可靠性；电动伺服机构具有较高的控制精度，可靠性很高，使用寿命也长，故现在的趋势是采用电动伺服机构作为汽车速度电子控制系统的油门控制装置。

当前电动伺服机构一般采用直流双向电动机作为动力，图 4-19 所示为一种电动伺服装置。电动伺服机构由伺服电机、传动系统、控制臂位置传感器三部分组成。

控制臂位置传感器用来检测电动机控制节气门位置（节气门旋转角度），它可以动态反映节气门开度，并随时将反馈信号输入控制器自系统。目前，一般采用电位计作控制臂位置传感器的硬件。电动伺服机构传动系统由蜗轮、蜗杆、电磁离合器、扇形齿轮等构成。电动机的输出轴做成蜗杆，与齿轮（蜗轮）相啮合，蜗轮再通过电磁离合器

图 4-19　一种电动伺服装置

与小齿轮结合，小齿轮再与固定在节气门转轴上的扇形齿轮啮合，由此电动机就可以控制节气门开度。其中，电磁离合器起安全保障作用，当执行机构收到 ACCS 控制功能解除信号

时，直接使电磁离合器分离，从而使执行元件对节气门控制不起作用。

伺服电机大多采用步进电机（stepping motor），步进电机也称为脉冲电机（pulse motor），它可以通过给定的输入脉冲数使步进电机运动产生与脉冲数成比例的位移。在负载允许的范围内，一个脉冲所对应的位移值可以不受负载的影响，是一个固定值[14]。

当执行元件从汽车速度电子控制系统控制器接收到信号时，结合电磁离合器，接通步进电机，电机通过传动系统改变汽车发动机节气门位置，从而改变车速。同时，控制臂位置传感器将节气门位置信号反馈回控制器。

（4）人机接口

人机接口包括输入和输出接口，前者输入驾驶人的控制指令，后者则显示 ACCS 工作期间所需的各种信息。

输入接口一般采用按钮开关形式，也有使用触摸屏的。首先，要有 ACCS 启动/关闭开关，还有传统巡航控制系统的标准接口，如定速/加速及恢复/减速巡航控制开关、制动应用开关等。此外，还需增加一些匹配 ACCS 操作的开关，如增加判断行驶环境好坏（干、湿路面）的开关。

将所有输出信息集成到一个窗口内显示，是汽车仪表发展的方向[16]。ACCS 人机接口要求与车辆基础构造无缝地结合在一起，并且对驾驶人是简单、易于理解的。输出接口硬件一般采用发光二极管、CRT 或液晶显示器等，最新的研究成果是用汽车风窗玻璃显示输出信息。

图 4-20 给出了一种典型的人机接口，它的控制开关在方向盘上，输出接口采用发光二极管做硬件。

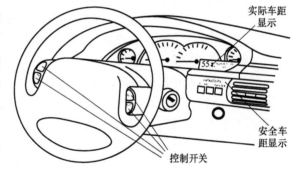

图 4-20　一种典型的人机接口

（5）失效保险子系统

失效保险装置对 ACCS 非常重要。如果 ACCS 失效而驾驶人未知，就很可能导致严重的交通事故。

该子系统利用故障模式和功能分析（Failure Mode and Effects Analysis，FMEA）方法进行分析。控制用 ECU 需要对输入输出信号进行监视，一旦检测出系统发生故障，信号就被传输到显示装置，提醒驾驶人注意。此外，为了便于 ACCS 的检修维护，时效保险子系统还应具有以下功能：

① 自诊断代码输出。

② 维修数据输出。

③ 执行机构测试。

失效保险子系统并没有专门的硬件装置，它的控制程序存储在控制器内，输出是利用 ACCS 的人机接口。

4.3.3　ACCS 跟随模式安全车距

1. 跟随模式安全车距的概念

在自适应巡航控制中，相对车距为装备 ACCS 的跟随车（following vehicle）与先行车

(leading vehicle) 的矢量距离。对应于不同的距离控制模式，ACCS 需要确定不同的相对车距[12]。

确定相对车距是自适应巡航距离控制的基础，而确定先行车则是确定相对车距的前提。作为先行车应满足两个条件：首先，该车必须与装备 ACCS 的本车在同一车道并同向行驶；其次，该车必须处在本车前方最接近位置。例如，如图 4-21 所示，车辆 3 不是先行车，而与本车处在同车道内的车辆 1 才是先行车，相对于先行车，本车就是跟随车。此设定是为了与 ACCS 的纵向控制属性相匹配。

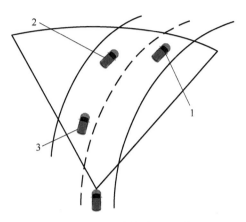

图 4-21 对先行车的识别
1—先行车 2、3—接近车道线行驶的车辆

汽车 ACCS 跟随模式的安全车距，首先必须保证驾驶人驾驶的主动安全；其次要使两车距离要尽可能小，以提高道路利用率。

自适应巡航控制跟随模式的安全车距由时间值来表示，称为车间时距。安全车距等于车间时距与跟随车速的乘积。

2. 跟随模式安全车距的分析计算

一般情况下，车距可被认为是曲线距离，直线车距只是其中的特例之一。从 ACCS 应用范围来看，主要适用于高等级公路和主干道，道路状况基本上为平直。

（1）跟随模式安全车距模型

汽车自适应巡航控制的稳态跟随行驶状况如下：

① 两车在同一车道内。

② 两车车距在设定的跟随模式安全车距范围内。

③ 两车同向同速行驶。

$t < 0$ 时，两车处在稳态跟随行驶状况，此时实时车距 $R = R_0$，R_0 为安全车距。$t = 0$ 时，先行车速度开始恒定减速至零，此时的初始车距为安全车距 R_0。$t > 0$ 时，实时车距 R 随时间而变化，两车继续运动直到碰撞或两者都停止。两车在不同时刻的位置如图 4-22 所示。

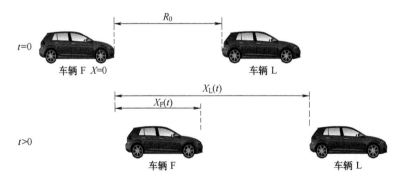

图 4-22 两车在不同时刻的位置

安全距离 R 及其变化率 $\dfrac{\mathrm{d}R}{\mathrm{d}t}$ 关系如下：

$$R = X_{\mathrm{L}}(t) - X_{\mathrm{F}}(t) \tag{4-7}$$

$$\frac{\mathrm{d}R}{\mathrm{d}t} = V_{\mathrm{L}}(t) - V_{\mathrm{F}}(t) \tag{4-8}$$

式中，X_{F} 为初始点与跟随车前部的距离；X_{L} 为初始点与先行车后部的距离；V_{F} 为跟随车速度；V_{L} 为先行车速度。

$t=0$ 时两车同向行驶，随后先行车开始制动，这样的行驶状况下碰撞前车的临界车距 L_0：

$$L_0 = \frac{1}{2}\left(\frac{V_{\mathrm{F}}^2}{d_{\mathrm{F}}} - \frac{V_{\mathrm{L}}^2}{d_{\mathrm{L}}}\right) + V_{\mathrm{F}}t_1 + V_{\mathrm{L}}t_2 + l \tag{4-9}$$

式中，d_{L} 为先行车减速度；d_{F} 为跟随车减速度；t_1 为减速时间；t_2 为延迟时间；l 为当两车停止时的允许车距。

（2）两车运动模式分析

两车之间相对运动的模式完全由先行车在 $t=0$ 时刻（开始制动的时刻）的初始条件决定。设定四个运动参数为，初速度 V_0（两车相同）、车间初始距离 R_0（安全车距）以及先行车减速度 d_{L} 和跟随车的减速度 d_{F}。根据这些初始条件，两车之间仅可能有三类相对运动状况。这些行驶状况分别如下：

① 先行车停止后，跟随车才制动。

② 跟随车在先行车停止之前制动，先行车在跟随车停止之前停止。

③ 跟随车在先行车停止之前制动，但先行车在跟随车停止之后停止。

（3）跟随模式安全车距公式推导

不同的跟随模式有不同的车辆行驶状况。

1）行驶状况 1。先行车在 $t=0$ 时开始制动，并在 $t=t_{\mathrm{LS}}$ 后停止。随后，跟随车开始制动（由此可知 $t_{\mathrm{LS}} < t_{\mathrm{W}}$），并再经过时间 $(\tau_1 + \tau_2)$ 在时刻 $t=t_{\mathrm{FB}}$ 制动起作用，至时刻 $t=t_{\mathrm{FS}}$ 停止。这个过程实际上是运动车辆对静止目标的状况。

然而，因为很困难或是不可能准确获得先行车开始制动时刻，所以必须依靠跟随车的期望停止距离来确定安全车距 R_0。即，安全距离 R_0 必须基于跟随车的减速距离，加上 $(\tau_1 + \tau_2)$ 时长的制动应用延迟，再加上必需的安全边界 l_0，表达为

$$R_0 = \frac{V_0^2}{2}\frac{1}{d_{\mathrm{F}}} + (\tau_1 + \tau_2)V_0 + l_0 \tag{4-10}$$

2）行驶状况 2。$t=0$ 时先行车首先制动，之后跟随车经过 $(\tau_1 + \tau_2)$ 时间制动才一起作用，而且先行车在跟随车停止之前停止，须注意到在一段时间内两车都在制动。这种状况下，跟随车最终位置 $X_{\mathrm{F}}(t_{\mathrm{FS}})$ 等于其制动起作用前行驶的距离，加上定减速度行驶至停止的距离。先行车的最终位置 $X_{\mathrm{F}}(t_{\mathrm{LS}})$ 等于两车初始车距 R_0 加上减速距离。将这些条件与要求的 l_0 安全边界相联系，可得两车停止后间隔距离关系式：

$$X_{\mathrm{F}}(t_{\mathrm{FS}}) = X_{\mathrm{L}}(t_{\mathrm{LS}}) - l_0 \tag{4-11}$$

又

$$X_{\mathrm{F}}(t_{\mathrm{FS}}) = V_0(\tau_1 + \tau_2) + \frac{V_0^2}{2d_{\mathrm{F}}} \tag{4-12}$$

$$X_L(t_{IS}) = R_0 + \frac{V_0^2}{2d_L} \tag{4-13}$$

于是得

$$R_0 = \frac{V_0^2}{2}\left(\frac{1}{d_F} - \frac{1}{d_L}\right) + (\tau_1 + \tau_2)V_0 + l_0 \tag{4-14}$$

3）行驶状况3。$t=0$ 时先行车首先制动，跟随车在 $t=(\tau_1+\tau_2)$ 制动起作用，但先行车在跟随车停止之后才停止。最小车距在时刻 $t=t_C$ 时发生，此时两车相对速度为零。在 $t=t_C$ 之前，两车相对距离减少；在 $t=t_C$ 之后，两车相对距离增加。注意到这个运动仅在跟随车减速度比先行车更大的状况下才可能发生。由于这种行驶状况很有可能发生。于是有

$$X_F(t_C) = X_L(t) - l_0 \tag{4-15}$$

$$\frac{dX_F(t_C)}{dt} = \frac{dX_L(t_C)}{dt} \tag{4-16}$$

又

$$X_L(t_C) = R_0 + V_0 t_C - \frac{d_L}{2}t_C^2 \tag{4-17}$$

$$X_F(t_C) = V_0 t_C - \frac{d_F}{2}(t_C - (\tau_1 + \tau_2))^2 \tag{4-18}$$

$$\frac{dX_L(t_C)}{dt} = V_0 - d_L t_C \tag{4-19}$$

$$\frac{dX_F(t_C)}{dt} = V_0 - d_F(t_C - (\tau_1 + \tau_2)) \tag{4-20}$$

将式（4-17）~式（4-20）代入式（4-15）得

$$V_0 t_C - \frac{d_F}{2}(t_C - (\tau_1 + \tau_2))^2 = R_0 + V_0 t_C - \frac{d_L}{2}t_C^2 - 2 \tag{4-21}$$

即

$$R_0 = \frac{d_L}{2}t_C^2 - \frac{d_F}{2}(t_C - (\tau_1 + \tau_2))^2 + 2 \tag{4-22}$$

由式（4-21）得

$$V_0 - d_F(t_C - (\tau_1 + \tau_2)) = V_0 - d_L t_C \tag{4-23}$$

即

$$t_C = \frac{d_F}{d_F - d_L}(\tau_1 + \tau_2) \tag{4-24}$$

综上，可得

$$\begin{aligned}
R_0 &= \frac{d_L}{2}t_C^2 - \frac{d_L^2}{2d_F}t_C^2 + l_0 \\
&= \frac{d_L}{2}t_C^2 - \frac{d_L^2}{2d_F}t_C^2 + l_0
\end{aligned} \tag{4-25}$$

为了区分汽车跟随行驶的三类运动状况，还需确定下述两个"边界"。

① 行驶状况 1 和 2 的边界。行驶状况 1 和 2 的临界情况为，先行车在 $t = 0$ 时制动，$t = t_\mathrm{W}$ 时停止，而跟随车在 $t = t_\mathrm{W}$ 时开始制动，到 $t = t_\mathrm{W} + (\tau_1 + \tau_2)$ 跟随车制动才起作用，到 $t = t_\mathrm{FS}$ 时停止。于是，跟随车停止位置为

$$X_\mathrm{F}(t_\mathrm{FS}) = X_\mathrm{F}(t_\mathrm{W}) + (\tau_1 + \tau_2)V_0 + V_0^2/(2d_\mathrm{F}) \tag{4-26}$$

先行车停止位置为

$$X_\mathrm{L}(t_\mathrm{W}) = R_0 + V_0^2/(2d_\mathrm{L}) \tag{4-27}$$

又

$$X_\mathrm{L}(t_\mathrm{W}) - X_\mathrm{F}(t_\mathrm{FS}) = l_0 \tag{4-28}$$

将式（4-26）代入式（4-27）得

$$X_\mathrm{F}(t_\mathrm{FS}) = R_0 + \frac{V_0^2}{2d_\mathrm{L}} - l_0 \tag{4-29}$$

且

$$t_\mathrm{W} = V_0/d_\mathrm{L} \tag{4-30}$$

$$X_\mathrm{F}(t_\mathrm{W}) = V_0 t_\mathrm{W} = V_0^2/d_\mathrm{L} \tag{4-31}$$

将式（4-31）和式（4-29）带入式（4-26）并简化得

$$R_0 = \frac{V_0^2}{2}\left(\frac{1}{d_\mathrm{L}} + \frac{1}{d_\mathrm{F}}\right) + (\tau_1 + \tau_2)V_0 + l_0 \tag{4-32}$$

② 行驶状况 2 和 3 的边界。此时，两车同时在 $t = t_\mathrm{S}$ 时停止，并设定停止后两车相距 2m，则有以下条件：

$$X_\mathrm{L}(t_\mathrm{S}) - X_\mathrm{r}(t_\mathrm{S}) = l_0 \tag{4-33}$$

先行车制动距离

$$X_\mathrm{L}(t_\mathrm{S}) = R_0 + \frac{V_0^2}{2d_\mathrm{L}} \tag{4-34}$$

跟随车制动距离

$$X_\mathrm{r}(t_\mathrm{S}) = (\tau_1 + \tau_2)V_0 + \frac{V_0^2}{2d_\mathrm{F}} \tag{4-35}$$

由式（4-33）~式（4-35）可得

$$R_0 = (\tau_1 + \tau_2)V_0 + \frac{V_0^2}{2}\left(\frac{1}{d_\mathrm{F}} - \frac{1}{d_\mathrm{L}}\right) + l_0 \tag{4-36}$$

又

$$t_\mathrm{S} = (\tau_1 + \tau_2) + \frac{V_0}{d_\mathrm{F}} \tag{4-37}$$

且

$$t_\mathrm{S} = \frac{V_0}{d_\mathrm{L}} \tag{4-38}$$

即

$$(\tau_1 + \tau_2) = \left(\frac{1}{d_\mathrm{L}} - \frac{1}{d_\mathrm{F}}\right)V_0 \tag{4-39}$$

将式（4-39）代入式（4-36）并简化可得

$$R_0 = \left(\frac{1}{d_L} - \frac{1}{d_F}\right)V_0^2 + \frac{V_0^2}{2}\left(\frac{1}{d_F} - \frac{1}{d_L}\right) + l_0$$

$$= \frac{V_0^2}{2}\left(\frac{1}{d_L} - \frac{1}{d_F}\right) + l_0 \tag{4-40}$$

3. 跟随模式安全车距运算法则的应用

由计算公式可以看出，ACCS 跟随模式安全车距取决于两车减速度及初速度。跟随车的车载处理器能够连续地从速度传感器得到初速 V_0 及减速度 d_F，从距离探测器得到相对车距 R 的初始值。一旦探测到先行车减速或停止，即通过车载距离探测器测得先行车减速度 d_L 的值，将其代入到安全车距算式中，控制程序将进行确定行驶状况边界及确定行驶状况两个步骤的运算判断。

（1）确定行驶状况边界

控制程序的第一步是确定，当前的（V_0，R）是处在 3 个行驶状况中的哪一个。在计算中首先根据 V_0 和 d_L、d_F 的初始值算出两个边界，即可划分 3 个行驶状况，再根据当前的（V_0，R）确认其行驶状况。

跟随车减速度 d_F 的确定，是一项困难的工作。理论研究表明，当车辆减速度不超过 2.5m/s^2，且其变化速率不大于 1m/s^3 时，人不会感到不舒适。根据车辆系统动力学，当加速、制动都未起作用而车辆还挂在档位上时，汽车的减速度一般为 0.5m/s^2。由此，跟随车的减速度初始值就设定在 $0.5 \sim 2.5\text{m/s}^2$，以 1m/s^3 为减速度变化速率而变化。当然，一旦出现紧急情况，汽车减速度将迅速达到最大值，减速度变化率数值很大。

（2）确定行驶状况

在上述工作的基础上，控制程序可基于 V_0 和 d_L、d_F 的初始值，按照上述公式算出所处行驶状况的安全车距 R_0，并由此确定跟随车距差 e 及车距差变化率 $\dot{e}$：

$$e = R_0 - R \tag{4-41}$$

$$\dot{e} = \frac{\mathrm{d}e}{\mathrm{d}t} \tag{4-42}$$

4.4 协同式自适应巡航控制系统

近年来，汽车保有量迅速增长，导致安全、拥堵和污染等严峻的交通问题。高级驾驶辅助系统（Advanced Driver Assistance System，ADAS）的出现，成为解决这些问题的关键技术之一，通过传感器感知行驶环境和本车状态，辅助驾驶人对车辆进行控制，提高了驾驶人驾驶的安全性和舒适性。

协同式自适应巡航控制系统（Cooperative Adaptive Cruise Control System，CACCS）是 ADAS 的典型应用之一。它是一种基于车车通信的技术，通过车车协同控制的方法，实现协同式队列（Cooperative Platooning，CP）控制，在保证安全性的基础上，缩短了跟驰间距，减小了队列中车辆速度的波动，对改善交通安全性、降低交通能耗、提高交通效率发挥了重要作用[17]。

4.4.1 CACCS 基本工作原理

CACCS 可看成是在 ACCS 的基础上增加车车通信系统和车辆定位系统之后的一个新的

巡航控制系统，不仅可以像 ACCS 一样提高驾驶人的舒适性，同时也可以真正的提高交通安全性、增加交通效率和保持交通流稳定性。

当安装 CACCS 的车辆（本车）的距离传感器或车车通信系统没有检测到前方车辆时，本车按照驾驶人设定的固定速度行驶，此时 CACCS 的功能与 CCCS 的功能相似。

当本车的距离传感器检测到同车道前方车辆但车车通信系统没有检测到前方车辆具有车车通信功能时，同时前车的运行速度比本车运行速度低时，本车按照与前车保持驾驶人设定的固定时间间距（或者按照 CACCS 分布式控制器所设定的最小固定时间间距）所确定的车间距行驶；当前车的运行速度比本车运行速度大于一定值时，本车仍然按照驾驶人设定的固定速度行驶，此时 CACCS 的功能与 ACCS 的功能相似。

当本车的距离传感器检测到同车道前方车辆且车车通信系统也检测到前方车辆具有车车通信功能时，同时前车的运行速度比本车运行速度低时，本车则与前方车辆通过车车通信系统进行信息交换。首先交换的是信息框架信息，当本车接收到信息框架信息后，则与信息框架所要求的其他相关车辆之间进行车车通信，同时获得此信息框架所要求的各相关车辆的相关信息。当本车获得相关信息后，则进行对应信息框架的最小固定时间间距值的计算，从而选择合适的固定时间间距值；或者，通过车车通信系统获得前车的固定时间间距值，本车则采用前车的固定时间间距值。从而可以与前车保持所选定的固定时间间距确定的车间距跟随前车行驶，此时实现的则是 CACCS 的功能。当通信系统出现干扰时，或者通信系统失效时，如果距离传感器仍然工作的话，CACCS 则仍然可以实现 ACCS 的功能。

从 CACCS 如何实现自动跟随这一功能的角度来看，CACCS 可分为上层控制层和下层执行层组成，其工作原理框图如图 4-23 所示。上层控制层获得的信息来源有四个：ⓐ通过车车通信系统获得相关车辆（与信息框架有关）的相关信息（位置、速度/加速度）；ⓑ通过本车定位系统获得本车的位置信息；ⓒ通过距离传感器采集的连续两车的相对速度和连续两车的车间距信息；ⓓ通过本车的速度或加速度传感器采集的本车速度或加速度信息。

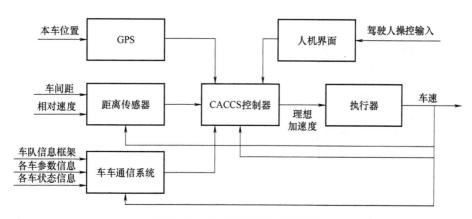

图 4-23　CACCS 的工作原理框图

CACCS 控制模块根据所获得的所有相关信息计算出理想的加速度值传输给下层执行层，而下层执行层则通过相关的控制模块控制相关的执行机构来使车辆尽量实现理想的加速度。上层控制层的控制算法主要包括，车车通信控制算法、车间距原则算法、设定速度控制算法、车速控制算法和车辆间距控制算法。下层执行层的控制算法主要包括，节气门执行机构

控制算法、制动器执行机构控制算法或变速器执行机构控制算法等[18]。

4.4.2 CACCS 车载端系统结构

CACCS 看作是传统的 ACCS 的延伸，它以无线通信的方式把多辆跟驰车辆联系起来形成队列，队列内部的信息共享扩展了车辆的感知能力，使主动控制的时机可以更准确。图 4-24 所示为典型的 CACCS 车载端系统结构，由上位系统、下位系统、传感系统和地面移动通信网络接入通信（Communications Access for Land Mobiles，CALM）设备组成。

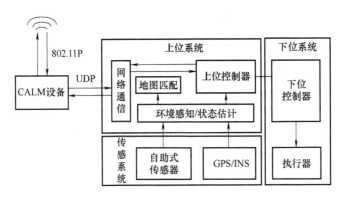

图 4-24 典型的 CACCS 车载端系统结构

上位系统包含网络通信模块、环境感知/状态估计模块、地图匹配模块和上位控制器等。其中，网络通信模块负责上位控制器与 CALM 设备之间的数据交流：一方面把上位控制器提供的数据打包成 UDP 格式转发给 CALM 设备；另一方面接收来自 CALM 的数据包，并按照协议解析数据内容，传递给上位控制器。环境感知/状态估计模块获取来自传感系统的信号，通过图像处理等技术感知行车环境，利用信息融合技术估计本车行车状态，定位本车 GPS 位置。在获取 GPS 位置后，可利用电子地图查找本车的地理位置，以得到更多交通环境信息。综合以上信息，上位控制器对 CACCS 队列的行驶状态做判断，以安全性、跟驰稳定性、节能性等作为控制目标，实时计算控制期望（一般为期望加速度），并发送给下位系统。

下位系统包括下位控制器和执行器。下位控制器接收到来自上位系统的控制期望，根据内置的车辆模型计算具体控制量，并将控制量发送给执行器，执行器响应下位控制器的控制量，改变行车状态。

CALM 设备负责完成无线通信：一方面把上位系统提供的自车状态信息发送给队列中的其他成员车；另一方面接收其他成员车传递的状态信息。CALM 设备的通信必须保证实时性和鲁棒性。

传感系统主要包括自主式传感器和 GPS 惯导设备。自主式传感器包括毫米波雷达和摄像头等，能感知 200m 范围以内的环境信息，如目标车辆、障碍物、车道线和道路标志等。GPS 惯导设备主要用于自车定位，同时感知本车的行车状态信息，如速度和加速度等[17]。

4.4.3 CACCS 性能指标分析

在 CACCS 车辆跟车行驶过程中，安全性能、跟车追踪性能、驾乘人接受性能、燃油经济性能都是重要的性能指标。为建立多目标性能指标效用函数，实现多目标协同自适应巡航

控制[19]，下面是对 CACCS 的各项性能指标进行研究和分析，以明确控制目标。

（1）安全性能指标

安全性能是 CACCS 行车过程中所需考虑的首要因素。CACCS 的任何控制指令都应在确保安全性的前提下执行。显然，想要避免与前车发生追尾碰撞事故，受控车在跟车过程中应该始终与前车保持足够大的车间距离，以保证行车安全。距离碰撞的时间（Time-To-Collision，TTC）常用来作为变量对跟驰过程危险进行量化。TTC 是指两车以当前的运动状态运动多长时间后会发生碰撞，但 TTC 不能很好地描述整个动态跟车过程的危险状态。因此，安全跟车条件可综合最小安全车距和 TTC 设计为

$$\Delta d \geqslant \Delta d_s$$
$$\Delta d_s = \max\{t_{TTC}\Delta v, \Delta d_0\}$$

(4-43)

式中，Δd_s 为安全车距；Δd_0 为最小安全车距；t_{TTC} 为距离碰撞的时间。

（2）追踪性能指标

良好的追踪性能要求车辆在跟车过程中能够尽快进入平稳跟车状态，即使跟随车与前车的实际车距趋近期望的车距，跟随车的速度趋近前车的速度。这也正是 CACC 系统的终态目标，可表征为

$$\Delta v(k) \rightarrow 0, \delta(k) \rightarrow 0, k \rightarrow \infty$$

(4-44)

其次，追踪性能要求平稳跟车时两车之间保持较小的相对车距。缩小跟驰车距可以增大道路交通容量，有效提高交通效率性，从车队角度来看，当每段车距保持尽可能小的情况下，可以有效避免车辆插入现象，间接提高交通效率。因此，CACCS 的追踪性能指标可以通过相对车速、车距及车距误差来评价。

（3）驾乘人员接受性能指标

驾乘人员接受性能指标主要是指乘坐舒适性和驾驶人动态跟车特性两个方面。乘坐舒适性作为行驶过程中驾乘人员的直观感受，直接关系到 CACCS 的使用体验，进而影响着驾乘人员对 CACCS 的满意度。驾驶人特征是 CACCS 研究中的复杂因素。CACCS 作为二级自动驾驶，会获得一定的驾驶权限，替代驾驶人进行纵向操纵行为，所以应尽可能地使其控制输出与驾驶人操控具有相似性，提高驾驶人对 CACCS 的信任度及接受性，从而提升 CACCS 的使用规模。有相关研究表明，乘坐舒适性与车辆行驶过程中纵向加速度的绝对值和加速度变化率的绝对值呈负相关。因此，可利用加速度和加速度变化率来评价乘坐舒适性。在跟车过程中，虽然驾驶人和 CACCS 的最终目标都是使相对车速和车距误差收敛到零，实现平稳跟车状态，但驾驶人按照自己期望的车距来操纵加速踏板和制动踏板控制车辆的加减速，使误差收敛，其动态跟车特性往往与系统的控制输出有差异。驾驶人模型可以在一定程度上反映驾驶人的跟车特性，因此考虑利用驾驶人模型输出参考加速度使系统在满足其他行驶条件的基础上优化系统实际输出与驾驶人模型参考命令之间的误差，从而使 CACCS 的控制输出符合驾驶人动态跟车特性。

（4）燃油经济性能指标

燃油经济性作为车辆行驶过程中性能评估的一个重要指标，它不仅影响着车辆的使用成本，而且关系着能源供需和全球环境。减少车辆燃油消耗量可以节约石油资源，减少尾气排放，有利于缓解温室效应及保护环境，车辆的油耗量与行驶过程中的加速度息息相关，应降低行驶过程中受控车辆的纵向加速度，保持平滑的加速度响应曲线，这有利于提高燃油经济

性能。因此，燃油经济性可以通过加速度和加速度变化率来评价。

4.4.4 CACCS 建模

（1）理想通信下队列巡航控制系统特性分析

基于车车通信的 CACCS 的车辆，车辆间通过无线网络进行距离、速度变化及加速度变化的传输，通过车车通信车辆可以获得更多的车辆信息来进行巡航控制器的设计，在该模式下车辆可以以排列更加紧密的车队形式安全行驶，如图 4-25 所示。

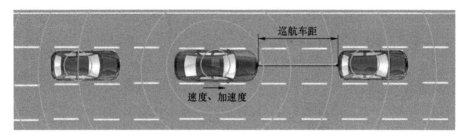

图 4-25 基于车车通信的 CACCS 建模

在该控制模式下，车辆以无线通信的方式把多辆跟驰车辆联系起来形成队列，不仅可以像传统传感器巡航控制器一样提高驾驶人的舒适性，同时也可以真正提高交通安全性、增加交通效率和保持交通流稳定性，系统结构图如图 4-26 所示。

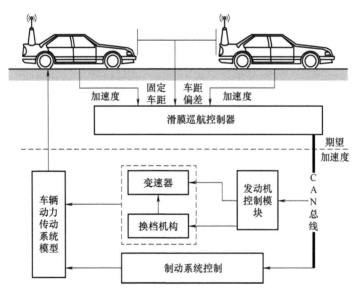

图 4-26 基于车车通信的队列巡航控制系统结构图

通过车车通信系统可以获得相关车辆的位置、速度、加速度、连续两车的相对速度和连续两车的车间距等信息；此时的巡航控制器根据获得的所有相关信息计算出理想加速度值并传输给执行机构，通过控制相关的执行机构来使车辆实现理想的加速度，从而使车辆间保持理想的时间间距。

（2）CACCS 建模

由 $i+1$ 辆（$i = 0, 1, 2, \cdots, N$）行驶在水平道路上的车辆所组成的 CACCS 结构图如图 4-27 所示。其中，第 1 辆车是以恒定速度纵向行驶的领头车辆，令 $x_i(t)$、$v_i(t)$ 分别表示跟随车辆的实时位置、速度，且通过车车通信网路将其状态信息发送到整个队列中的车辆，所有的跟随车辆都与其前车保持设定的固定时间间距。

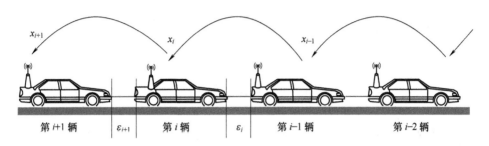

图 4-27 CACCS 结构图

同样，CACCS 中第 i 辆跟随车辆与其前车所能保持的理想车距表示为 $s_{di}(t)$，有

$$s_{di}(t) = h_i v_i(t) + s_{min} \tag{4-45}$$

式中，h_i 为第 i 辆跟随车辆的驾驶人设定的固定时间间距；$v_i(t)$ 为第 i 辆跟随车辆的速度；s_{min} 为连续两车之间保持的最小车距。

同样，考虑车车通信中的时延对系统的影响。假设每辆车具有相同的通信时延 Δ，则考虑时延的连续两辆车的车距 $s_i(t)$，即

$$s_i(t) = x_{i-1}(t-\Delta) - x_i(t-\Delta) - l \tag{4-46}$$

车间距偏差 ε_i 为

$$\varepsilon_i(t) = s_i(t-\Delta) - h_i v_i(t-\Delta) - s_{min} \tag{4-47}$$

基于车车通信的巡航控制系统可以获得的车辆信息如下：

① 本车的速度与加速度。

② 本车与前车的车间距。

③ 前车的速度与加速度。

④ 队列中车辆的速度与加速度。

为保证车辆运行在理想的时间间距状态下，此时所设计的巡航控制器能够使所有的跟随车辆的车间距偏差趋向于零。又基于车车通信可以获得 CACCS 中车辆的加速度信息，在最大限度减少车辆速度波动下，所设计的控制器控制目标为车间距偏差 ε_i 和两车的相对速度之和趋向于零，即

$$Y = \varepsilon_i(t-\Delta) + \dot{s}_i(t-\Delta) = s_i(t-\Delta) + \dot{s}_i(t-\Delta) - h_i v_i(t-\Delta) - s_{min} \tag{4-48}$$

根据滑模控制方法，即

$$\dot{S} = -\lambda S \tag{4-49}$$

式中，λ 为趋近滑膜面 S 的速率。λ 越小，表示趋近速度越慢；λ 越大，表示趋近速度越快。当滑模面满足该趋近律时，控制目标车间距偏差与连续两车相对速度之和趋向于零。

将式（4-48）代入式（4-49）求解可得期望加速度，即

$$a_i(t) = \frac{\lambda+1}{h+1}\dot{s}_i(t-\Delta) + \frac{\lambda}{h+1}\varepsilon_i(t-\Delta) + \frac{1}{h+1}\dot{v}_{i-1}(t-\Delta) \tag{4-50}$$

有

$$a_i(t) = \frac{\lambda+1}{h+1}\dot{s}_i(t-\Delta) + \frac{\lambda}{h+1}(s_i(t-\Delta) - s_{di}(t-\Delta)) + \frac{1}{h+1}a_{i-1}(t-\Delta) \quad (4\text{-}51)$$

该式为基于车车通信的 CACCS 控制器模型，可以看出该模型由车辆的车间距、速度以及前车的加速度关系组成，输出为车辆期望加速度值[20]。

4.5 车道偏离预警系统

车道偏离预警系统（Lane Departure Warning System，LDWS）主要由摄像头、图像处理单元、车辆相关传感器、ECU、报警装置等组成。当车辆在道路中高速行驶时，摄像头提取相关车道线信息并判断车辆与道路相对位置信息，同时车辆上相关传感器向 ECU 提供车辆状态参数。当驾驶人无意识操作车辆时，此时 ECU 根据摄像头及传感器获取车辆状态信息，预警决策算法会判断车辆是否有偏离出车道的风险，若存在则提供报警。图 4-28 所示的界面为某款搭载 LDWS 人机交互界面，系统开启车道偏离预警图标点亮显示为灰色，系统激活图标为绿色，系统故障图标显示为红色，车辆偏离报警时图标显示为黄色并闪烁[21]。

图 4-28 某款搭载 LDWS 人机交互界面

为了避免系统频繁报警，一般 LDWS 只在高速行驶起作用，有一定的激活速度及一些抑制条件，如驾驶人开转向灯或主动变道等情况系统不应该起作用。正如图 4-28 所示的人机交互界面，只有当图标显示为绿色，系统才正常工作。目前主流的报警方式有三种：第一种为声音报警，通常由仪表发出预警声；第二种为方向盘振动报警，通常由电动助力转向（Electric Power Steering，EPS）系统电机使方向盘振动；第三种为声音与振动结合，即上述两种方式都提供。目前，车辆上搭载 LDWS 以声音提供预警居多，原因是成本低廉，不需要安装支持方向盘振动的 EPS，而采用方向盘振动及声音与振动结合的方式的车辆除了有 LDWS，通常还搭载了更高级的驾驶辅助系统，如车道保持系统、交通拥堵辅助系统等[22]。

4.5.1 LDWS 总体架构

LDWS 主要包括感知层、决策层、控制层、执行层，总体架构如图 4-29 所示。其中，感知系统主要利用摄像头等传感器获取车辆-道路相对位置信息、车道线信息，并根据驾驶人模型得到驾驶人转矩；决策系统根据感知系统提供的信息及车身相应的车辆状态信息，根据偏离预警算法判断出车辆是否有偏离车道的风险，再根据转向灯、方向盘转角速率等信号判断驾驶人操作状态；控制系统在决策系统判断出车辆偏离车道非驾驶人主动操作时，报警

执行机构向驾驶人提供警报信息，同时向主动控制车辆的执行系统的 EPS 发出指令；执行系统的 EPS 根据车道保持控制器传来的执行指令，根据所建立 EPS 模型得出相应的辅助转矩，从而使方向盘往某一方向转动相应角度，保证车辆在车道中心线附近行驶[23,24]。

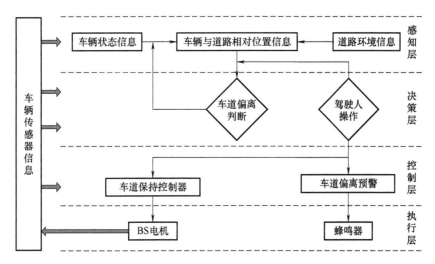

图 4-29　LDWS 总体架构

4.5.2　LDWS 算法

LDWS 算法主要用来估算车辆与道路的相对位置信息，算法准确性对后期车道保持主动控制车辆起着至关重要的作用。

1. LDWS 算法分类

近年来对 LDWS 算法的研究有很多，但主要集中在如何改进预警算法来提高预警精度，以防止误报警或漏报警。目前，主要有以下八种预警算法[22]：

① 跨道时间（Time to Lane Crosse，TLC）算法，主要根据预瞄距离与车速的比值来与设定跨道时间阈值进行偏离判断。

② 未来偏移距离（Future Offset Distance，FOD）算法，也称为虚拟路边振动带法，主要通过在车道内设定虚拟边界，对车辆在前视时间内判断的车辆侧向位置与设定虚拟边界进行对比。

③ 车辆当前位置（Car's Center Position，CCP）算法，主要以车辆道路中车辆的当前位置作为评价指标，即通过汽车左右车轮距离车道线的距离来进行判断。

④ 瞬时侧向位移算法，主要是对车辆的瞬时位移与设定的侧向位移阈值进行比较。

⑤ 横向速度算法，主要以车辆的侧向速度来作为评价标准，通过对车辆实际的侧向速度与设定的阈值进行对比。

⑥ 边缘分布函数算法，通过边缘分布函数将车道线信息与边缘信息联合，再搜索出边缘分布函数的对称轴及极值，对对称轴偏移量或极值与设定相关的阈值进行比较来判断车辆偏离。

⑦ 预测轨迹（Project to Trajectory Divergence，PTD）算法，通过对一段时间后车辆预瞄轨迹与实际行驶轨迹之间的偏差值与设定的阈值进行比较来评价。

⑧ 预瞄轨迹（Time to Trajectory Divergence，TTD）算法，对车辆从当前位置行驶至目标轨迹所需的时间与所设定的阈值进行比较[22]。

车道偏离预警算法主要包含三部分：第一部分通过摄像头等图像设备采集车道线信息；第二部分是对预警变量进行估计，目前主要通过横向位移或车辆跨过车道线所需的时间来作为预警变量；第三部分对预警变量与所设定的阈值进行比较来判断车辆偏离。

目前，应用最广泛的预警算法有 TLC 算法、FOD 算法、CCP 算法。本节依据上述预警算法，选取跨道时间作为预警变量，在传统的 TLC 算法的基础上设计针对不同类型驾驶人的 TLC 预警算法。

2. TLC 算法

TLC 算法通常假设，车辆在道路中行驶时方向盘转角不变及车辆行驶方向不变，并且预瞄时间较长，给驾驶人足够的反映时间，报警精度较高。判断 TLC 一般有两种算法：一种根据横向跨道距离计算，即车辆质心当前位置纵轴线到车道中心线的横向偏移量与横向速度的比值：

$$\text{TLC}_{横向} = L_{横向}/V_y \tag{4-52}$$

式中，$L_{横向}$ 为车辆当前位置纵轴线到车道中心线的横向偏移量；V_y 为横向车速。

另一种是依据纵向跨道距离来计算，即

$$\text{TLC}_{纵向} = L_{纵向}/V_x \tag{4-53}$$

式中，$L_{纵向}$ 为车辆当前位置到前轮第一次接触车道线边界，在车辆纵轴线方向车辆驶过的纵向距离；V_x 为纵向车速。

（1）直线道路下的 TLC 算法

通过建立的直线道路的 TLC 算法仅以直线道路向左偏离来计算 TLC。同理，可得直线向右偏离的 TLC 算法。此外，本节建立的车道保持辅助系统主要针对高速公路行驶时辅助驾驶人驾驶的，而高速公路主要以直道居多，且根据相关法规对于高速公路的设计标准，山区的高速公路弯道曲率半径不得小于 250m，对于丘陵及平原地区曲率半径不得小于 650m[25]。因此，本节内容对于分析直道下的 TLC 算法具有普遍意义。本节建立的直道 TLC 算法假设车辆在偏离车道时方向盘转角不变，此时车辆运动轨迹相当于一段圆弧，如图 4-30 所示。

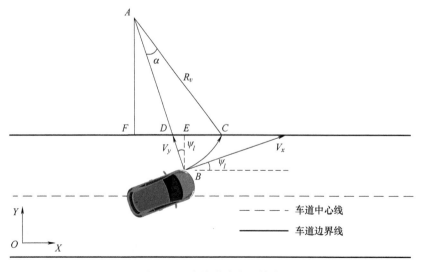

图 4-30　直线道路向左偏离

根据前面所建立的坐标系，设定 x 轴以车辆前进方向为正，y 轴以驾驶人左侧为正。图 4-30 中，点 A 为车辆偏离车道运动圆弧轨迹的圆心；点 B 为左前轮与地面的接触点；点 C 为车辆偏离车道前轮与车道线边界的交点；点 D 为圆心与前轮连线与车道线边界的交点；点 E 为过前轮点 B 作车道线的垂点。则计算 TLC 变成求车辆偏离轨迹 BC 的弧长，由几何关系可得

$$\widehat{d_{BC}} = R_v \alpha \tag{4-54}$$

式中，R_v 为车辆偏离车道运动轨迹的曲率半径；α 为车辆偏离车道边界运动轨迹所对应圆心角。

由于计算 TLC 时假设车速不变，则根据匀速圆周定律可得车辆运动轨迹曲率半径 R_v 为

$$R_v = V_x / \omega \tag{4-55}$$

式中，V_x 为车辆纵向车速；ω 为车辆横摆角速度。并且 V_x、ω 可由车辆上相关传感器获得，故经过式（4-55）可计算出曲率半径 R_v，再基于式（4-52）可知，计算弧长 BC 则转变成求圆心角 α。

利用三角函数关系，在 $\triangle BDE$ 中可得

$$d_{BD} = d_{BE} / \cos\psi_l \tag{4-56}$$

式中，d_{BE} 为车辆左前轮至车道边界线的垂直距离；ψ_l 为车辆的航向角偏差。

假设车道宽度 W_{width} 已知，可得出车辆质心相对于车道中心线的偏移距离 y_f。此时可求得 d_{BE} 的长度为

$$d_{BE} = L_1 = \frac{W_{width}}{2} - |y_f| - \frac{D}{2}\cos\psi_l - a\sin\psi_l \tag{4-57}$$

式中，D 为车辆宽度；a 为质心到前轴的距离。

在得到 d_{BD} 后，可算得 d_{AD} 为

$$d_{AD} = d_{AB} - d_{BD} = R_v - \frac{L_1}{\cos\psi_l} = L_2 \tag{4-58}$$

式中，d_{AB} 为车辆偏离车道运动的曲率半径。

则根据余弦定理，$\triangle ACD$ 求圆心角 α 转变成求长度 d_{CD}，首先在 $\triangle AFD$ 可算得 d_{FD} 为

$$d_{FD} = d_{AD}\sin\psi_l \tag{4-59}$$

在 $\triangle ACF$ 中利用勾股定理可求得 d_{CF} 为

$$d_{CF} = \sqrt{d_{AC}^2 - d_{AF}^2} = \sqrt{R_v^2 - (d_{AD}\cos\psi_l)^2} \tag{4-60}$$

此时可求得 d_{CD} 为

$$d_{CD} = d_{CF} - d_{FD} = \sqrt{R_v^2 - (d_{AD}\cos\psi_l)^2} - d_{AD}\sin\psi_l \tag{4-61}$$

由 d_{AC}、d_{AD}、d_{CD} 都已算出，运用余弦定理可得

$$\cos\alpha = \frac{d_{AC}^2 + d_{AD}^2 - d_{CD}^2}{2d_{AD}d_{AC}} = \frac{R_v^2 + L_2^2 - \left[\sqrt{R_v^2 - (L_2\cos\psi_l)^2} - L_2\sin\psi_l\right]^2}{2L_2 R_v} \tag{4-62}$$

联立以上各式求得车辆行驶轨迹所对应得圆心角为

$$\alpha = \arccos\left[\frac{R_v^2 + L_2^2 - \left[\sqrt{R_v^2 - (L_2\cos\psi_l)^2} - L_2\sin\psi_l\right]^2}{2L_2 R_v}\right] \tag{4-63}$$

故此时直线道路算得 TLC_s 为

$$\mathrm{TLC_s} = \frac{R_v \alpha}{V_x} \qquad (4\text{-}64)$$

（2）曲线道路下的 TLC 算法

本节建立的曲线道路 TLC 算法仅以曲线道路向右直线偏移为例，如图 4-31 所示。同理，也可求得曲线道路其他偏移情况的 TLC 算法。

如图 4-31 所示，点 A 为曲线道路轨迹的圆心；点 B 为右前轮与地面的交点；点 C 为车辆偏离车道右前轮与车道线边界的交点；点 D 为圆心与右前轮连线与车道线边界的交点；点 E 为过圆心点作车辆偏离轨迹 BC 的垂点；ψ_l 为车辆的相对航向角偏差；内侧弯道曲率半径为 AC 的长度；车辆右前轮到车道边界距离为 y_{rr}；由于高速公路最小曲率半径为 $250\mathrm{m}^{[25]}$，相比 y_{rr} 而言，可近似用 y_{rr} 代替 BD 的长度。

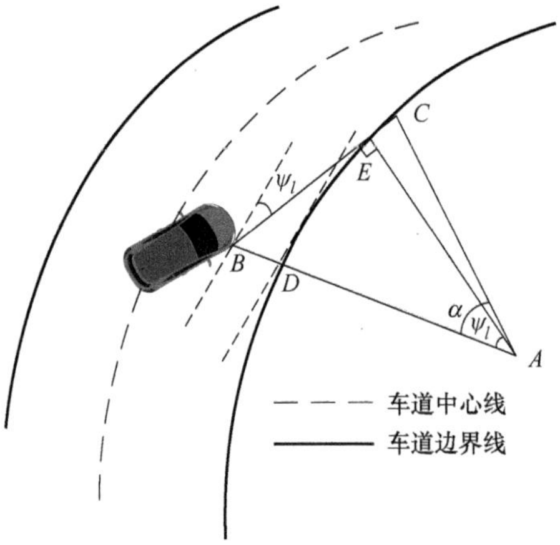

图 4-31 曲线道路向右偏移情况

同直线道路 TLC 算法，要求得曲线 TLC 首先要求得 BC 距离：

$$d_{BC} = d_{BE} + d_{CE} \qquad (4\text{-}65)$$

在 $\triangle ABE$ 中应用三角函数关系可得

$$d_{BE} = d_{AB}\sin\psi_l = (R_v + y_{rr})\sin\psi_l \qquad (4\text{-}66)$$

在 $\triangle CDE$ 中应用勾股定理可得

$$d_{CE} = \sqrt{d_{AC}^2 - d_{AE}^2} = \sqrt{R_v^2 - \left[(R_v + y_{rr})\cos\psi_l\right]^2} \qquad (4\text{-}67)$$

联立以上各式求得曲线道路下的 $\mathrm{TLC_c}$ 为

$$\mathrm{TLC_c} = \frac{d_{BC}}{V_x} = \frac{(R_v + y_{rr})\sin\psi_l + \sqrt{R_v^2 - \left[(R_v + y_{rr})\cos\psi_l\right]^2}}{V_x} \qquad (4\text{-}68)$$

参考文献

[1] 刘小平. 汽车 ABS/ESP 及其协调控制研究 [D]. 焦作：河南理工大学，2019.

[2] 张春龙，陶涛，许国林，等. 智能车辆底盘控制系统研究 [J]. 轻型汽车技术，2019（6）：3-6.

[3] 机械社区. 防抱死制动系统如何工作的，这次终于看明白了 [EB/OL]. [2020-8-15]. https://mp.weixin.qq.com/s/ylfLfRONNPhHNnEY8pgrqA.

[4] 王波，丁芳，张贤栋. 汽车 ABS 基于等效控制的滑模变结构方法研究 [J]. 佳木斯大学学报（自然科学版），2017，35（3）：374-378.

[5] 赵辰. 重型汽车气压 ABS 控制系统研究 [D]. 石家庄，石家庄铁道大学，2019.

[6] 陈虹，宫洵，胡云峰，等. 汽车控制的研究现状与展望 [J]. 自动化学报，2013，39（4）：322-346.

[7] 陈天殿. 车辆电子稳定程序控制系统 ESP [J]. 汽车电器，2015（2）：15-18.

[8] 张荣芸. 基于 EPS/ESP 的汽车横向运动稳定性及其混沌控制研究 [D]. 合肥：合肥工业大学，2015.

[9] 周亮. 基于电子机械制动的汽车 ESP 控制算法研究 [D]. 武汉：武汉理工大学，2015.

[10] 王慧然. 考虑路面附着系数的 EPS 控制策略研究 [D]. 合肥：合肥工业大学，2016.

[11] 周炜. 汽车电动助力转向系统（EPS）控制系统研究 [D]. 南京：南京理工大学，2017.

［12］张德兆. 基于弯道行驶的车辆自适应巡航控制［D］. 北京：清华大学，2011.

［13］王地川. 汽车自适应巡航控制跟随模式研究［D］. 长沙：湖南大学，2003.

［14］李刚炎，宋叶琼，金海松. CAN 及其在轿车中央控制系统中的应用［J］. 武汉汽车工业大学学报，2000，22（1）：6-9.

［15］王晓明. 电动机的单片机控制［M］. 北京：北京航空航天大学出版社，2002.

［16］向云秀. 汽车综合信息显示系统的研究：［D］. 长沙：湖南大学，2002.

［17］秦晓辉，谢伯元. 协同式自适应巡航技术发展现状及趋势［J］. 现代电信科技，2014（3）：1-7.

［18］肖凌云. 基于典型信息框架的自动车队分布式控制与队列稳定性分析［D］. 北京：北京航空航天大学，2011.

［19］吴炳霖. 多目标协同式自适应巡航控制系统的研究［D］. 长沙：湖南大学，2019.

［20］姜传. 通信影响下车辆队列巡航控制建模及仿真［D］. 北京：北方工业大学，2017.

［21］黄凯. 基于遗传算法优化 BP 神经网络的车道保持辅助系统研究［D］. 西安：长安大学，2019.

［22］《中国公路学报》编辑部. 中国汽车工程学术研究综述·2017［J］. 中国公路学报，2017，30（6）：1-197.

［23］于立娇. 基于 EPS 的车道保持辅助控制算法设计与实验验证［D］. 长春：吉林大学，2016.

［24］刘法勇. 基于改进人工势场法的车道保持系统研究［D］. 合肥：合肥工业大学，2017.

［25］中华人民共和国交通部. 公路工程技术标准：JTJ001-97［S］. 北京：人民交通出版社，1998.

第 **5** 章 智能网联汽车总线系统

智能网联汽车具有大量电子控制单元，需要建立完善的汽车总线网络实现信息共享。目前，常见的汽车总线网络包括控制器局域网（Controller Area Network，CAN）、局部连接网络（Local Interconnect Network，LIN）、FlexRay 总线等，如图 5-1 所示。

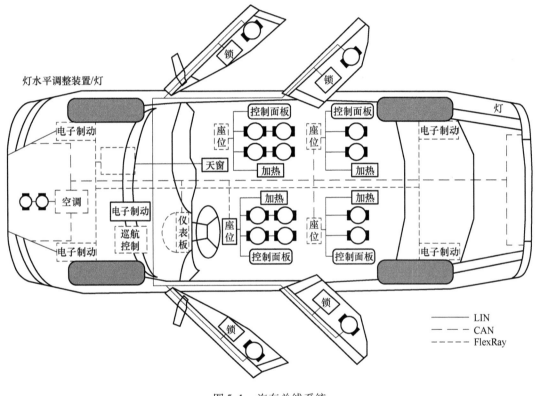

图 5-1　汽车总线系统

5.1　汽车控制网络

对于汽车，最初采用电子控制单元的时候，通常采用常规的点对点的通信方式，通过导线将各电子控制单元及电子装置连接起来。随着电子设备的不断增加，势必造成导线数量的不断增多，使得在有限的汽车空间内布线越来越困难，线束越来越复杂。汽车上的控制单元不仅要与负载设备简单连接起来，还要与其他的电控单元进行信息交流，并经过复杂的控制决策运算，发出控制指令，靠简单导线连接是不可能完成的。另外，在不同子系统中的电控

单元常会同时需要一些相同的传感器信号，这就要求同一传感器信号必须同时被送至不同的控制器，因此各模块与此传感器之间要通过导线连接起来，从而导致车内导线数量及电器节点大幅增加，使电器系统可靠性下降。

现代汽车基于安全性和可靠性的要求，越来越多地考虑使用电控系统代替原有的机械和液压系统。随着汽车电子控制单元不断增多，需要共享的信息越来越多，采用串行总线实现多路传输，组成汽车电子网络，这是一种既可靠又经济的做法。通过汽车内部的总线网络，可以实现各电子控制系统之间的信息共享、减少布线并降低成本以提高总体可靠性的目的[1]。

汽车控制网络是在网络通信协议管理下，由若干终端、传输设备和通信控制处理器等组成的系统集合。汽车电子控制网络则是指按照特定的车用网络协议，以共享资源为主要目的，将所有位置上分散且独立工作的车载控制模块相互连接在一起的集合。汽车电子网络化控制是指，网络的控制功能在汽车这一特定对象上的应用，它体现在车内各控制模块间的自由通信与相互协调。汽车网络化技术是通信技术及计算机技术与汽车控制理论相结合的产物，是现代汽车技术最重要的基础技术。

5.1.1　网络化控制系统

在汽车网络化控制系统中，监控计算机、控制器、传感器、执行器等分布在不同区域的各系统部件之间，都通过共用的通信网络实现信息交换和控制信号的传递，整个系统通过通信网络实现闭环控制。网络化控制系统的一个主要特征是一些信号在控制系统的各个部分（如传感器、控制器、执行器等）之间通过网络进行交换，如图 5-2 所示。因此，网络化控制系统的结构从根本上有别于传统控制系统结构。

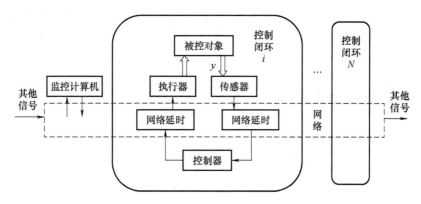

图 5-2　网络化控制系统的结构图

网络化控制系统的通信网络是基于现场总线技术和工业以太网技术的。工业以太网和现场总线技术的发展和成熟，解决了网络化控制系统自身的可靠性和开放性问题，实现了现场智能设备控制的真正意义上的分布化和网络化。

面向汽车电子应用，利用现场总线技术来研制开发汽车网络化控制系统来取代传统的车身电控系统，不仅可以解决汽车上复杂的线束问题，而且便于扩展车体功能模块，提高汽车驾乘的舒适性、安全性和环保性，实现人、汽车与环境的和谐发展。汽车控制网络技术作用带来的技术优势可分为以下几方面[2]。

（1）共享实时信息

汽车电子技术的应用主要可分为以下四个方面：动力传动电子控制系统、底盘电子控制系统、车身电子控制系统、多媒体娱乐与通信系统。每个子系统中都有很多电子控制单元实现对汽车设备的控制。这些电子控制单元之间通过网络互联，实时共享信息，则可以大大减少传感器的数量，降低整车的成本。

（2）减少布线

传统的电气系统大多采用点对点的单一通信方式，容易导致庞大的布线系统。随着汽车功能越来越丰富，车上的电子部件越来越多，如果采用传统布线方法，越来越多的线束会带来很多问题，如需要更多地占用车内有限的空间、不易于检修与维护、不易于增加新的电子设备等。无论从材料成本还是工作效率看，传统布线方法都将不能适应汽车技术的发展。而采用网络化的控制系统，可以极大地减少线束数量。

（3）技术进步

以网络通信为基础的线控技术的可靠性与实时性，满足了汽车对数据传输的需求。线控是指，对系统连接的传动部分采用传递电子信息的方式来取代过去那些机械、液压和气动的方式。线控技术不仅带来连接方式的变化，而且带来操纵机构和执行机构的变化。

（4）功能丰富

随着技术的不断发展，汽车正逐渐从一种简单的交通工具演变为集交通、办公、通信、娱乐等多种功能于一体的移动载体。随着接收定位信号、提供地理信息服务、接收管理信息、发送本车状态信息、进行安全服务请求等各种新功能在汽车上逐步增多，车载多媒体网络也应运而生。

采用网络化技术设计汽车电子控制系统，可以极大地降低设计成本，缩短设计周期，经济效益非常好。因此，最初只属于高档车的网络概念已经逐步扩展到大批量生产的经济型汽车。网络化控制系统已成为汽车中非常关键的部件，图5-3为典型的汽车电子网络化控制系统结构图。

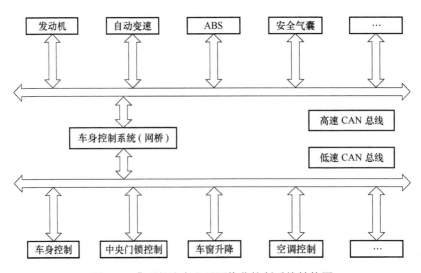

图5-3　典型的汽车电子网络化控制系统结构图

汽车网络化技术是通信技术及计算机技术与汽车控制理论相结合的产物[3]，它将成为现代汽车控制技术最新最重要的技术基础[4]，同时也是智能网联汽车实现全面网络化的重要基石[5,6]。

5.1.2 汽车控制网络分类

1. 按网络拓扑结构分类

网络的拓扑结构（topological structure）是指网上计算机或设备与信息传输介质形成的节点与数据传输的物理构成模式。车载网络的拓扑结构主要有总线型结构、星形结构、环形结构等几种[7]。

（1）总线型拓扑结构

总线型拓扑结构是一种信道共享的物理结构，如图 5-4 所示。这种结构中总线具有信息的双向传输功能，普遍用于控制器局域网的连接，总线一般采用同轴电缆或双绞线。

总线型拓扑结构的优点是安装简单，扩充或删除一个节点很容易，不需停止网络的正常工作，节点的故障不会殃及整个系统。由于各个节点共用一个总线作为数据通路，信道的利用率高。但总线型拓扑结构也有缺点，由于信道共享，连接的节点不宜过多，并且总线自身的故障可以导致整个系统的崩溃。

车载网络多采用这种结构，应用在 CAN 总线系统上。动力 CAN 数据总线（高速）速度为 500kbit/s，用于动力系统和底盘系统数据总线；舒适 CAN 数据总线（低速）速度为 100kbit/s，用于将中央门锁系统、车窗玻璃升降等系统联网。

（2）星形拓扑结构

星形拓扑结构是一种以中央节点为中心，把若干外围节点连接起来的辐射式互联结构，如图 5-5 所示。这种结构适用于局域网。

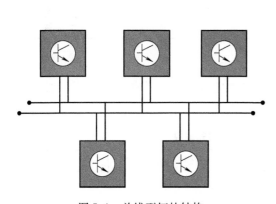

图 5-4　总线型拓扑结构

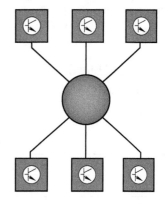

图 5-5　星形拓扑结构

星形拓扑结构的特点是结构简单、安装容易、费用低，通常以集线器作为中央节点，便于维护和管理。中央节点的正常运行对网络系统来说是至关重要的。中央节点负载重，扩充困难，信道（线路）利用率较低。

由于车载网络的应用目的之一就是简化线束，所以这种结构不可能成为整车网络的结构，只在某一总成或系统上使用。

（3）环形拓扑结构

环形拓扑结构由各节点首尾相连形成一个闭合环形线路，如图5-6所示。环形网络中信息传输是单向的，即沿一个方向从一个节点传到另一个节点；每个节点需安装中继器，以接收、放大、发送信号。

环形拓扑结构的优点是结构简单、建网容易、便于管理；缺点是节点过多时会影响传输效率、不利于扩充，另外一个节点发生故障时整个网络就不能够正常工作。

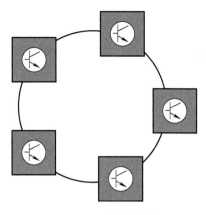

图5-6　环形拓扑结构

2. 按联网范围和控制能力分类

总线按联网范围和控制能力分为主总线系统和子总线系统。

（1）主总线控制系统

主总线系统负责跨系统的数据交换，相关参数见表5-1。

表5-1　主总线系统相关参数

主总线控制系统	数据传输速度/（kbit/s）	总线拓扑结构	传输介质
K 总线	9.6	总线型，单线	铜质导线
D 总线	10.5 ~ 115	总线型，单线	铜质导线
CAN 总线	100	总线型，双线	铜质导线
K-CAN 总线	100	总线型，双线	铜质导线
F-CAN 总线	100	总线型，双线	铜质导线
PT-CAN 总线	500	总线型，双线	铜质导线
ByteFlight 总线	10^4	星形	光纤
MOST 总线	2.25×10^4	环形	光纤

（2）子总线控制系统

子总线系统负责系统内的数据交换，相关参数见表5-2。这些系统用于交换特定系统内的数据，并且数据量相对较少。

表5-2　子总线系统相关参数

子总线系统名称	数据传输速度/（kbit/s）	总线拓扑结构	传输介质
K 总线	9.6	总线型，单线	铜质导线
BSD 总线	9.6	总线型，单线	铜质导线
DW A 总线	9.6	总线型，单线	铜质导线
LIN 总线	9.6 ~ 19.2	总线型，单线	铜质导线

（3）按信息传输速度分类

为方便研究和设计应用，美国汽车工程师学会（Society of Automotive Engineers，SAE）汽车网络委员会按照系统的复杂程度、传输流量、传输速度、传输可靠性、动作响应时间

等，将汽车数据传输网络进一步分为 A、B、C、D、E 五类。

A 类网络，是面向传感器/执行器控制的低速网络，数据传输速度通常小于 10kbit/s，主要用于车外后视镜调节、电动车窗及灯光照明等的控制。

B 类网络，是面向独立模块间数据共享的中速网络，传输速度为 10～125kbit/s，主要用于车身电子舒适性模块、仪表显示等系统。

C 类网络，是面向高速、实时闭环控制的多路传输网络，传输速度为 0.125～1Mbit/s，主要用于发动机控制、ABS、ESP 等系统。

D 类网络，是智能数据总线（Intelligent Data BUS，IDB）网络，主要面向影音娱乐信息、多媒体系统，传输速度为 0.25～100Mbit/s。

E 类网络，是面向汽车被动安全系统网络，传输速度为 10Mbit/s。

就目前的技术水平而言，以上几种网络技术在汽车上多采用组合方式，即车身和舒适性控制单元都连接低速 CAN 总线，并借助 LIN 总线进行外围设备控制。而汽车高速控制系统，通常会使用高速 CAN 总线将其连接在一起。远程信息处理和多媒体连接需要高速互联，而且数据传输量大，视频传输又需要同步数据流格式，因此，影音娱乐信息、多媒体系统多采用家用数字总线（Domestic Digital Bus，DDB）或面向媒体的系统传输（Media Oriented Systems Transport，MOST）总线。无限通信则通过蓝牙（Bluetooth）技术加以实现。

随着技术的不断进步，时间触发协议（Time Trigger Protocol，TTP）和 FlexRay 总线可能得到广泛应用，使汽车网络得到一次脱胎换骨的提升。但是，仍没有一种通信网络可以完全满足未来汽车的所有成本和性能要求。因此，在车载网络系统中，多种总线、协议并存，各自发挥自身所长，彼此协同工作的局面将继续存在下去[8]。

5.2 CAN 总线

控制器局域网（Controller Area Network，CAN）总线是国际标准化组织（International Organization for Standardization，ISO）颁布了国际标准的串行通信。CAN 总线是德国博世（BOSCH）公司从 20 世纪 80 年代初开始，为解决当代汽车中日益增多的控制与测试仪器之间的数据交换，而开发的一种能有效支持分布式及实时控制的串行通信网络[1]。

CAN 总线的数据信号传输仅需两根传输差分电平信号的信号线，搭建成本较低。由于采取差分信号的形式进行数据传输，总线网络的整体信号抗干扰能力较强，能够适应各种工业环境。CAN 总线本身具有成本低、易安装、抗干扰能力强等特点，在各类工业总线中，CAN 总线成为唯一的国际标准现场总线。

CAN 总线的技术规范有 CAN2.0A 与 CAN2.0B 两种。其中，CAN2.0A 中定义了 CAN 总线数据传输中的标准帧格式，CAN2.0B 中定义了 CAN 总线数据传输中的扩展帧格式。网络中数据传输速度最高可达 1Mbit/s，最远的传输距离可达 10km。网络中的所有节点都可以根据总线优先级的仲裁规则向总线网络中发送报文，因此各节点间通信的实时性较好。

现场总线是当今自动化领域技术发展的热点之一，被誉为自动化领域的计算机局域网，它的出现为分布式控制系统实现各节点之间实时、可靠的数据通信提供了强有力的技术支持。CAN 总线属于现场总线范畴，是现场总线的衍生物之一。总体来说，CAN 的高性能和可靠性已被认同，并被广泛地应用于工业自动化等方面，国际知名芯片开发公司如意法半导

体（ST）集团、美国飞思卡尔（Freescale）公司等都开发出了内部集成 CAN 控制器的嵌入式微处理芯片，并且提供详细的芯片二次开发手册，极大地方便了 CAN 总线工程师的研究开发。

5.2.1 CAN 总线系统组成及结构特点

CAN 数据传输系统由一个控制器、一个收发器、两个数据传输终端及两条数据传输线组成。除了数据传输线，其他原件都置于控制单元内部。控制单元功能不变[7]，如图 5-7 所示。

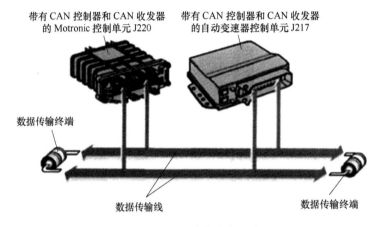

图 5-7 CAN 总线基本组成

1）CAN 控制器。CAN 控制器的作用是，接收控制单元中微处理器发出的数据，处理数据并传给 CAN 收发器。同时，CAN 控制器也接收 CAN 收发器收到的数据，处理数据并传给微处理器。

2）CAN 收发器。CAN 收发器是一个发送器和接收器的结合，它将 CAN 控制器提供的数据转化为电信号通过数据总线发送出去。同时，它也接收 CAN 总线数据，并将数据传输给 CAN 控制器。

3）数据传输终端。数据传输终端实际上是一个电阻器，其作用是保护数据。

4）数据传输线。CAN 数据传输线是传输数据的双向数据线，分为 CAN 高位数据线（CAN-High，CAN_H）和 CAN 低位数据线（CAN-Low，CAN_L）。为了防止外界电磁波干扰和向外辐射，CAN 数据传输线经常缠绕在一起。这两条线的电位不一，如果一条是 5V，另一条就是 0V，始终保持电压总和为一常数。

CAN 总线网络是由若干个节点共同组成的。在闭环 CAN 网络中的两端分别有一个 120Ω 的终端电阻，如图 5-8 所示。

节点的第一种硬件构成方案为，微控制单元（Micro-Controller Unit，MCU）+独立的 CAN 控制器 + CAN 收发器。其中，CAN 控制器的作用是将发送和接收的报文转换成标准的符合 CAN 标准协议的帧信息；CAN 收发器在总线网络中起着电平转换的作用，即将总线网络中的差分电平和控制器的逻辑电平进行相互转换。市面上常见的独立 CAN 控制器有 SJA1000 系列、MCP2050 系列等，常见的 CAN 收发器有 TJA1050、CTM1050 系列等[9]。

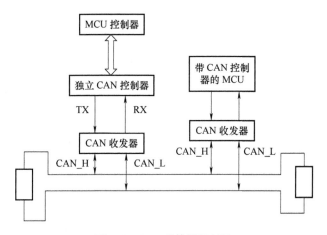

图 5-8 CAN 总线网络结构

节点的第二种硬件构成方案由带 CAN 控制器的 MCU 与 CAN 收发器组成。与前者的构成方案的唯一的区别是在 MCU 内集成了 CAN 控制器，市面中常见的嵌入式微处理器，如 STM32 系列、MS9S12 系列等都是属于这类的 MCU[9]。

两种硬件构成方案各有利弊。第一种方案中由于采用独立的 CAN 控制器，必须根据具体的微处理器及 CAN 控制器来设计连接电路，在硬件设计方面增加了工作量，方案中的外围硬件电路也会比较复杂；不过也正因如此，嵌入式程序会针对特定的控制器进行编写，程序移植时会大大降低开发人员的代码编写量，移植方便。第二种方案无疑会简化外围电路构成，但根据采用 MCU 的不同，编写的程序间区别较大，一般不可以直接进行程序移植。

CAN 总线属于现场总线范畴，国际电工委员会（International Electrotechnical Commission，IEC）对现场总线定义为，在制造或过程现场和安装在生产控制室先进自动化装置中所配置的主要自动化设备之间的一种串行数据通信链路。现场总线是一种网络，它把作为其节点的现场自动化量测仪表（如传感器）和控制机构串联起来。CAN 总线系统上并联有多个控制单元，具有以下特点[10]：

1）可靠性高。系统能将数据传输故障（无论是由内部还是由外部引起的）准确地识别出来。

2）使用方便。如果某一控制单元出现故障，其他控制单元还可以保持原有功能，以便进行信息交换。

3）数据密度大。所有控制单元在任一瞬间的信息状态均相同，这样就使得两控制单元之间不会有数据偏差。如果系统的某一处有故障，则总线上所有连接的单元都会得到通知。

4）数据传输快。连成网络的各控制单元之间的数据交换速度必须很快，这样才能满足实时要求。

5）采用双线传输，抗干扰能力强，数据传输可靠性高。

6）CAN 总线的基本颜色为橙色；CAN_L（低位）均为棕色；CAN_H（高位）中的驱动系统传输线为黑色，舒适系统传输线为绿色，信息系统传输线为紫色。

7）CAN 总线是车内电子装置中的一个独立系统。从本质上讲，CAN 总线就是数据传输线路，用于在控制单元之间进行信息交换。由于自身的布置和结构特点，CAN 总线工作时

的可靠性很高。如果 CAN 总线系统出现故障，故障就会存入相应的控制单元故障存储器内，可以用诊断仪读出这些故障。

5.2.2 CAN 总线协议

所谓通信协议是指两个开放系统中同等层之间的通信规则约定。CAN 总线的通信参考模型一般以 OSI 参考模型为基础。OSI 参考模型共分 7 层：物理层、数据链路层、网络层、传输层、会话层、表示层和应用层。现场总线为满足实时性要求，也为实现工业网络的低成本，通常在 OSI 参考模型的基础上进行了不同程度的简化。作为标准的总线只采用了模型的最下面两层，即物理层和数据链路层（见图 5-9）。这是一种应用广泛的可以封装在集成电路芯片中的协议。

下面对 CAN 协议规范的主要内容进行介绍。首先，介绍协议中用到的如下一些基本概念：

① 报文，指在总线上发送的信息。

② 帧，指信息的基本单元。

③ 场，指表示特定含义的一组电平信号。

④ 总线值，指总线上的电平值。LIN 总线有两个互补的逻辑值，即显性（逻辑 0）和隐性（逻辑 1）。

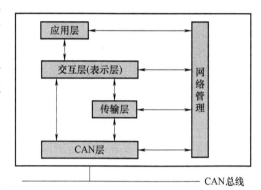

图 5-9　CAN 网络协议结构

1. CAN 协议与网络结构

汽车各控制单元在使用计算机网络进行通信时须使用和解读相同的"语言"，这种语言就是"协议"。同时，随着 CAN 技术的应用推广，还要求这些通信协议进行标准化。

1991 年 9 月，博世公司制定并发布了 CAN 技术规范（2.0 版），该技术包括 A 和 B 两部分[2]。CAN2.0A 给出了曾在 CAN 技术规范版本 1.2 中定义的 CAN 报文格式，而 CAN2.0B 给出了标准的和可扩展的两种 CAN 报文格式。

（1）CAN 协议 2.0A

CAN 协议 2.0A 是一个通用协议。该协议基于非对称型主从式网络结构，支持广播和点对点传送命令数据，命令数据包可长达 256 字节。该协议以 CAN 帧结构为基础，见表 5-3。

表 5-3　CAN 协议 2.0A 帧结构

	7	6	5	4	3	2	1	0
字节 1	（地址标识符）ID.10 ~ ID.3							
字节 2	ID.2 ~ ID.0			RTR	DLC（数据长度）			
字节 3	数据 0							
字节 4	数据 1							
字节 5	数据 2							
字节 6	数据 3							
字节 7	数据 4							

（续）

	7	6	5	4	3	2	1	0
字节 8				数据 5				
字节 9				数据 6				
字节 10				数据 7				

注：第 1 个和第 2 个字节的前 11 位为 CAN_ID 标识符，DLC 表示每帧字节数，取值范围是 0～8。RTR 表示远程发送请求位。

（2）CAN 协议 2.0B

1）CAN2.0B 标准帧信息格式（见表 5-4）。CAN2.0B 标准帧信息分为两部分：信息和数据。前 3 个字节为信息部分。第 1 个字节是帧信息，FF 为帧格式；RTR 为远程发送请求，发送数据帧为 0，发送远程帧为 1；X 为无关位；最后 4 位 DLC 是数据长度，即所发数据的实际长度，单位为字节。第 2、3 个字节的前 11 位为 CAN_ID 标识符（2 个字节）。其余 8 个字节是数据部分，存有实际发送的数据。

表 5-4　CAN 协议 2.0B 标准帧结构

	7	6	5	4	3	2	1	0
字节 1	FF	RTR	X	X	DLC（数据长度）			
字节 2	（地址标识符）ID. 28～ID. 21							
字节 3	ID. 20～ID. 18		X	X	X	X	X	X
字节 4				数据 1				
字节 5				数据 2				
字节 6				数据 3				
字节 7				数据 4				
字节 8				数据 5				
字节 9				数据 6				
字节 10				数据 7				
字节 11				数据 8				

2）CAN 协议 2.0B 扩展帧结构（见表 5-5）。CAN 扩展帧信息分为两部分：信息和数据。前 5 个字节为信息部分。第 1 个字节是帧信息，FF 为帧格式；RTR 为远程发送请求，发送数据帧为 0，发送远程帧时为 1；X 为无关位；最后 4 位是 DLC 数据长度，即所发数据的实际长度，单位为字节；第 2、3、5 个字节的前 29 位为标识符（4 个字节）。其余 8 个字节是数据部分，存有实际要发的数据。

表 5-5　CAN 协议 2.0B 扩展帧结构

	7	6	5	4	3	2	1	0
字节 1	FF	RTR	X	X	DLC（数据长度）			
字节 2	（地址标识符）ID. 28～ID. 21							
字节 3	ID. 20～ID. 13							
字节 4	ID. 12～ID. 5							

（续）

	7	6	5	4	3	2	1	0
字节 5			ID. 4 ~ ID. 0			X	X	X
字节 6				数据 1				
字节 7				数据 2				
字节 8				数据 3				
字节 9				数据 4				
字节 10				数据 5				
字节 11				数据 6				
字节 12				数据 7				
字节 13				数据 8				

  1993 年 11 月，ISO 正式颁布了道路交通运输工具数字交换高速通信控制器局域网国际标准（ISO 11898）以及低速标准（ISO 11519）[2]。美国汽车工程师学会等组织和团体也以 CAN 协议为基础颁布标准（见表5-6），将汽车通信协议按通信传输速度进行分类（见表5-7）。

表 5-6 CAN 协议与相关标准

名称	传输速度/(kbit/s)	规 格	使用范围
SAE J1939-11	250	双线制，屏蔽式双绞线	载货汽车，大型客车
SAE J1939-12	250	双线制，屏蔽式双绞线，供给电压 12V	农业机械
SAE J2284	500	双线制，双绞线（无屏蔽）	汽车（高速：动力传动系统）
SAE J2411	33.3，83.3	单线制	汽车（低速：车身系统）
NMEA-2000	62.5，125，250，500，1000	双线制，屏蔽式双绞线，供给电源，供给电压 24V	船舶
Device Net	125，250，500	双线制，屏蔽式双绞线，供给电源，供给电压 24V	工业设备
CAN open	10，20，50，125，150，500，800，1000	双线制，双绞线，选用（屏蔽，电源）	工业设备
SDS	50，125，500，1000	双线制，屏蔽式双绞线选用（电源）	工业设备

表 5-7 通信协议按通信传输速度分类

	等级	传输速度/(kbit/s)	用 途	协 议
电通信 ↑ ↓ 光通信	A	0 ~ 10（车身系统）	照明装置、电动车窗、电动座椅、中央门锁等	低速 CAN（0 ~ 125kbit/s）LIN
	B	10 ~ 125（状态信息系统）	组合仪表、驱动信息、自动空调。故障诊断	SAE J1850，VAN
	C	125 ~ 1000（实时控制系统）	发动机、自动变速器、ABS、电子悬架等	高速 CAN（125 ~ 10000kbit/s）
	D	50000（多媒体）	多媒体设备等	D2B 光纤通信，MOST，IEEE 1394

2. CAN 协议的分层结构

CAN 协议包括 ISO/OSI 参考模型中的数据链路层和物理层，如图 5-10 所示。图中，LME 指管理实体监控。数据链路层分为逻辑链路控制（Logical Link Control，LLC）和媒体访问控制（Medium Access Control，MAC），物理层分为物理层信号（Physical Layer Signal，PLS）、物理媒体连接（Physical Medium Attachment，PMA）和媒体从属接口（Medium Dependent Interface，MDI）。

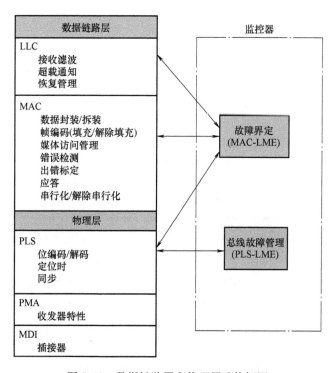

图 5-10　数据链路层和物理层功能框图

MAC 的运行借助故障界定实体（Fault Confinement Entity，FCE）进行监控。故障界定是使判别短暂干扰和永久性故障成为可能的一种自检机制。物理层可借助检测和管理物理媒体对故障实体进行监控（如总线短路或断路、总线故障管理）。LLC 和 MAC 两个同等的协议实体通过交换帧或协议数据单元（Protocol Data Unit，PDU）相互通信。CAN 协议的数据链路层由 N 层协议数据单元（N-Protocol Data Unit，N-PDU）、N 层服务数据单元（N-Service Data Unit，N-SDU）和 N 层指定的协议控制信息（N-Protocol Control Information，N-PCI）构成[11]。

（1）数据链路层

1）逻辑链路控制（LLC）。

① LLC 功能，包括接收滤波、超载通知和恢复管理。

• 接收滤波。在 LLC 上开始的帧跃变是独立的，其自身操作与先前的帧跃变无关。帧内容由标识符命名。

• 超载通知。若接收器内部条件要求延迟下一个 LLC 数据帧或 LLC 远程帧，则通过 LLC 子层开始发送超载帧。

● 恢复管理。发送期间，对于丢失仲裁或被错误干扰的帧，LLC 子层具有自动重发送功能。在发送完成之前，帧发送服务不被用户认可。

② LLC 帧结构，LLC 是等同 LLC 实体（即 LPDU）之间进行交换的数据单元。

● LLC 数据帧。它由 3 个位场，即标识符场、数据字长度码（DLC）场和数据场组成。

➢ 标识符场。标识符长度为 11 位，其最高 7 位（ID. 10 ~ ID. 4）不应全为 1。

➢ DLC 场。DLC 场指出数据场字节个数。它由 4 位构成，数据场长度可为 0，数据帧允许数据字节数为 0 ~ 8。

➢ 数据场。由数据帧内发送的数据组成，包括 0 ~ 8 个字节，每个字节包括 8 位。

● LLC 远程帧。它由标识符场和 DLC 场组成。

LLC 远程帧标识符格式与 LLC 数据帧标识符格式相同，只是不存在数据场。DLC 的数值是独立的，此数据为对应数据帧的数据长度码。

2）媒体访问控制（MAC）。MAC 功能层控制框图如图 5-11 所示，MAC 划分为完全独立工作的发送部分和接收部分。

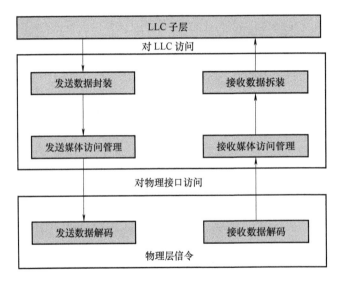

图 5-11 MAC 功能层控制框图

● 发送部分功能。发送数据封装：接收 LLC 帧及接口控制信息，循环冗余校验（CRC）计算通过向 LLC 帧附加帧起始（SOF）和远程发送请求（RTR）、保留位、CRC、应答（ACK）和帧结束（EOF），构造 MAC 帧发送媒体访问管理，确认总线空闲后，开始发送。

● 接收部分功能。接收媒体访问管理：由物理层接收串行位流；解除串行结构，并重新构建帧结构；检测填充位（解除位填充）；错误检测（CRC、格式校验、填充规则校验）；发送应答；构造错误帧并开始发送；确认超载条件；重新激活超载帧结构，并开始发送。

① MAC 帧结构。CAN 数据在节点间发送和接收以 4 种不同类型的帧出现和控制，其中数据帧将数据由发送器传至接收器；远程帧由节点发送，以请求发送具有相同标识符的数据帧；出错帧可由任何节点发出，以检验总线错误；而超载帧用于提供先前和后续数据帧或远程帧之间的附加延时。另外，数据帧和远程帧以帧间空间与先前帧隔开。

- 数据帧。MAC 数据帧由 7 个不同位场构成，即 SOF、仲裁场、控制场（两位保留位 + DLC 场）、数据场、CRC 场、ACK 场和 EOF，如图 5-12 所示。

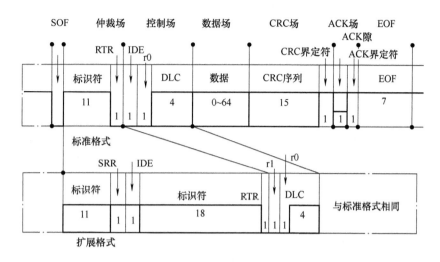

图 5-12　MAC 数据帧

- 远程帧。激活为数据接收器的节点，可通过发送一个远程帧，启动源节点发送各自的数据。一个远程帧由 6 个不同位场构成，即 SOF、仲裁场、控制场（两位保留位 + DLC 场）、CRC 场、ACK 场和 EOF，如图 5-13 所示。

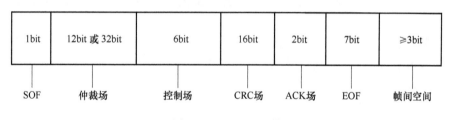

图 5-13　MAC 远程帧

- 出错帧。它由两个不同场构成，第一个由来自不同节点的错误标志叠加给出，第二个为错误界定符。
- 超载帧。存在两类具有相同格式的超载帧，即 LLC 要求的超载帧和重激活超载帧。前者为 LLC 所要求，表明内部超载状态；后者由 MAC 的一些出错条件而启动发送。
- 帧间空间。数据帧和远程帧同前述的任何帧均由称为帧间空间的位场隔开。相反，超载帧和出错帧前面不存在帧间空间，并且多个超载帧也不用帧间空间分隔。

② MAC 帧编码和发送/接收。SOF、仲裁场、控制场和 CRC 序列帧段均以位填充方法进行编码。当发送器在发送位流中检测到 5 个数值相同的连续位（包括填充位）时，在实际发送位流中，自动插入一个补码位。数据帧或远程帧的其余场位（CRC 界定符、ACK 场和 EOF）为固定形式，不进行位填充。出错帧和超载帧也为固定格式，同样不使用位填充方法进行编码。帧中的位流按照非归零方法进行编码，即在位总计时时间内产生的位电平为常数。

③ 媒体访问和仲裁。当检测到间歇场未被"显性"位中断后，认为总线被所有节点释放。总线一旦释放，"错误-活动"节点接收当前或先前的"错误-认可"节点都可以访问总线。当完成暂停发送，并且其间没有其他节点开始发送时，发送当前帧或已发送完先前帧的"错误-认可"节点可以开始起始发送。MAC 错误帧和 MAC 超载帧如按上述规定被发送，那么在发送期间发送数据帧或远程帧的每个节点均为总线主站。

④ 错误检测。MAC 具有检测、填充规则校验、帧校验、15 位循环冗余码校验和应答校验功能。

- 错误类型为，位错误、填充错误、CRC 错误、形式错误、应答错误。

➤ 位错误。正在向总线发送 1 位节点同时在检测总线，当检测到的数值与送出的位数值不同时，则检验到位错误。

➤ 填充错误。在使用位填充方法进行编码的帧场中，出现第 6 个连续相同电平位时，则检测到填充错误。

➤ CRC 错误。CRC 序列由发送器的 CRC 计算结果构成，接收器以发送器相同的方法计算 CRC。当计算的 CRC 序列不等于接收到的序列时，检测到 CRC 错误。

➤ 形式错误。当固定格式位场含有一个或更多非法位时，检测到形式错误。但接收器在帧结束的最后位检测到显性位时，不将其理解为形式错误。

➤ 应答错误。在发送 ACK 隙期间未检测到显性位时，检测到 1 个应答错误。当检测到错误时，LLC 即被通知，且 MAC 启动发送错误标志。当任何节点检测到位错误、填充错误、形式错误或应答错误时，由各自节点在下一位启动发送错误标志。

- 错误界定规则。网络中的任何一个节点，根据其错误计数器数值，可能处于下列 3 种状态之一。

➤ 错误激活节点。可正常参与总线通信，并在检测到错误时，发出 1 个活动错误标志。

➤ 错误认可节点。不应发送活动错误标志，并参与总线通信，但在检测到错误时，发送 1 个认可错误标志。

➤ 总线脱离节点。当 1 个节点由于请求故障界定实体而对总线处于关闭状态时，其处于总线脱离状态。

（2）物理层

1）物理层结构。物理层结构如图 5-14 所示。

- PLS，用于实现与位表示、定时和同步相关功能。

- MAC，表示用于耦合节点至 PMA 和 MDI 构成。PMA 实现总线发送/接收的功能电路，并提供总线故障检测方法。MDI 实现物理媒体和 MAC 之间的机械和电气接口。

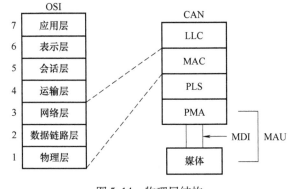

图 5-14　物理层结构

2）位时间。位时间即 1bit 的持续时间。在单位时间框架内执行的总线管理功能，如电控单元同步状态、网络发送延迟补偿和采样点定位，均由 CAN 协议集成电路的可编程位定时逻辑确定。理想发送器在无重同步情况

下，以正常速度给出每秒发送的位数。

同步段用于同步总线上的各个节点或设备，在此段内等待一个跳变沿。传播段用于补偿网络内的物理延迟时间，包括总线上的信号传播时间和电控单元的内部延迟时间。

采样点用于读取总线电平，并转为相应位数值，位于相位缓冲段 1 的结束处。信息处理时间始于采样点，被保留用作计算子序列电平时间段。

位时间按时间量程进行编程，时间量程是由振荡器周期推出的固定时间单位。当前可编程整数的预分刻度范围为 1 ~ 32 时，自时间份额最小值开始。

3）同步。同步包括重同步和硬同步，遵从下列规则：

① 在一个位时间内仅允许一种同步。

② 只有先前采样点检测到的数值（先前读总线数值）不同于边沿后即现的总线数值时，边沿才被用于同步。

③ 总线空闲期间，当存在隐性至显性的跳变沿时，即完成硬同步。

④ 所有满足规则①和规则②的其他隐性至显性的跳变沿和在低位速率情况下，选择的显性至隐性跳变沿将被用于重同步。

⑤ 若只有隐性至显性沿被用于重同步，由于具有正相位的隐性至显性跳变沿，发送器将不完成重同步。

5.2.3　CAN 总线的数据传输

CAN 总线是用以传输数据的双向数据线，分为 CAN 高位（CAN_H）和低位（CAN_L）数据线，两根导线组成了 CAN 总线的通信线路，即总线。线路采用双绞线、同轴电缆或光纤。CAN 总线网络的各个节点都挂在上面。CAN 总线以差分信号的形式传送报文信息，CAN_H 和 CAN_L 这两根导线上 V_{CAN_H} 和 V_{CAN_L} 的电压差值表示总线上某一时刻表现的数值大小，该差分电压 V_{dif} 可表示显性和隐性两种互补的逻辑数值，并且控制信号和数据传输都是通过这两根导线来完成的，如图 5-15 所示。

当总线状态激活时，CAN_H 与 CAN_L 信号线上的电平分别为 3.5V 与 1.5V，通过两根信号线上的电平差产生差分信号，进而传递信息，此时的总线状态称为显性状态。反之，当两根信号线上的电平相同时，总线处于隐性状态，又称为静止状态。静止状态时 CAH_H 与 CAN_L 信号线上的电平大约为 2.5V，此时不产生差分信号。

CAN 报文根据其帧格式的不同，可以分为标准帧及扩展帧。标准帧与扩展帧的区别在于标识符的长度不同，前者为 11 位，后者为 29

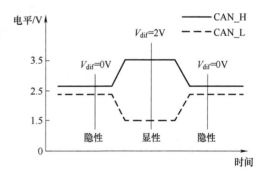

图 5-15　CAN 总线电平标称值

位。标识符的作用是写明此帧数据发送的地址信息，数据信息的长度等。两种帧格式通过控制场中的标识符扩展（Identifier Extension，IDE）位来进行区分。总线报文共包括 5 种固定的帧类型，见表 5-8[12]。

表 5-8　帧类型

帧类型	帧用途
数据帧	从发送节点向其他节点传送数据的帧
远程帧	用于向其他节点请求具有相同 ID 的数据帧
错误帧	用于当检测出错误时向其他节点通知错误的帧
过载帧	用以在数据帧或远程帧之间提供附加的延时
间隔帧	用于将数据帧及远程帧与其他帧分离开来的帧

数据帧由 SOF、仲裁场、控制场、数据场、CRC 场、ACK 场、EOF 7 部分组成，如图 5-16 所示。

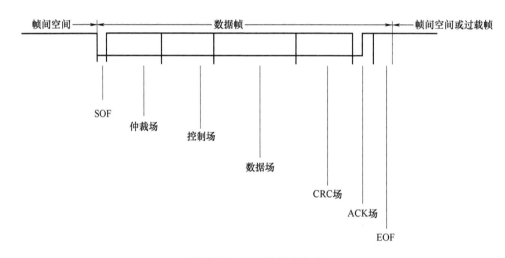

图 5-16　CAN 数据帧格式

SOF 用于消息同步，当所有节点与最先发送数据节点的 SOF 同步时，才允许消息发送。仲裁场用于确定发送的帧类型以及确定即将发送的帧格式等信息，报文的标识符也包含在仲裁场中。控制场中包含了发送数据时数据长度的代码。长度代码规定每帧数据中数据长度最长不得超过 8 个字节，超过此长度则需分帧发送。数据场中主要包含着 CAN 数据帧中即将发送的数据内容，其中的数据字节数依据控制场中关于数据长度的规定。CRC 场由 CRC 及其序列组成，主要用于信息帧校验。ACK 场主要与消息的接收发送应答相关，当消息发送时，会在 ACK 场中发送隐性位序列，而接收端正确接收报文时，会发出相应的显性位以示应答。SOF 是每帧报文结束的标志，数据帧也分标准帧格式与扩展帧格式，如图 5-17 和图 5-18 所示。

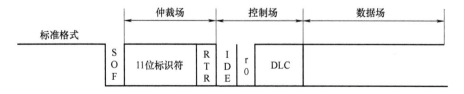

图 5-17　标准数据帧示意图

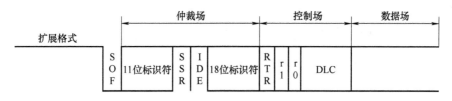

图 5-18　扩展数据帧示意图

远程帧又称遥控帧，它与数据帧最大的区别在于远程帧没有数据场，可以通过 RTR 位的显性或隐性来判断此帧是数据帧还是远程帧。若 RTR 为 0 则表示数据帧，为 1 则表示远程帧。

当节点检测到总线通信标准错误时，便会产生错误帧。错误帧由错误标识及错误界定符组成，错误帧格式如图 5-19 所示。

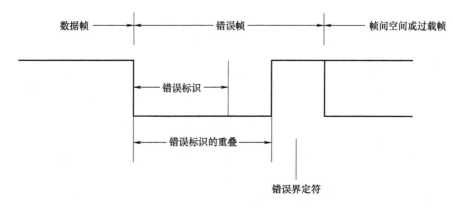

图 5-19　错误帧格式

过载帧由过载标识及过载界定符组成，过载帧格式如图 5-20 所示。

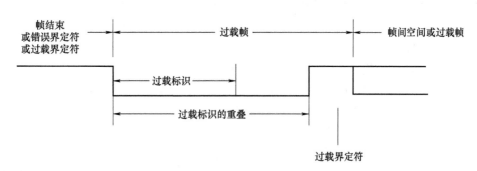

图 5-20　过载帧格式

过载标识的传送主要有以下三种情况：

① 接收器对于下一帧数据需要有一个延时。

② 在间歇场的前两位监测到一个显性位。

③ CAN 节点在过载界定符或错误界定符的最后一位采样到一个显性位。

由情况①产生的过载帧只能在间歇场的首位开始，由情况②和情况③产生的过载帧在监测到最后一位的显性位时开始。间隔帧的作用是隔离数据帧或遥控帧，错误帧与过载帧之间

没有间隔帧。

5.2.4 车载 CAN 总线系统核心器件分析

CAN 总线系统主要由 ECU、CAN 控制器、CAN 收发器组成。图 5-21 所示电路是一个应用比较广泛的 CAN 总线电路[13]。

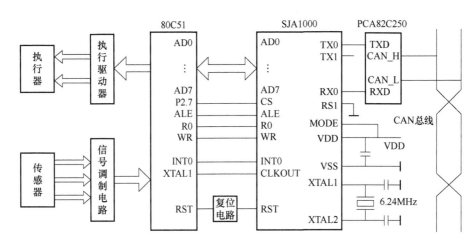

图 5-21　典型的 CAN 总线系统电路原理图

图中，80C51 是 ECU，SJA1000 是 CAN 控制器，PCA82C250 是 CAN 收发器。

（1）ECU/车用微控制器

ECU，俗称行车电脑、车载电脑等，从用途上讲则是汽车专用微控制器，也叫汽车专用单片机。它和普通的单片机一样，由微处理器（CPU）、存储器（ROM、RAM）、输入/输出接口（I/O）、模数转换器（A/D）以及整形、驱动等大规模集成电路组成。车用微控制器依功能性也可分为 4 位、8 位、16 位、32 位及 64 位 5 个等级，然而目前主力的市场集中在 8 位、16 位和 32 位，这三种等级正好适用低、中、高端三种车用电子应用。

（2）CAN 控制器

CAN 控制器的作用是，接收控制单元中微处理器发出的数据，处理数据并传给 CAN 收发器。同时，CAN 控制器也能接收收发器收到的数据，处理数据并传给微处理器。在一个 CAN 总线系统中，CAN 控制器能够实现 CAN 协议中的实体层及数据链接层的功能，达成位同步、优先权仲裁和故障诊断等要求。它可以是使用高速 CAN 中的汽车动力或传动机构控制单元，如汽车发动机控制单元、自动变速器控制单元、ABS 控制单元、安全气囊控制单元等；也可以是使用低速 CAN 的车身系统，如车门上的集控锁、车窗、行李箱锁、后视镜及车内顶灯。在具备遥控功能的情况下，CAN 控制器还能对遥控信号进行接收处理，或者控制其他防盗系统。

CAN 控制器可分为独立的 CAN 控制器和集成的 CAN 控制器。典型的如 SJA1000，它就是一款独立的 CAN 控制器，被广泛应用于汽车和一般工业环境中的控制器局域网络，是荷兰飞利浦（Philips）公司 PCA82C200 控制器的替代产品。它既支持 CAN2.0B，又支持 CAN2.0A 的 CAN 控制器，与仅支持 CAN2.0A 的 CAN 控制器 PCA82C200 在硬件和软件上是完全兼容的。

集成的 CAN 控制器是集成在单片机的内部的，典型的如集成 CAN 控制器的单片机 P8XC592。它是 Philips 公司采用先进的 CMOS 工艺制造的适用于自动和通用工业应用的高性能 8 位单片机。它除了 80C51 的一些基本特点外，还能对复杂的工业控制提供大量的专用硬件接口电路。P87C592 的最大特点是内部集成了一个 CAN 总线控制器，实现了完整的 CAN 协议，从而使单片机的串行通信功能产生了一个飞跃。

（3）CAN 收发器

CAN 收发器是一个发送器和接收器的组合，它将 CAN 控制器提供的数据转化成电信号并通过数据总线发送出去。同时，它也接收总线数据，并将数据传到 CAN 控制器。CAN 收发器是 CAN 协议控制器和物理总线之间的接口。它可以为总线提供差动的发送功能，为控制器提供差动的接收功能，是 CAN 总线系统中的必须设备。

5.2.5　CAN 总线技术应用

CAN 总线技术的应用主要领域分为硬件设备、周边软件、系统方案三大类[13]。

1. 硬件设备

硬件设备主要指能够参与构建基于 CAN 的控制系统，并能实现部分或全部 CAN 协议所规定的通信功能的电器产品，见表 5-9。

表 5-9　与 CAN 相关的电器产品[13]

种类	CAN 通信线缆	CAN 驱动/接收器	CAN 控制器	CAN 微控制器
简介	实现节点的互联，是传输数据的通道	将信息封装为帧后发送，接收到帧后将其还原为信息，标定并报告节点状态	按协议要求设计制造，经简单总线连接即可实现 CAN 总线的全部功能	嵌有部分或全部 CAN 控制模块及相关接口的通用型微控制器
实物	普通双绞线、同轴电缆、光纤	MC33388（摩托罗拉），82C150（飞利浦）	SJA1000（飞利浦），82527（英特尔）	P8XC592（飞利浦），68CH08AZ（摩托罗拉）

图 5-22 所示原理图包含了构建一个功能比较齐备的 CAN 节点用到硬件设备。CAN_H 和 CAN_L 是 CAN 的两根通信线，CAN 的驱动/接收器和管理模块合起来相当于一个简单的 CAN 控制器，再加上微控制器、存储器、输入输出通道等就构成了一个完整的具有 3 独立的 I/O 通道、带片内 EEPROM 和 Flash 存储器的 CAN 微控制器。

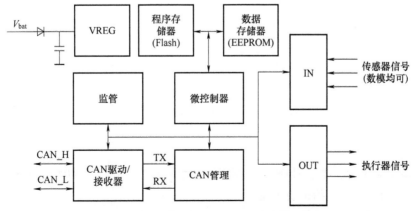

图 5-22　基于 CAN 总线的硬件设备原理图

2. 周边软件

开发软件是指那些专门针对 CAN 设计的开发环境和编程语言。通过开发软件，用户在实验室环境中也能对基于 CAN 的控制系统进行模拟、监控和调试。德国 Vector 公司推出针对 CAN 产品应用的开发工具软件 CANalyzer 和编程语言 CAPL（Communication Application Programming Language）。CANalyzer 软件的使用界面如图 5-23 所示。

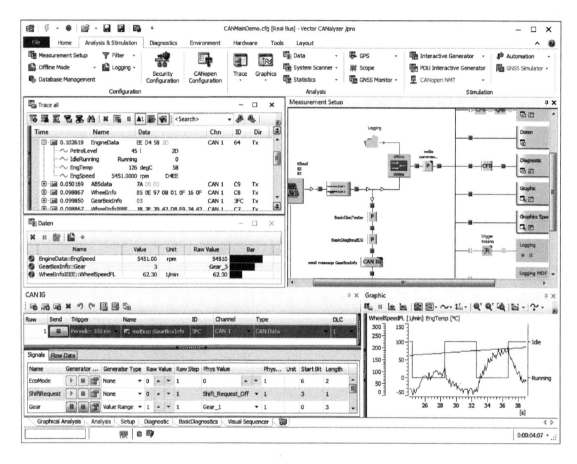

图 5-23　CANalyzer 软件的使用界面

从 Vector 公司网站介绍可以了解到，CANalyzer 有两大功能：一是实现对基于 CAN 的控制系统的模型建立和软件模拟；二是完成基于对 CAN 的控制系统实物的实时监控。

CAPL 是一种基于 C 的应用于通信计算机语言，它和 CANalyzer 软件配合使用，便于用户使用高级语言编写对 CAN 总线的监控程序。CAPL 除了可以配合 CANalyzer 软件完成对基于 CAN 的控制系统的监控外，还可以利用 CAPL 接口实现系统 CAN 控制程序的高级语言开发，如图 5-24 所示。

3. 系统方案

在汽车电子系统中，基于 CAN 的控制系统方案非常多，比较典型的有以下三种。

（1）ST 公司的汽车网络解决方案

图 5-25 给出了意法半导体集团给出的汽车网络解决方案。

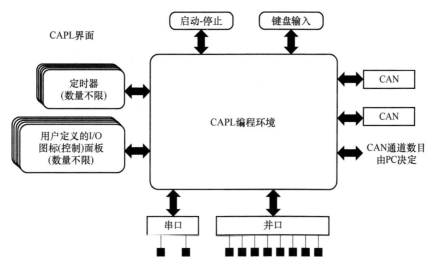

图 5-24　CAPL 接口配置图

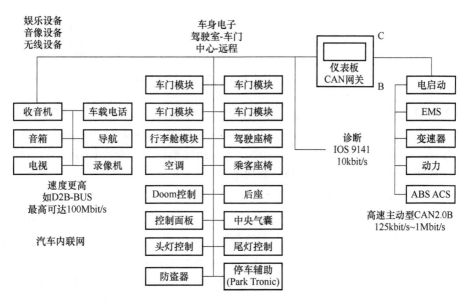

图 5-25　意法半导体集团汽车网络解决方案[13]

　　该方案特点是将整车电子系统按照通信数据的类型和对传输速度的需求分成 3 大区域：娱乐设备、车身电子和动力系统。由于娱乐设备之间主要传递一些音频、视频等多媒体信息，它对总线带宽和通信速度的要求是最高的，所以采用了最高速度可达 100Mbit/s 的 D2B。车身部分网络节点最多，布置较为分散，而且控制系统对通信参数有一定的实时性要求，适合用低速被动型 CAN2.0B 标准来构建网络，最高传输速度为 125kbit/s。动力系统对控制参数的实时性要求比车身电子部分要高一些，所以用的是高速主动型 CAN2.0B 标准，最高传输速度可达 1Mbit/s。

　　以上三个子网之间也有交换数据的需求，如动力系统对发动机的控制有时会用到车身电

子系统的空调工作状况、车辆行驶速度等信息。为让数据流在 3 种不同技术规范的网络之间传输时良好衔接，专门在仪表板处设有一个光关将高速 CAN 和低速 CAN 连接了起来。娱乐设备则相对要封闭些，其用于通信的数据内容基本上仅供内部单元使用，所以无须再单独设网关与低速 CAN 的主构架互联。

（2）美国摩托罗拉公司的汽车网络解决方案

图 5-26 给出了美国摩托罗拉公司的汽车电子网络解决方案。

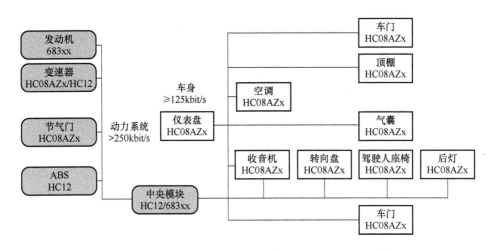

图 5-26　美国摩托罗拉公司的汽车电子网络解决方案[13]

该方案也是把动力系统和车身电子系统区别对待，前者用传输速度大于 250kbit/s 的高速 CAN 来组建，后者用传输速度不小于 125kbit/s 的低速 CAN 来组建，两个子网之间用专门的中央模块——网关，来实现互联。图中，各模块还给出了美国摩托罗拉公司推荐选用的自产品中可以实现节点功能的 CAN 微控制器型号。

（3）车门模块 CAN 构架方案

由于整车 CAN 的节点众多、通信量大，汽车电子系统的整体 CAN 解决方案还没得到大量的实际应用，可以见到的实物很少。目前汽车工业中成熟应用的 CAN，多是解决汽车电子系统中某些特定分区的局部控制问题，因为系统划分的小了，节点就会少些，这在成本和技术上实现起来要容易得多。如图 5-27 所示，意法半导体集团给出了三种车门模块 CAN 架构方案。

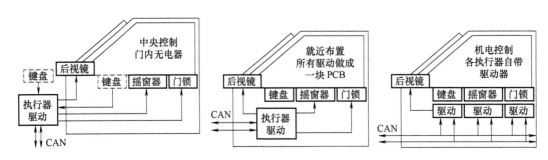

图 5-27　三种车门模块 CAN 构架方案[13]

　　第一种方案，将驱动设备的电控部分与执行机构分开，并与其他汽车电子装置布置到一起，再用 CAN 总线实现互联，称为中央控制式方案。在该方案中，整个车门只相当于一个网络节点，通信数据要达到车门内部各个不同的设备还需要执行器驱动模块根据消息帧的标识符来拣选配送。

　　第二种方案与第一种方案类似，只是驱动设备的电控部分与执行机构分开后，被就近布置到了车门中，再利用 CAN 总线同其他电子设备互联。整个车门还是只相当于一个节点。

　　第三种方案使用了机电一体的控制设备，各自独立地上挂 CAN 总线，这样在一个车门中就出现了三个节点。

　　图 5-28 所示电路原理图是意法半导体集团针对第一种和第二种方案设计的驱动模块电路原理图。

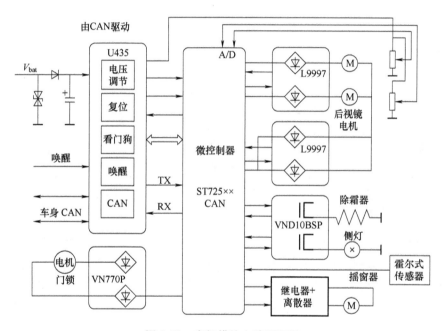

图 5-28　车门模块电路原理图

5.3　LIN 总线

　　局域互联网络（Local Interconnect Network，LIN），于 1998 年由德国奥迪（Audi）、德国宝马（BMW）等 7 家汽车制造商及美国摩托罗拉集成电路制造商联合提出[10]，是专为降低汽车成本而开发的一种总线系统，是现有汽车 CAN 网络功能的补充。目前，LIN 也是较为普遍使用的一种总线，它作为 CAN 总线的补充，可有效地降低汽车制造成本。LIN 提升了系统结构的灵活性，并且无论从硬件还是软件角度而言，都为网络中的节点提供了相互操作性，并可预见获得更好的电磁兼容（EMC）特性。LIN 总线主要用于汽车外围设备的网络连接，如电动车窗、电动座椅、电动天窗、灯光照明等的控制传输。

　　在低速总线中，LIN 是首选标准。LIN 是一种新型的用于汽车分布式电控系统的低成本串行通信标准，其目标就是解决车身网络模块节点间的低端通信问题，主要用于智能传感器

和执行器的串行通信，而这正是 CAN 总线的带宽和功能所不要求的。

表 5-10 给出了 LIN 和 CAN 协议在车身应用中的主要特性比较。与 CAN 相比，LIN 由于采用了 12V 的低成本单线传输、基于标准的 UART/SCI 的低成本硬件、无石英或陶瓷振荡器的从节点，从而降低了硬件平台的成本。另外，LIN 的最高速率为 20kbit/s，完全可以满足低端的大多数应用对象对传输速度的要求。所以，LIN 以较低的成本实现了开关型器件之间的网络通信，有效地支持了汽车中分布式机械电子节点的应用，弥补了 CAN 在低端通信中成本高的不足。

表 5-10　LIN 和 CAN 协议在车身应用中的主要特性比较

项目	LIN	CAN
媒体访问控制	单主机	多主机
总线速率/(kbit/s)	2.4 ~ 9.6	47.6 ~ 500
多点传送信息路由	6 位标识符	11/29 位标识符
网络节点数	2 ~ 10	4 ~ 20
编码方式	NRZ 8N1（UART）	NRZ w/位填充
每帧数据字节/B	2，4，8	0 ~ 8
4B 数据传输时间	3.5ms/(20kbit/s)	0.8ms/(125kbit/s)
错误检测	8 位校验和	15 位循环冗余码校验位
物理层	单线，12V	双绞线，5V
石英/陶瓷振荡器	无（主机除外）	有
总线最大长度/m	40	40
每个节点成本	0.5	1

图 5-29 给出了典型的基于 LIN 总线的车身网络框图。图中，每个模块内部各节点间通过 LIN 总线构成一个低端通信网络，完成对外围设备的控制。与传统的系统设计相比，车身线束大大减少，设计更为简单方便，故障诊断方便易行。

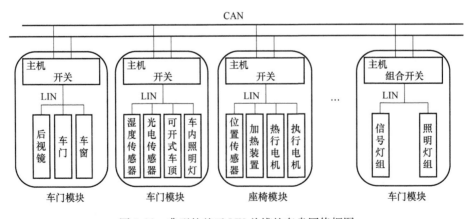

图 5-29　典型的基于 LIN 总线的车身网络框图

各个模块又作为 CAN 总线的一个节点，通过作为网关的主机连接到低速 CAN 总线上，构成上层主干网。这样无须在各传感器/执行器部件安装 CAN 控制器件就能使得信号在 CAN

总线上传输，有效地利用了 A 类网低成本的优点，使整个车身电子系统构成一个基于 LIN 总线的层次化网络，实现了真正的分布式多路传输，使网络连接的优点得到充分发挥。

5.3.1　LIN 总线概述

1. LIN 总线的硬件资源

LIN 就是由欧洲汽车制造商联盟推出的开放式的低成本串行通信标准，正在发展成为低端行业标准。LIN 总线的线驱动器/接收器是 ISO 9141 的增强设备，遵从 ISO 9141 标准，2.0 版本的 LIN 协议详细地规定了基于 ISO 9141 的故障诊断内容。ISO 9141 是满足 OBD-Ⅱ的诊断通信标准，一直被欧洲汽车厂商所采用，与 ISO 9141 兼容的优势将有利于 LIN 协议的广泛应用。美国通用汽车（GM）、福特（Ford）和克莱斯勒（Chrysler）三大汽车公司也曾试图使 J1850 成为低端行业标准，但是由于其本身不是单一的标准，包含了两个不兼容的规程 VPM/WPM，因此未能被广泛接受。与 J1850 相比，LIN 不仅能够完成 J1850 的诊断通信等大多数功能，更具有成本低的优势，成本是 J1850 的一半左右[14]。

LIN 基于标准的 UART/SCI，使各原始设备供应商都能提供与其相兼容的电子器件。LIN 标准除定义了传输协议和传输媒体规范外，还定义了开发工具接口规范和用于软件编程的接口，在软件上保证了网络节点的互操作性。

在多种车身总线中，LIN 是一种新型的有发展前景的低成本汽车网络低端通信总线，主要用于车身电子控制中不需要 CAN 总线的带宽和多功能的场合。它将作为 CAN 总线的辅助总线，与 CAN 总线共同实现层次化的汽车车身网络，实现网络的低成本。

2. LIN 总线结构

LIN 总线网络结构如图 5-30 所示，它由一个主机控制单元和一个或多个从机控制单元构成。主节点可以执行主任务，也可以执行从任务；从节点只能执行从任务。总线上的信息传送由主节点控制。

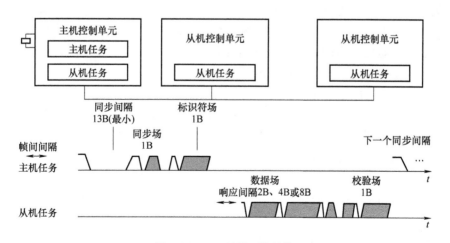

图 5-30　LIN 总线网络结构

在总线上发送信息，有长度可选的固定格式。每个报文帧都包含 2B、4B 或 8B 的数据，以及 3B 的控制、安全信息。总线的通信由单个主机控制，每个报文帧用一个分隔符开始，接着是一个同步场和一个标识符场，都由主机任务发送。从机任务则是发回数据场和校验

场，通过主机控制单元的从机任务，数据可以被主机控制单元发送到任何从机控制单元，相应的主机报文 ID 可以触发从机的通信。

（1）LIN 主机控制单元

LIN 主机控制单元连接在 CAN 总线上，执行 LIN 的主功能。LIN 主机控制单元连接在 CAN 数据总线上，监控数据传输过程和数据传输速度，发送信息标题，决定何时将哪些信息发送到 LIN 数据总线上多少次，在 LIN 数据总线系统的 LIN 控制单元与以 CAN 总线共同直接起"翻译"的作用，能够进行 LIN 主机控制单元及与之相连的 LIN 从属控制单元的自诊断。

LIN 主机控制单元的信息结构。LIN 主机控制单元控制总线导线上的每条信息的开始处，都通过 LIN 总线主控单元发送一个信息标题。它由一个同步相位构成。后面部分是标识符字节，可以传输 2B、4B、8B 的数据。标识符用于确定主机控单元是否会将数据传输给从机控制单元。信息段包含发送到从机控制单元的信息。校验区可为数据传输提供良好的安全性。校验区由主机控制单元通过数据字节构成，位于信息结束部分。LIN 总线主机控制单元以循环形式传输当前信息。

LIN 主机控制单元的特点如下：

① 控制单元的软件内设定了一个周期，用于决定何时将何种信息发送到 LIN 总线上多少次。

② 控制单元在 LIN 总线与 CAN 总线之间起"翻译"作用，是 LIN 总线中唯一与 CAN 总线相连的控制单元。

③ 通过 LIN 主机控制单元进行 LIN 系统自诊断。

（2）LIN 从机控制单元

在 LIN 数据总线系统内，LIN 从机控制单元的通信受到 LIN 主机控制单元的完全控制，只在 LIN 主机控制单元发出命令的情况下，LIN 从机控制单元才能通过 LIN 总线进行数据传输。单个的控制单元、传感器、执行元件都相当于 LIN 从机控制单元。传感器是信号输入装置。传感器内集成有一个电控装置，它对测量值进行分析，分析后的数值是作为数字信号通过 LIN 总线进行传输的。有的传感器或执行元件只是用 LIN 主机控制单元插口上的一个引脚，就可以实现信息传输，也就是单线传输。

LIN 执行元件都是智能型的电子或机电部件，它们通过 LIN 主机控制单元的 LIN 数字信号接收任务。LIN 主机控制单元通过集成的传感器来获取执行元件的实际工作状态，然后把规定状态和实际状态进行对比，并发出相应的控制指令。LIN 主机控制单元发出控制指令后，传感器和执行元件才能够做出反应。

LIN 从机控制单元等待主机控制单元的指令，根据需要与主机控制单元进行通信。如果要结束休眠模式，LIN 从机控制单元可自行发送唤醒信号。LIN 总控制单元安装在 LIN 总线系统设备上。

LIN 从机控制单元的特点如下：

① 接收、传递或忽略与从主系统收到的信息标题相关的数据。

② 可以通过一个"唤醒"信号唤醒主系统。

③ 检查接收数据的总量。

④ 检查发送数据的总量。

⑤ 与主系统的同步字节保持一致。

⑥ 只能按照主系统的要求与其他子系统进行数据交换。

3. LIN 总线的数据传输

LIN 总线传输数据线是单线的，数据线最长可达 40m。在主节点内配置 1kΩ 电阻端接 12V 供电，在从节点内配置 30kΩ 电阻端接 12V 供电。各节点通过电池正极端接电阻向总线供电，每个节点都可以通过内部发送器拉低总线电压。LIN 总线驱动器的结构图如图 5-31 所示。

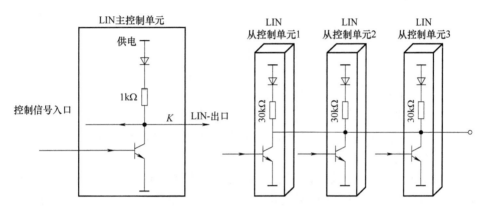

图 5-31　LIN 总线驱动器的结构图

5.3.2　LIN 总线协议

LIN 协会最早于 1999 年发表了《LIN 规范 1.0 版》，随后又经过多次修订，有 2000 年 3 月的 1.1 版本、2000 年 11 月的 1.2 版本、2002 年的 1.3 版本。在 2003 年 9 月，LIN 协会又发表了现在的《LIN 规范 2.0 版》[15]。LIN 遵循 ISO/OSI 开放系统互联参考模型，不过只是对数据链路层和物理层两个最低的层次进行定义，构成了 LIN 协议规范[16]。

1. LIN 总线分层结构

根据 LIN 协议，LIN 总线结构可分为物理层和数据链路层，如图 5-32 所示，对应功能如下：

① 物理层。物理层定义了信号如何在总线媒体上传输。

② 数据链路层。数据链路层包括 MAC 子层和 LLC 子层。MAC 子层管理从 LLC 子层接收到的报文和发送到 LLC 子层的报文，并实现故障检测。LLC 子层主要负责报文滤波和恢复管理等工作。

（1）报文格式

报文是以报文帧作为发送信息的基本单元。报文帧的格式如图 5-33 所示，它由报文头和报文响应两部分组成。报文头包括同步间隔场、同步场和标识符场；报文响应包括数据场、校验和场。由于数据场可以是 2B、4B 或 8B 的数据，所以报文帧的格式是固定的，但长度可以选择。

数据链路层
LLC 　接收滤波 　恢复管理 　时间同步 　报文确认
MAC 　数据封装/拆装 　错误检测 　错误标定 　串行化/解除串行化
物理层
位定时 位同步 总线发送/接收器

图 5-32　LIN 总线分层结构

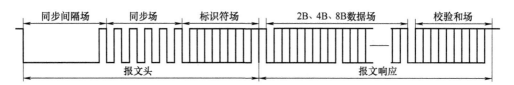

图 5-33　LIN 的报文帧

① 同步间隔场，标志着报文帧的开始。它由连续 13 个显性电平和一个隐性电平构成。

② 同步场，包含时钟的同步信息。同步场的格式是 0x55，在 8 个位定时中有 5 个下降沿，即隐性跳变到显性的边沿。

③ 标识符场，定义报文的内容和长度。报文内容由 6 个标识符位表示，即采用 6 位标识符对传送的数据作标记，共定义了 64 个不同的标识符。在整个网络中，标识符是唯一的。采用该方式可以使不同的节点同时接收到相同的数据。标识符位的第 4 位和第 5 位定义报文的数据场字节数，即数据场数量 N_{DATA}，可以是 2B（第 5 位和第 4 位为 00 或 01）、4B（第 5 位和第 4 位为 10）或 8B（第 5 位和第 4 位为 11）。标识符场的最高两位，即第 8 位和第 7 位，是标识符的奇偶校验位。

④ 数据场，由多个 8 位数据的字节场组成。格式都是通常的 SCI 或 UART 数据格式（8N1 编码），即每个场的长度以 10 位定时，起始位是一个显性位，它标志着场的开始；接着是 8 个数据位，传输由最低位开始；停止位是一个隐性位，它标志着场的结束。

⑤ 校验和场，是数据场所有字节的和的反码。和按带进位加方式计算，每个进位都被加到本次结果的最低位，这就保证了数据字节的可靠性。

上述各场之间存在着时间间隔，LIN 对这些时间间隔的长度没有定义，但限制了整个报文帧的最大长度。最大报文帧时间长度 T_{FRAME_MAX} 是指允许传输一个帧的最长时间，由数据场数量 N_{DATA} 决定。

（2）报文的传输

LIN 基于单主机、多从机概念，无仲裁机制。主机控制单元包括主机任务和从机任务，每个从机控制单元都是从机任务。LIN 的通信总是由主机控制单元的主机任务发送一个起始报文头，在接收并且过滤标识符后，一个从机任务被激活并开始本消息的应答传输，发送报文响应。

由于标识符不是指出报文的目的地，而是解释报文数据的含义，使得可以用多种方式来交换数据。图 5-34 所示的数据交换方式为由主节点到一个或多个从节点、由一个从节点到主节点或其他从节点的数据交换过程。

（3）报文的滤波和确认

报文滤波是指节点对接收的标识符进行过滤，接收具有固定标识符的报文，实现对信息的过滤。因此，报文滤波是基于整个标识符的，必须通过网络配置来确认，即确认每个从机任务对应一个标识符。

报文确认是指，如果直到帧的结尾都没有检测到错误，那么这个报文对发送器和接收器都有效。如果报文发生错误，则主机和从机任务都认为报文没有发送。主机和从机任务在发送和接收到一个错误报文时所采取的行动在协议规范中没有定义，用户可以根据应用的要求自己决定。

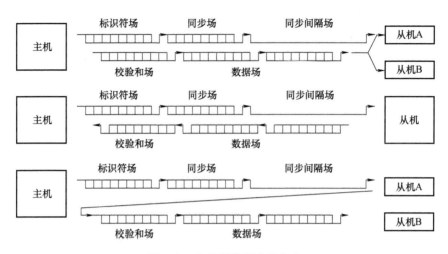

图 5-34　LIN 的数据交换方式

（4）错误的检测

LIN 共定义了 5 个不同的报文错误类型。

① 位错误。LIN 在向总线发送一个位单元的同时也在监控总线。当监控到的位的值和发送的位的值不同时，则在这个位定时检测到一个位错误。

② 校验和错误。如果所有数据字节的和的补码与校验和字节相加的和不是 0xFF，则检测到一个校验和错误。

③ 标识符奇偶错误。如果标识符的奇偶校验位不正确，则检测到一个标识符奇偶错误。通常，LIN 从机应用不能区分一个未知但有效的标识符和一个错误的标识符。然而，所有的从机节点都能区分标识符场中 8 位都已知的标识符和一个已知但错误的标识符。

④ 从机不响应错误。如果在最大报文帧长度 $T_{\text{FRAME\_MAX}}$ 中没有完成报文帧的传输，则产生一个从机不响应错误。

⑤ 同步场不一致错误。如果从机检测到同步场的边沿在给出的时钟容差外，则检测到一个同步场不一致错误。

5.3.3　LIN 总线数据传输

（1）LIN 总线数据传输原理

LIN 总线所控制的控制单元一般都分布在距离较近的空间，传输数据是单线，数据线最长可以达到 40m。在主节点内配置 1kΩ 电阻端接 12V 供电，从节点内配置 30kΩ 电阻端接 12V 供电。各节点通过电池正极端接电阻向总线供电，每个节点都可以通过内部发送器拉低总线电压[17]。

LIN 总线的拓扑结构为单总线型，采用单一主机总线上多从机的通信模式，无须仲裁机制，所有的数据通信均由主节点发起，每次数据的传输均由一次主机任务和一次从机任务组成。一个 LIN 由一个主机任务（Master Task）模块和多个从机任务（Slave Task）模块共同组成。主节点中既有主机任务模块又有从机任务模块；而其他从节点则只有从机任务模块。图 5-35 所示为 LIN 通信结构图。

如图 5-35 所示，主机节点包含两个任务状态——主机任务和从机任务。其中对主机节点任务的描述如下：

- 调度总线帧传输次序，负责总线调度表。
- 监测总线上信号数据，处理不符合正常通信帧收发。
- 提供标准时钟参考，统筹总线统一时钟管理。

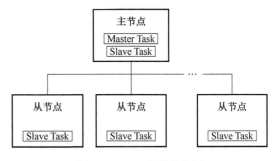

图 5-35　LIN 通信结构图

- 接收从机节点的总线唤醒命令，监测从机工作状态。

LIN2.0 协议内容对从机节点的任务做出规定是，从机不能主动发送数据，需要接收分析主机发送的帧头，根据接收到的帧头信息判断接下来的工作状态与总线状况，最终从机节点反馈结果情况：

- 判断接收数据从机身份，发送给主机应答信号。
- 接收应答。
- 对总线信号数据不予理睬。

（2）LIN 总线的数据格式

LIN 总线的报文帧（frame）包括帧头（header）与应答（response）两部分。主机发送帧头部分，从机节点从总线上接收总线帧头的数据信号，再通过对接收到的帧头信息进行解析，从节点会根据接收到的信息做出后续选择性反应动作：应答信号的发送；仅接收应答；对接收到的帧头仅分析而不做出任何反应动作。

总线上报文帧的传输过程如图 5-36 所示。帧头由同步间隔场（Synch Break Field）、同步场（Synch Field）和标识符场（Protected Identifier，PID）组成。响应部分包括数据场（Data Field）与校验和场（Check Field）。数据场可以是 2B、4B、8B，即图 5-37 所示的数据场 N。其中，N 应是一个不大于 8 的整数。图 5-37 所示的报文帧结构为一个完整报文帧的结构格式。在总线传输中，电平"0"定义为"显性电平"，电平"1"定义为"隐形电平"，总线上进行"线与"运算。下面逐一进行介绍。

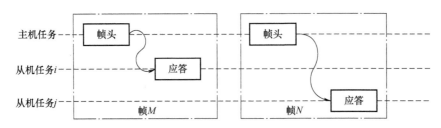

图 5-36　总线上报文帧的传输过程

（3）LIN 总线报文信息顺序

LIN 总线会在主机节点保存一张静态调度表，由其安排总线上的访问时序，同时调度表规定了标识符及其前后两帧间的间隔。在帧的传输过程中，主机节点确保在任一传输模式内，总线上所有相关的帧都具有足够的传输时间而不产生冲突。LIN 总线上调度表的使用尤

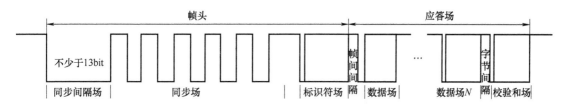

图 5-37　报文帧结构

为重要。调度表是为满足帧中的信号实时性要求而设立的，可以确保总线不出现过载情况，同时保障信号定期传输。

1）同步间隔场。同步间隔场由同步间隔和同步间隔场间隔符位组成，其作用是使节点精确地辨析出一个帧的开始，如图 5-38 所示。同步间隔是由一段不少于 13 位的"显性"电平构成（包含有起始位），后续连接 1 个最少持续一位时间的同步间隔符位，同步间隔符位的电平参数为隐形电平，该位作为后续同步场位的开始。

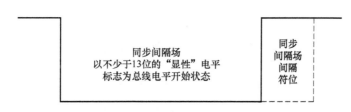

图 5-38　同步间隔场

从机节点正确检测总线上是否出现同步间隔场的阈值过程：对无晶振或陶瓷振荡器的从节点而言，其阈值为 11 个主节点位时间；对使用晶振或陶瓷振荡器的从节点，其值应为 9 个主节点位时间。

2）同步场。同步场如图 5-39 所示。其中包含着总线时钟同步信息，作用是对总线上从机节点位速率与主机节点同步统一。同步场的格式已经规定好为 0x55（二级制数为 01010101b），其电平格式为 8 位定时脉冲中出现 5 个负跳变。

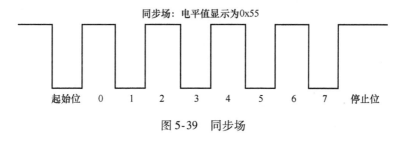

图 5-39　同步场

总线上的任一从机节点可不采用高精度的时钟管理，只需采用片上振荡器等级别精度和成本较低的时钟。由此带来的与主机节点时钟产生位时偏差，需通过同步场进行调节。调整的目的是使从机节点数据的位速度与主机节点位速率一致，总线任意两节点间收发速度要同步。

同步场将同步用的基准时钟作为主机节点时钟，从机节点通过接收主机节点发送的同步

场数据，分析并计算出主机节点位速度，并根据计算而得主机节点位速度数值，从而可进行同步调整。通过式（5-1）计算可得到主机节点实际传输 1 位所用时间，即为传输数据的位速率。

$$1\ 位时间 = \frac{第\ 7\ 位下降沿时钟值 - 起始位下降沿时钟值}{8} \tag{5-1}$$

3）标识符场。一个字节的标识符场能标出报文内容及其内容的长度，6 个标识符位（Identifier）和两个 ID 的奇偶校验位（ID Parity Bit）组成报文内容格式，如图 5-40 所示。数据场中数据位数的定义见表 5-11。

图 5-40　标识符场

表 5-11　数据场中数据位数的定义

数据场的位数	ID4	ID5
2	0	0
2	1	0
4	0	1
8	1	1

其中，标识符 0x3B、0x3C、0x3D、0x3E 和 0x3F 以及各自的标识符场和所有的 8 位字节都保留，用于命令帧和扩展帧，具体的帧类型见表 5-12。

表 5-12　帧类型

帧类型		帧 ID
信号携带帧	无条件帧	0x00 ~ 0x3B
	事件触发帧	
	偶发帧	
诊断帧	主动请求帧	0x3C
	从机应答帧	0x3D
保留帧		0x3E, 0x3F

从机节点依据帧 ID 进行判断，对帧头做出相应反应动作。如果帧 ID 传输有误，将会导致总线信号无法正确到达目的节点。因此，总线协议引入奇偶校验位，校验公式为

$$\begin{cases} P0 = ID0 \oplus ID1 \oplus ID2 \oplus ID4 \\ P1 = \overline{ID1 \oplus ID3 \oplus ID4 \oplus ID5} \end{cases} \tag{5-2}$$

可以看出，PID 不会出现全 0 或全 1 状况。所以，若从机节点接收的帧头分析得出 0xFF 或 0x00 即可直接断定为错误的传输。

4）响应场。数据场和校验和场构成响应场。数据场代表要传输的数据，可通过校验和场确保接收与发送信号的正确性。

① 数据场。数据场包含信号和校验消息两种数据信号类型。信号经信号携带帧传输，一个帧 ID 对应数据场可以包含一个或几个信号，信号的总线更新必须要保持其完整性，一个信号通常经一个固定节点发出。发出信号节点称为发布节点（Publisher），其余节点称为信号收听节点（Subscriber）。

节点总线上发送的数据位于数据场，包含 1~8B，发送顺序自低位至高位，发送位数编号依次递增，如图 5-41 所示。

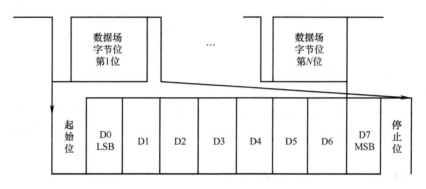

图 5-41　数据场

② 校验和场。最后一个场为校验场，如图 5-42 所示。校验方法是，将校验对象字节位的各字节带进位二进制加和（结果大于等于 256，则将结果减去 255），将所得和结果逐位取反作为要发送的校验和，接收节点根据校验和类型，对接收到总线数据作同样带进位二进制加和运算，此时加和的结果不再取反，将结果与接收到的校验和作加法，若两者相加结果为 0xFF，则接收数据为正确，反之则接收数据位错误。这种做法能一定程度地确保数据线上正确传输。

图 5-42　校验和场

5.3.4　LIN 总线设计

（1）LIN 总线的开发设计流程

LIN 总线的开发设计流程框图如图 5-43 所示。在提供了 LIN 驱动程序后，当用户为任

意的控制单元建立应用程序时，可通过 LIN
驱动程序提供的应用程序接口（LIN API）传
递信息，而不用清楚所传递信息的详情，这
样可减少开发人员的工作量，缩短开发周期。
因此，在对 LIN 规范有一定程度的掌握后，
开始进行 LIN 驱动程序的设计。这一方面是
为了对 LIN 总线的特性有更全面的认识；另
一方面是为了给 LIN 总线的应用设计提供一
个接口，加快 LIN 的建立[18]。

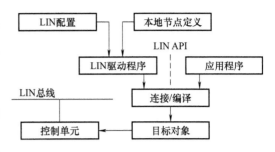

图 5-43　LIN 总线的开发设计流程框图

　　LIN 驱动程序必须能够正确处理 LIN 规范的 64 个报文，所以要对整个 LIN 有完整的定
义，即进行 LIN 配置。当用户建立应用程序时，要对本地节点处理的信息、本地节点 LIN 驱
动所需变量值进行定义，保证 LIN 驱动程序能够正确处理本节点所需的总线信息。

　　（2）LIN 的配置
　　LIN 的配置是对整个 LIN 的完整定义，它保证用户得到正确的配置，并保证配置高效和
灵活，包括 LIN 信息配置和驱动配置。LIN 配置的设计思路如下[18]：

　　1）LIN 信息配置。LIN 信息配置是使每个从机任务对应一个标识符，并为该标识符对
应的数据场分配相应的存储空间。LIN 信息配置的设置如图 5-44 所示，主要对以下内容进
行了定义。

　　① 数据场数量 N_{DATA}，指 64 个标识符对应的每个数据场的长度，范围为 1~8B。默认值
是 LIN 规范（1.2 版）定义的标准字节长度，即 2B、4B 或 8B。

　　② 数据场数量 N_{DATA} 表，指将所定义的数据场数量 N_{DATA}，按标识符顺序排列而成的一
个数组。

　　③ 数据场缓存空间，指每个数据场存储数据的空间。此缓存空间的大小由所定义的数
据场数量 N_{DATA} 确定。

　　④ 数据场缓存空间表，指将所定义的数据场缓存空间按标识符顺序排列而成的一个指
针数组。

　　⑤ 标识符场，指 64 个标识符所对应的标识符场，默认值为 0x00。所定义的标识符场被
存放在一个数组中。

　　⑥ 信息查询表，由给定的标识符查询所对应的标识符场、数据场、数据场数量，以便
形成完整的帧。

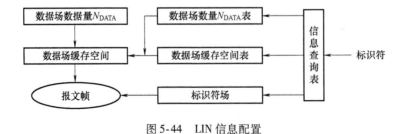

图 5-44　LIN 信息配置

　　LIN 信息配置可以使给定的标识符信号映射到相应的报文帧，而不必知道其详细的进行

过程。如图 5-45 所示，当给定一个标识符时，由信息查询表可以找到其对应的标识符场地址、数据场缓存空间地址、数据场数量 N_{DATA} 地址，根据这些地址就可以查询到标识符场、数据场及其长度，形成相应的报文帧。这样处理的好处就是可以使用户专心于应用程序的开发，而不用在 LIN 的应用上消耗大量时间，加快了开发速度。LIN 信息配置是以头文件的形式被应用程序连接编译的。

2）LIN 的驱动配置。LIN 的驱动配置是一个和 LIN 驱动硬件相关的配置，它对 LIN 规范规定的 1～8B 数据场的最大报文帧长度所对应的定时器计数寄存器的数值和在此数值下定时器溢出中断的次数进行了定义。下面以 1B 的数据场为例介绍其具体定义过程。

最大报文帧长度的定义。最大报文帧的计算公式为

$$N_{max} = (10N_{DATA} + 45) \times 1.4 - 15 \tag{5-3}$$

根据式（5-3），1B 的最大报文帧长度为 62bit。

① 定时器溢出中断次数的确定。设定可能存在的溢出次数，它是最大报文帧长度的整数倍。根据 1B 数据场可能存在的溢出次数，确定实际使用的溢出中断次数。因为 16 位定时器的最大计数个数为 0xFF，所以在计算时首先对式（5-3）进行判断，不断选择中断次数变量，直到该式正确，则溢出中断次数的值确定。

② 定时器计数寄存器预置数的确定。最后，将 1～8B 数据场的最大报文帧长度所对应的溢出中断次数和定时器计数寄存器预置数分别按顺序列表，形成溢出中断次数和计数寄存器预置数两张表以便查询。

从上述定义过程可以看出，通过各种可能的溢出中断次数的设定，使得在 LIN 协议规定的整个比特率范围内，以各种给定的定时器分频系数进行计数时，定时器计数寄存器预置数和溢出中断次数的值都可以在 LIN 驱动配置中查到。正是由于不需要为比特率或分频系数的不同而重新计算溢出次数和计数器的数值，所以可以大大减少开发人员的工作量，加快开发速度。

（3）本地节点的定义

1）本地节点的信息定义。本地信息定义包括信息方向的定义和信息长度的定义。

① 信息方向，指标识符所代表的信息流动方向，即本地节点是发送数据还是接收数据。没有定义的标识符会被节点忽略掉。

② 信息长度，指所定义的标识符对应的数据场数量 N_{DATA}。用户可以随意定义 1～8B 的数据长度，如果没有定义，则 LIN 信息配置默认为 LIN 协议规定的标准长度。

2）本地节点的驱动变量定义。在应用程序中，需要定义与本地节点 LIN 驱动有关的变量，主要包括以下 3 个变量。

① 总线比特率，LIN 总线的比特率，根据所选用的芯片来选择，范围是 1～20kbit/s。

② 定时器分频系数，根据所选用的芯片来选择。

③ 位时间，指定时器以给定的分频系数在一位时间内计数的个数。

给定了上述 3 个变量值，则定时器溢出中断次数和定时器计数寄存器的预置数就可以通过查询 LIN 驱动配置的相应表格得出。

5.3.5　LIN 总线技术应用

LIN 总线技术的诞生时间不算长，在汽车上的应用才刚刚起步。从某种意义上讲，LIN

相当于 CAN 的经济版通信网络，可定位为低于 CAN 的通信层。目前，LIN 总线在汽车上的应用领域主要有车门模块的车窗、中央门锁和车身模块的车内照明系统、自适应前照灯、防盗系统、外后视镜和空调系统等[19]。

（1）车门模块网络的基本要求

根据目前汽车车门控制单元的基本功能，对本车门模块网络提出以下基本要求：

① 完成电动车窗的基本功能。驾驶人可以控制 4 个车窗的升降和锁止。除驾驶人侧车窗外，其他 3 个车窗的运动，乘客可以控制。

② 完成中央集控锁的基本功能。驾驶人侧的门锁可以集中控制其他 3 个车门门锁的开和锁。

③ 具有进入睡眠模式的能力。在完成正常通信，实现以上基本功能的同时，如果整个网络没有任何活动，则整个网络能够进入睡眠模式，处于低功耗状态。

④ 具有唤醒功能。当需要通信时，能够唤醒整个网络，使其脱离睡眠模式。

（2）车门模块网络的方案设计

典型的车门模块网络结构框图如图 5-45 所示，每个车门构成一个 LIN，每个 LIN 中作为主机节点的控制开关单元是 LIN 和 CAN 的网关，通过 CAN 总线和中央控制单元相连。这种结构的特点是车门内的每个设备都借助 LIN 总线进行控制，实现了分布式控制，具有车门内导线数量少、各节点易于布置、故障诊断与维修方便的优点。同时，中央控制单元通过 CAN 总线和各 LIN 主机节点通信，其实时性好、抗干扰能力强。但是此网络中作为网关的主机都要选用带有 CAN 控制器的主芯片，成本比较高，所以此方案要在国产的中低档轿车中推广应用还有一定的困难。

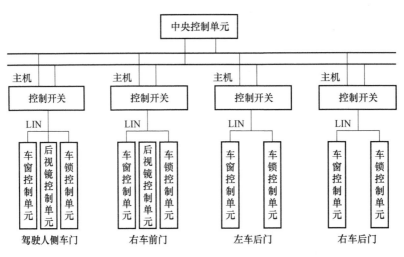

图 5-45 典型的车门模块网络结构框图

如图 5-46 所示，4 个车门控制单元组成了一个 LIN 网络，即驾驶人侧车门控制单元作为主机，其他 3 个车门作为从机，构成 1 个主机和 3 个从机的 LIN。与上述方案相比，这个方案存在每个车门内仍是集中控制、车门内导线数量多、布线仍然比较烦琐等缺点。但是，与目前存在的基于 CAN 的车门模块网络结构（见图 5-47）相比，本方案以较低的成本、较少的导线构建了车门模块网络。

图 5-46　基于 LIN 的车门模块网络结构框图

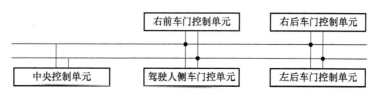

图 5-47　基于 CAN 的车门模块网络结构框图

根据车门模块网络的要求，本方案的特点是通信在主机和各从机之间进行，即主机发送控制命令从机接收，从机接收数据后完成相应的命令操作，如车窗升或降、车锁开或关。

（3）车门模块网络的标识符配置

根据车门模块的基本要求，整个车门模块中 4 个车窗、2 种状态共 8 个任务，4 个车锁、2 种状态共 2 个任务，1 个车窗锁止控制开关、2 种状态共 2 个任务，车门模块共有 12 个任务。主机节点选用具有 8 个键盘中断端口的主芯片控制这 12 个任务，根据键盘连接和其控制的任务数目，可以设计几种标识符分配方案（见表 5-13）。

表 5-13　网络标识符的分配方案

方案	键盘连接方式	标识符数目	标识符的分配					
1	2×6	6	左前车窗	左后车窗	右前车窗	右后车窗	车锁	车窗锁止
2	3×4	3	前车窗		后车窗		车锁和车窗锁止	
3	4×4	4	前车窗		后车窗		车锁	车窗锁止

方案 1 标识符数目最多，主机标识符查询消耗的时间较长，增加了传输延迟时间，影响了快速响应能力，故排除。方案 2 标识符数目最少，但是车锁和车窗锁止控制任务共用一个标识符，会造成从机判断烦琐，同样也会影响从机工作的快速响应。方案 3 是前两种方案的折中，最后选择了方案 3。网络标识符的分配情况见表 5-14。

表 5-14　网络标识符的分配

控 制 任 务	标 识 符
前车窗	0x06
车锁	0x07
车窗锁止控制	0x08
后车窗	0x09

参考文献

［1］廖晓露. 基于 CAN 总线的汽车控制网络实时性优化研究［D］. 长沙：湖南大学，2010.

［2］《中国公路学报》编辑部. 中国汽车工程学术研究综述・2017［J］. 中国公路学报，2017，30（6）：1-197.

［3］SURYAVANSHI P V，SHARMA V K，SHARMA R. Advance Computer Communication Systems in Hybrid Vehicles［C］//2006 IEEE Conference on Electric & Hybrid Vehicles. December 18-20，2006. Pune，India. New York：IEEE，c2006：1-5.

［4］NOLTE T，HANSSON H，BELLO L L. Automotive communications- past，current and future［C］//2005 IEEE Conference on Emerging Technologies & Factory Automation. September 19- 22，2005. Catania. Italy. New York：IEEE，c2005：985-992.

［5］王远. 20 年后的智能汽车［J］. 轻型汽车技术，2007（6）：29.

［6］朱孔源. 建立更加智能化的汽车安全系统［J］. 轻型汽车技术，2006（2）：35-36.

［7］王立萍. 汽车 CAN 网络控制系统的设计研究［D］. 广州：广东工业大学，2008.

［8］任重. 汽车网络综合研究及基于 CAN 总线的汽车组合仪表的实现［D］. 杭州：浙江大学，2003.

［9］童卫东. CAN 总线技术在汽车中的应用研究［D］. 南京：东南大学，2005.

［10］杜明轩. 车联网中商用车车辆信息采集系统的设计与研究［D］. 西安：长安大学，2019.

［11］徐鹤. 车用 CAN 总线拓扑结构设计与性能分析方法研究［D］. 北京：中国农业大学，2005.

［12］邱云峰，尹杰，王义，等. CAN 总线技术在现代汽车网络系统中的应用［J］. 贵州大学学报（自然科学版），2010，27（2）：91-95.

［13］李海洋. 基于 CAN/LIN 混合网络的车身控制系统的研究［D］. 哈尔滨：哈尔滨工业大学，2012.

［14］于赫. 车上总线网络及其与车载网关接口的设计与实现［D］. 长春：吉林大学，2008.

［15］秦学磊. 汽车 LIN 总线网络通信的研究及上位机设计［D］. 南京：南京邮电大学，2017.

［16］刘家瑜. LIN 总线应用系统设计与 LIN 收发器研究［D］. 成都：电子科技大学，2011.

［17］刘茜. LIN 总线及其在汽车车身控制中的应用［J］. 科技信息，2010（7）：486-488.

［18］庄会泉. 基于 CAN/LIN 总线的汽车车身网络设计［D］. 天津：河北工业大学，2014.

［19］黄鹏. 基于 CAN/LIN 的智能车身网络系统的研究与设计［D］. 长沙：中南大学，2009.

第 6 章　汽车电子控制系统的故障诊断

汽车电子故障诊断技术是随着汽车工业发展而发展的，是涉及机械、电子控制、数学、可靠性理论、测试和汽车使用技术等方面的综合应用学科。汽车电子故障诊断是指，利用必要的仪器和设备，在汽车不解体的条件下进行检测，确定汽车技术状况、工作能力或故障部位。汽车电子故障诊断已贯穿于汽车运用、汽车维护、汽车修理，以及交通安全和环境保护等领域[1]。

6.1　汽车故障诊断系统

汽车故障诊断系统又称故障自诊断系统，主要由电控单元（ECU）及传感器与执行器及监测电路组成。

6.1.1　汽车故障诊断系统功能

汽车故障诊断系统主要功能有三个：一是监测控制系统的工作情况，一旦发现某只传感器或执行器参数异常，就立即发出报警信号；二是将故障内容编成代码（故障码）存储在随机存储器（RAM）中，以便维修时调用；三是启用相应的备用功能，使控制系统处于应急状态运行。

（1）发出报警信号

在发动机运转过程中，当某只传感器或执行器发生故障时，ECU 将立即接通仪表板上的故障指示灯电路，使指示灯变亮，提醒驾驶人控制系统出现故障，应立即检修或送修理厂检修，以免故障范围扩大。故障指示灯又称为检查发动机指示灯或立即维修发动机指示灯。

（2）存储故障码

当故障诊断系统发现某只传感器或执行器发生故障时，ECU 会将监测到的故障内容以故障码的形式存储在随机存储器中。只要存储器电源不被切断，故障码就会一直保存在存储器中。即使是汽车在运行中偶尔出现一次故障，故障诊断电路也会及时检测到并记录下来。在控制系统电路上，设有一个专用诊断插座，在诊断排除故障或需要了解控制系统的运行参数时，使用汽车制造商提供的专用检测仪或通过特定操作方法，就可通过故障诊断插座将存储器中的故障码和有关参数读出，为查找故障部位、了解系统运行情况和改进控制系统设计提供依据。

（3）启用备用功能

备用功能又称失效保护功能。当故障诊断系统发现某传感器或执行器发生故障时，ECU将以预先设定的参数取代故障传感器或执行器工作，控制发动机进入故障应急状态运行，使

汽车维持基本的行驶能力。

在备用功能工作状态下，发动机的性能将受到不同程度的影响，某些车型的故障诊断系统还将自动切断空调、音响等辅助电器系统电路，以便减小发动机的工作负荷[2]。

6.1.2 OBD 系统

车载诊断（On Board Diagnosis，OBD）系统，或者称在线诊断系统，是一种由汽车故障诊断延伸出来的一种检测系统。车载 OBD 接口一般位于方向盘下方、驾驶人膝盖旁边，但不同的车接口可能在不一样的地方。OBD 接口示例如图 6-1 所示。

车辆OBD接口

图 6-1　OBD 接口示例

1. OBD 系统的发展过程

OBD 系统，首先由美国通用汽车公司在 1981 年应用。使用 OBD 系统的目的是在车辆使用过程中监测车辆排放控制系统。当车辆发动机控制器发现排放系统存在故障时，OBD 系统应该完成 3 件事：首先，它应该点亮组合仪表的故障指示灯（Malfunction Indicator Lamp，MIL），告诉驾驶人存在问题；其次，在计算机中设定一个代码；最后，将代码储存在计算机内存中，以便技术人员获取用于诊断和维修[3]。

第一代的 OBD 架构，称为 OBD-Ⅰ，由美国加州空气资源委员会（California Air Resources Board，CARB）开发，并于 1988 年执行。OBD-Ⅰ有很多缺点，仅覆盖了发动机排放系统相关的传感器和执行机构。

随着技术进步和扩展在线诊断能力意愿的升高，第二代 OBD 架构被开发出来，称为OBD-Ⅱ。美国 1990 年颁布的《清洁空气法（修正案）》规定，从 1996 年开始，在全美境内销售的所有轻型汽车和卡车都需配装 OBD-Ⅱ。OBD-Ⅱ系统会监测影响整车排放性能的每一个零件，包括所有传感器、执行机构，以及催化转换器、燃油供给系统和发动机失火，以保证车辆在其整个使用寿命中尾气排放尽可能满足标准要求，并且在诊断和问题的处理方面帮助维修人员。

欧洲从 2000 年开始实施 OBD 法规，为欧洲车载诊断（Europe On-Board Diagnosis，EOBD）。EOBD 和 OBD-Ⅱ有一些不一样的地方，如 EOBD 的排放报警限值 EU 3/EU 4 为固定值，而 OBD-Ⅱ法规中为相对值；OBD-Ⅱ要求监测供油系统泄漏，而 EOBD 没有要求[4]。

2005 年 4 月 15 日由国家环境保护总局颁布的 GB 18352.3—2005《轻型汽车污染物排放限值及测量方法（中国Ⅲ、Ⅳ阶段）》[10] 规定全国在 2007 年 7 月 1 日实施国Ⅲ排放，2008 年 7 月 1 日第一类汽油机需匹配 OBD 系统。国Ⅲ OBD 系统的要求基本与 EOBD 的一致。GB 18352.3—2005 对 OBD 的定义为，OBD 指用于排放控制的车载诊断系统，它必须具有识别可能存在故障区域的能力，并以故障代码的方式将该信息储存在电控单元存储器内[9]。

2. 汽油发动机 OBD 系统主要功能

（1）零部件的监测

与排放相关的零部件，包括发动机的电子控制器、为控制器提供输入信号的部件、接收控制器输出信号的部件、排气系统及蒸发系统中任何与排放相关的部件。此外，还要监测任何能实现监测功能的传感器电路的通断状态。必须检测的零部件如下：

① 输入的传感器，包括 MAP/MAF 传感器、氧传感器、节气门位置传感器、冷却液温度传感器、进气温度传感器、爆燃传感器、曲轴转速传感器、EGR 阀开度传感器、车速传感器、凸轮轴位置传感器等。

② 输出的执行器，包括喷油控制电路、点火控制电路、怠速控制阀驱动电路、碳罐控制阀、EGR 阀（使用了 EGR 阀时）、燃油泵等。

对这些零部件或系统进行监测和检测的方法都有明确的规定。当这些零部件出现故障时，可能导致排放超出 OBD 系统规定的限值，MIL 点亮。而在输入信号的有路面状况（G）传感器、ABS 中的轮速传感器、空调压力传感器和油面位置传感器等，以及输出信号中的空调离合器继电器、冷却风扇继电器、可变进气道控制电磁阀等。对排放没有影响或经排放测试结果表明对排放影响不大的零部件，发生故障时只记录故障码，不点亮 MIL。

（2）必须监测的重要项目

1）发动机失火的监测

汽油发动机在运转时，由于没有点火、混合气过浓或过稀、压缩压力低以及其他原因，可能导致吸入汽缸内的混合气不能点燃。未燃烧的混合气排入大气，对大气会造成污染。在排放控制中，发动机失火是一个特别严重的问题。失火不只是增加排放物，如果不加以注意，持续地失火将产生更严重的问题。例如，未燃汽油由于三元催化转化器温度高而点燃，造成三元催化转化器损坏等。通过监测发动机转速的变化，可以确定是否有失火现象发生。利用转速的变化诊断失火如图 6-2 所示。

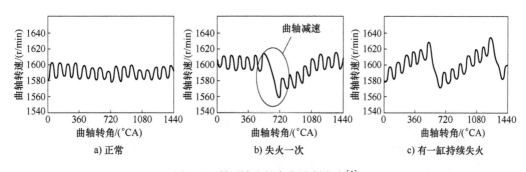

图 6-2　利用转速的变化诊断失火[4]

失火次数与总点火次数之比，通常以每 100 次燃烧事件中未发生点火的次数的百分比来表示，称为失火率。当失火率超过规定的百分比时（由生产厂商提出），排放污染物超标，将导致催化转化器过热而损坏。这时 MIL 必须进入独特的报警模式，如指示灯闪烁[4]。失火分以下两种类型：

① 排放损害型失火。在诊断数据管理系统中，排放损害型的失火故障码为 P0 300，故障类型为 TYPE B，必须在两个连续的工作循环中报告排放损害型失火才会点亮发动机故障灯。

当未燃烧的汽油（正常喷油，但没有点火）进入排气系统后，HC 和 CO 不能被充分氧化，导致尾气排放恶化。

当失火率达到导致尾气排放超过 OBD 限值的时候，诊断系统将报告一个排放损害型的故障码并记录有关信息。

② 催化器损害型失火。在诊断数据管理系统中，催化器损害型失火发生时故障码为 P0 300，故障类型为 TYPE A，在第一次监测到失火故障的工作循环中点亮故障灯。

大量未燃烧的汽油（正常喷油，但未发生点火）进入排气系统将导致后燃，从而使催化器温度迅速升高。

当失火达到可永久损坏催化器的水平时，软件将执行以下逻辑：一是故障灯立即点亮并闪烁，以提示驾驶人车辆正处于催化器损害型的失火工况；二是系统将监测是否属于单缸失火工况，一旦确认为单缸失火，系统将切断相应汽缸的喷油以尽可能地保护催化器；三是尽管系统已经判断为是催化器损害型失火，但当车速及发动机负荷降低到一定限值时，故障灯将停止闪烁但保持点亮状态，以允许驾驶人驾驶车辆"跛行-回家"[14]。

OBD 规定的失火监测范围如图 6-3 所示。

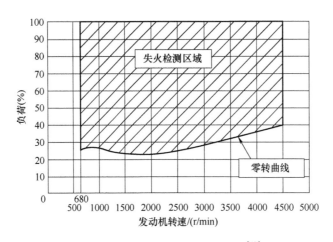

图 6-3　OBD 规定的失火监测范围[12]

利用失火发生模拟器可以制造不同的失火率，以监测失火率对排放的影响。

例如，某厂商规定其发动机失火率达到 4% 时，将造成 I 型试验的排放物数值超过 OBD 限值，即 TYPE B 故障类型。

发动机失火率达到表 6-1 所示失火率时，将使催化器在造成不可挽回的损坏前出现过热，即 TYPE A 故障类型。

2）催化剂性能诊断

催化器经过长时间使用性能会退化，主要原因是，排气温度过高或催化剂材料高温强度差造成涂层烧结和活性材料烧结；燃料和润滑油中的铅、硫和磷的存在，使催化器中毒；由于烧结和燃油、机油沉积物堵塞排气的通道，减少了排气与活性材料接触的表面积。当排气中排出的 HC 超过规定的标准时，说明催化器的性能已经劣化，需要进行更换。

表 6-1　催化剂损坏失火限值[12]

负荷 (%)	转速/(r/min)									
	500	1000	1500	2000	2500	3000	3500	4000	4500	5000
10										
20	24	24	24	24	24	24	24			
30	24	24	24	24	24	24	23.75	19	13.75	
40	24	24	24	24	24	24	23.50	17	13	
50	24	24	24	24	24	24	23	14.50	12.25	
60	24	24	24	24	24	23.75	22.50	13.25	11	
70	24	24	24	24	24	23.50	21.75	12.25	8.75	
80	24	24	23.70	23.50	23.25	23	20	11.50	7.50	
90	24	24	23	22.25	22	21.25	16.75	10.50	6.75	
100	24	24	21.25	19.50	19	17.50	11.50	9.25	4.75	

催化器性能的诊断原理是在怠速工况下，改变空燃比，利用安装在催化器前面和后面的两个氧传感器输出的电压信号对空燃比的反应时间，来判断催化器的储氧能力（Oxygen Storage Capacity，OSC）。如果时间过短，则说明催化转化器已丧失储氧能力，判断其已劣化。

氧传感器的输出电压，如前所述，当混合气浓时，输出高电压；当混合气稀时，输出低电压。如图 6-4a 所示，当后氧传感器的输出电压几乎是一条直线时，说明催化转化器氧的存储能力强，性能良好。在图 6-4b 中，后氧传感器的输出电压和前氧传感器的输出电压波形相似，说明催化转化器没有起作用，其性能已经退化。

当三元催化转化器的储氧能力 OSC 强时，混合气从稀到浓转换时前、后氧传感器输出反应较慢，需经历的时间长，如图 6-5a 所示。当三元催化转化器的 OSC 不足时，混合气的空燃比由稀变浓时后氧传感器的反应较快，如图 6-5b 所示。

3）前置氧传感器性能的监测

监测氧传感器开关特性的目的是检查前置氧传感器的工作是否正常。氧传感器性能退化，将会影响其他排放控制部件或系统，以及与排放有关的动力传动系统的工作。

OBD 系统可以对氧传感器输出电压信号的幅度、响应频率、跳变时间及氧传感器的加热时间等进行实时监测。

如果前置氧传感器响应特性退化（见图 6-6），使排放超过限值，则 MIL 点亮。

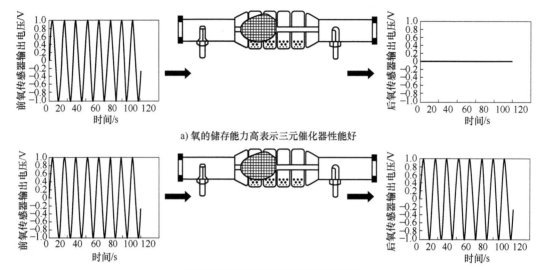

a) 氧的储存能力高表示三元催化器性能好

b) 氧的储存能力低表示三元催化器性能劣化

图6-4　催化器性能退化的诊断[12]

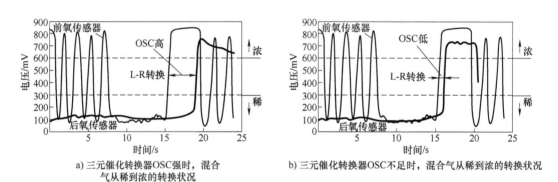

a) 三元催化转换器OSC强时，混合
气从稀到浓的转换状况

b) 三元催化转换器OSC不足时，混合气从稀到浓的转换状况

图6-5　三元催化转换器 OSC 强和不足时，混合气的转换状况[12]

L—稀混合气　R—浓混合气

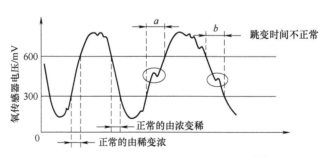

图6-6　前置氧传感器响应特性的诊断[12]

　　当前氧传感器性能好时，氧传感器的电压输出变化均匀，跳变的时间短；当氧传感器的性能退化时，跳变时间会变长。当混合气从稀变为浓时，会使 HC、CO 排放物增加；当混合气从浓变稀时，会使 NO_x 排放物增加，如图6-7所示。

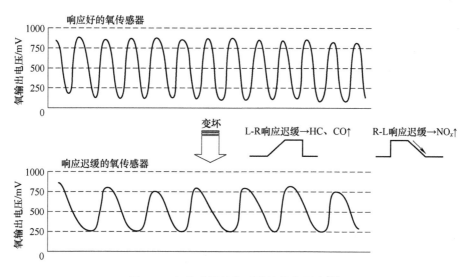

图 6-7　氧传感器性能对排放物的影响[12]

前置氧传感器可单独检测，也可与后置氧传感器一起进行检测。

4）燃油蒸发污染物的监测

燃油蒸发控制系统的功能是将燃油挥发的油气引入发动机的缸内燃烧，防止排放到大气中。此时，需监测控制电路的通断状态。

5）ECU 监测

ECU 的监测包括对通信的测试、校验和确认，以及内部硬件的测试。

（3）OBD 系统的工作

① 在每次发动机启动时，必须开始一系列的诊断检查，并且至少完成一次。

② 当 OBD 系统检测到零部件或系统出现问题时，电子控制系统应进入"排放默认模式"运转，以保证车辆能继续行驶[14]。

（4）MIL 的功能

① OBD 系统必须有一个 MIL，用来迅速提示驾驶人出现了故障。只有启动了应急程序或"跛行-回家"程序（发动机管理系统发生了故障，放弃了部分控制功能，只保留了勉强维持车辆行驶的功能）时，MIL 才点亮。注意，禁止使用红色的故障指示器。

② 点火开关接通，而发动机尚未启动或转动时，MIL 也必须点亮，以检查其工作是否正常。发动机启动后，如果没有检查到故障，MIL 应熄灭。

③ 通过标准的串行口数据连接器，应能随时获得 MIL 点亮时汽车的行驶距离。

④ MIL 的熄灭。如果发动机的失火率没有达到可能造成催化转化器损坏的限值，或者发动机运行工况改变后失火率不会造成催化转化器的损坏时，则 MIL 应切换到点亮（即曾经监测到失火的第一个工作循环）以前的状态，并可以在连续的工作循环内切换到正常的模式。这时，相应的故障代码和储存的冻结帧状态可被清除。对于其他所有的故障，在 3 个连续的工作循环期间，如果负责 MIL 的监测系统不再检测到故障，且没有检测出其他会单独点亮 MIL 的故障之后，MIL 可以熄灭。如果同一故障在 40 个以上发动机暖机（70℃以上）循环内不再出现，OBD 系统可以清除该故障代码，以及该故障出现时的行驶距离和冻

结帧保存的状态信息。

（5）OBD 系统的工作条件

OBD 系统在以下情况时不起作用[14]：

① 油箱储油量少于 20%。

② 启动时环境温度低于 -7℃。

③ 海拔高度在 2500m 以上。

④ 道路的路面情况十分恶劣，因此在车载系统中需要装有地面状况（G）传感器，检测地面的状况。

⑤ 对于装有动力输出装置的车辆，当动力输出装置的工作影响监测系统的工作时，才允许监测系统停止工作。

（6）故障码的存储和读取

① OBD 系统必须能够存储识别不同类型故障的代码[15]。每个故障必须使用单独的状态代码，以便正确识别与排放有关的零部件和系统性能劣化所产生的故障，并点亮 MIL。

② 使用专用的检测设备，通过标准的串行接口诊断插头与 ECU 的诊断插头连接，将存储的故障码读出。按照故障码的提示，维修人员可以迅速、准确地确定故障损坏的类型和部位。

6.2　OBD 故障码和测试方法

汽车故障诊断测试是指，利用故障检测仪或按照特定操作方式，来读取或清除故障码，检测各种传感器或执行器工作状况及其控制电路是否正常，与车载 ECU 进行数据传输等。汽车电子控制系统有无故障，均可通过自诊断测试进行检测诊断。

根据发动机工作状态不同，自诊断测试方式分为静态测试和动态测试两种[5]。

静态测试（Key On Engine Off，KOEO）方式，即在点火开关接通、发动机不运转的情况下进行诊断测试，主要用于读取或消除故障码。

动态测试（Key On Engine Run，KOER）方式，即在点火开关接通、发动机运转正常的情况下进行诊断测试，主要用于检测传感器或执行器的工作状况及控制电路是否良好，与车载 ECU 进行数据传输等。

6.2.1　OBD 故障码

OBD-Ⅱ故障码遵守标准 SAE J2012，分为两类，即通用故障码和专用故障码。通用故障码是指所有车辆都使用的故障码，由美国汽车工程师学会（Society of Automotive Engineers，SAE）定义；专用故障码是指汽车厂商自己定义的故障码。读取故障码后首先确定故障码是属于哪一类的，然后再根据故障码进行故障诊断[11]。

OBD-Ⅱ故障码一般由五位字母和数字构成，故障码各位的数字和字母含义如图 6-8 所示。

OBD-Ⅱ故障码的第 1 位为字母 P、C、B 或 U，紧跟其后的四位为数字或字母[17]。根据 OBD-Ⅱ故障码的第 1 位字母不同，可以判断出是哪个系统的故障，以 B 开头的故障码描述的是车身电控系统故障；以 C 开头的故障码描述的是底盘电控系统故障；以 P 开头的故障

码描述的是动力总成系统故障；以 U 开头的故障码描述的是网络通信系统故障。如果 OBD 的故障码以 P、B、C、U 开头，则属于通用故障码；如果不是则属于专用故障码。

OBD-Ⅱ故障码的第 2 位一般为 0、1、2、3，用来确定是 SAE 定义的，还是由汽车厂商自行定义的，见表6-2。数字 0，表示是由 SAE 定义的。数字 1，表示是由制造厂商自行定义的。数字 2，对于传动总成系统来说，表示是由 SAE 定义的；对于车身电控系统、底盘电控系统、网络通信系统来说，表示是由制造厂商自行定义的。数字 3，对于动力总成系统来说，表示是由制造厂商定义的，或者是由 SAE 保留的；对于车身电控系统、底盘电控系统、网络通信系统来说，是由 SAE 定义的，或者由 SAE 保留的，留作将来使用[18]。

图 6-8　故障码各位的数字和字母含义

表6-2　OBD-Ⅱ故障码的第 2 位数字的含义

	车身系统 （B 开头）	底盘系统 （C 开头）	动力总成系统 （P 开头）	网络通信系统 （U 开头）
0	通用故障码	通用故障码	通用故障码	通用故障码
1	专用故障码	专用故障码	专用故障码	专用故障码
2	专用故障码	专用故障码	通用故障码	专用故障码
3	留作将来使用	留作将来使用	P3000 ~ P33FF 为专用故障码； P3400 ~ P3FFF 为通用故障码	通用故障码

OBD-Ⅱ故障码的第 3 位为 0 ~ 9，或者字母 A、B、C、D、E、F。它表示的是故障发生在汽车的具体哪个系统。其中，0 是指燃油、进气测量与辅助的排放控制系统故障，1、2 是指燃油与进气系统故障，3 是指点火系统故障，4 是指废气系统故障，5 是指怠速控制系统故障，6 是指计算机与执行元件系统故障，7 ~ 9 是指传动系统故障，A 是指混合燃料推进系统故障，B、C、D、E 是保留的。

OBD-Ⅱ故障码的最后两位由原厂定义，范围是十六进制数 00 ~ FF[17]。

6.2.2　OBD 系统所有检测零部件的故障码及其测试

根据零部件对排放系统的影响程度不同，将故障码测试分为以下几类：

A 类故障。1 个行程发生一次就会点亮 MIL 指示灯和记录故障码，3 个连续的行程通过故障自诊断后排除故障指示灯熄灭，A 类故障码是最严重的一类。

B 类故障。2 个行程中各发生一次才会点亮 MIL 指示灯和记录故障码，3 个连续的行程通过故障自诊断排除后故障指示灯熄灭，是次严重的一类排放问题。

E 类故障。3 个行程中各发生一次会点亮 MIL 指示灯和记录故障码。

C 类故障。与排放问题无明显关系，发生故障时记录故障码，不点亮 MIL 指示灯[19]。

1 个行程是指所有 OBD 测试都能得以完成的驱动循环。

6.3　OBD-Ⅱ故障诊断系统

CAN 利用两条总线将车上的多个控制系统连接构成网络，实现各控制器的信息共享，节省了导线，提高了系统的可靠性，如图 6-9 所示。由于这种数据传输模式是所有信息沿两条线路传输，与所参与的控制器数量及所涉及的信息量大小无关。因此对控制单元多、信息交换量大的汽车控制系统非常有利[6]。

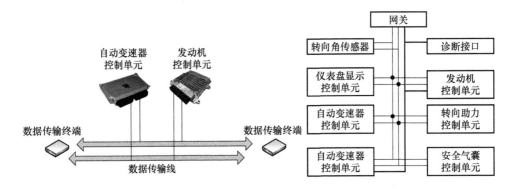

图 6-9　驱动系统 CAN 总线

数据总线的优点如下：

① 可实现信息共享，减少传感器和信号线的数量。

② 增加新信息时只需进行软件工作。

③ 各控制单元间可进行高速数据传输。

④ 控制单元对传输的信息进行连续监测，可提高系统的可靠性，减少错误率。

⑤ CAN 总线符合国际标准，适用于各种型号的控制单元间的数据传送。

OBD 旨在让车载自诊断模块起到监控排放的作用，得到了绝大多数汽车故障诊断系统的支持。它通过故障诊断接口与故障诊断仪相连。由于 OBD 中的诊断项目精简、诊断内容具体，所以基于 CAN 的 OBD 网络结构简单、功能明确[7]。

OBD-Ⅱ是第二代车载诊断系统，它是汽车发动机电子系统的重要组成部分。其目的是监测汽车各项运行状态参数、量化尾气排放物以控制大气污染来保护环境。OBD-Ⅱ系统有以下特点[16]：

① 统一诊断插座，将各种车型的诊断插座统一为 16 端子。

② 统一诊断插座位置，均安装在驾驶人侧仪表盘下方。

③ 故障诊断仪和车辆之间采用标准通信规则。

④ 统一各个车型的故障码含义。

⑤ 具有数值分析和数据传输功能。

⑥ 具有重新显示记忆故障码的功能。

⑦ 具有行车记录仪功能。

⑧ 具有可由仪器直接消除故障码的功能。

⑨ 监控排放控制系统。

⑩ 标准的技术缩写术语，定义系统的工作元件。

（1）诊断网络

为了监控排放，OBD 制定了催化效能监测、失火监测、燃油系统监测、氧传感器及其加热器（若有）监测、排气再循环系统监测、燃油蒸发系统监测、二次空气监测和冷媒（若需要）监测 8 项诊断功能。当 OBD 用到的 ECU 不超过 8 个时，它们在汽车中形成图 6-10 所示的结构。

（2）通信规程

OBD 的速率取 250kbit/s 或 500kbit/s，诊断功能能以"请求-应答"的方式进行，如图 6-11 所示。可见，每执行一次测试循环，OBD 中的诊断设备都能将 8 个监测项目全部执行一遍。

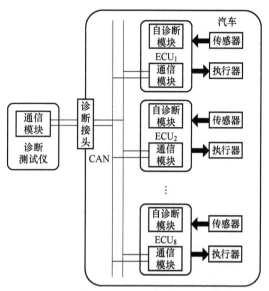

图 6-10   基于 CAN 总线的 OBD 网络

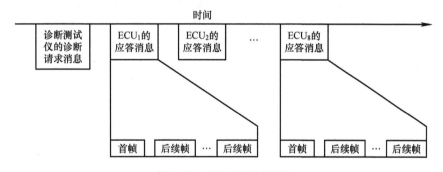

图 6-11   OBD 的测试循环

在图 6-11 所示的通信规程中，每个测试循环所要通信的诊断数据既多又长，而 CAN 总线的有效信息传输速度又偏低，所以 OBD 要求网络层不得使用流量控制机制来延缓数据的传输进程。只要来自某个 ECU 的应答消息中一出现首帧，诊断测试仪就立即向该 ECU（以物理方式）发送一个流量控制帧。其中，FS、BS 和 ST_{min} 参数均为 0。FS = 0 是为了让该 ECU 的发送动作继续；BS = 0 表明此后不再出现流量控制帧；ST_{min} = 0 则用来促使该 ECU 尽早将全部后续帧发送完毕[8]。

另外，OBD 还将所有 CAN 帧的数据长度码（Data Long Code，DLC）都定为 8，让它们全都具有最大的信息吞吐能力。如果诊断数据不足 8B，则将数据场中的剩余字节闲置。

参考文献

［1］刘忠宝. 基于CAN-BUS的OBD-Ⅱ即时显示模拟［D］. 大连：大连理工大学，2008.

［2］李昔阳. 基于CAN总线和OBD-Ⅱ的车辆数据采集系统的研究与开发［D］. 重庆大学，2016.

［3］蔡浩. 汽车故障诊断系统的设计和开发［D］. 上海：上海交通大学，2009.

［4］崔书超，柴智，南金瑞. 基于CAN总线的纯电动汽车故障诊断系统［J］. 车辆与动力技术，2012（2）：44-47.

［5］李满. 基于OBD系统的车辆状态监测及故障诊断［D］. 北京：清华大学，2016.

［6］刘飞，杨志刚，徐小林. 汽车电子控制自诊断系统［J］. 现代电子技术，2003（1）：84-85.

［7］史文杰. 某型纯电动汽车故障诊断功能的设计和研究［D］. 合肥：合肥工业大学，2015.

［8］吴广. 汽车故障诊断系统研究［D］. 长春：吉林大学，2009.

［9］王永军. 轿车车载诊断（OBD）系统核心技术研究［D］. 长春：吉林大学，2007.

［10］国家环境保护总局. 轻型汽车污染物排放限值及测量方法（中国Ⅲ、Ⅳ阶段）：GB 18352.3—2005［S］. 北京：中国标准出版社，2005.

［11］郭振. 基于车联网的车辆信息采集系统的设计与研究［D］. 西安：长安大学，2015.

［12］李建秋，赵六齐，韩晓. 汽车电子学教程［M］. 2版. 清华大学出版社，2011.

［13］陈敏瑕，周峰雷. 车载诊断系统介绍［J］. 企业科技与发展，2011（19）：24-26.

［14］陆红雨. 轻型汽油车OBD（车载诊断）型式认证试验研究［D］. 长春：吉林大学，2007.

［15］《中国公路学报》编辑部. 中国汽车工程学术研究综述·2017［J］. 中国公路学报，2017，30（6）：1-197.

［16］胡杰. 轻型汽油车排放控制故障诊断方法及离线诊断技术研究［D］. 武汉：武汉理工大学，2011.

［17］姜立庆. 汽车OBD-Ⅱ故障码速查手册（通用故障码分册）［M］. 北京：机械工业出版社，2012.

［18］滕凯凯. 基于OBD的车辆信息采集系统的设计与研究［D］. 西安：长安大学，2016.

［19］孟磊. 基于OBD-Ⅱ的车载远程故障诊断系统设计［D］. 武汉：武汉理工大学，2012.

第 7 章　智能网联汽车 V2X 通信技术

车用无线通信（Vehicle to Everything，V2X）技术作为智能网联汽车信息交互的关键技术，是实现车车/车路信息共享与协同控制的通信保障。目前，V2X 通信的主流技术包括专用短程通信（Dedicated Short Range Communication，DSRC）技术和基于蜂窝移动通信系统的 C-V2X 技术（包括 LTE-V2X 和 5G NR-V2X）。

7.1　V2X 技术

7.1.1　V2X 技术定义

V2X 技术是将车辆与一切事物相连接的新一代信息通信技术。其中，V 代表车辆；X 代表任何与车交互信息的对象，当前 X 主要包含车、人、路侧基础设施和网络。V2X 交互的信息模式包括：车与车之间（Vehicle to Vehicle，V2V）、车与路侧基础设施之间（Vehicle to Infrastructure，V2I）、车与人之间（Vehicle to Pedestrian，V2P）、车与网络之间（Vehicle to Network，V2N）[1]，如图 7-1 所示。

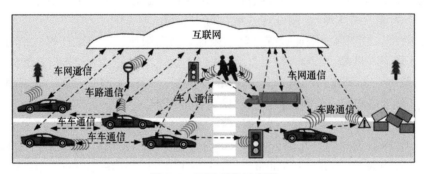

图 7-1　V2X 系统示意图

7.1.2　V2X 技术特点

V2X 技术通过与周边车辆、道路、基础设施进行通信，从时间、空间维度上扩大车辆对交通与环境的感知范围，能够提前获知周边车辆操作信息、交通控制信息、拥堵预测信息、视觉盲区等周边环境信息。可见，V2X 技术的应用能够增强环境感知能力，降低车载传感器成本，促进多车信息融合决策。V2X 技术的主要特点如下：

① V2V 技术允许车辆通过转发自身及前方的实时信息预防事故的发生，从而减少驾驶时间、改善交通环境、减少交通拥堵。

② V2I 技术通过无线通信的方式帮助车辆和路侧的交通设施实现数据交换，主要应用包括交叉路口安全管理、车辆限速控制、电子收费、运输安全管理，以及道路施工和限高警示等。V2I 技术将推动交通设施智能化，包括禁止驶入灯标、天气信息系统等交通设施都可改进为通过多种算法识别高风险情况并自动采取警示措施的智能交通设施。

③ V2P 技术则使得行人通过智能手机成为 V2X 通信环境中的一个节点。它可以发送或接收警示信号。例如，可以预先告知联网信号灯自身是否需要延长过马路的时间，也可以提示附近车辆前方路口有行人要过马路，或者提示车辆相邻车道有自行车在骑行[2]。

④ V2N 技术使得车载设备通过接入网/核心网与云平台连接并进行数据交互，对获取的数据进行存储和处理，提供车辆所需要的各类应用服务。V2N 通信主要用于车辆导航、车辆远程监控、紧急救援、信息娱乐服务等。

7.1.3 V2X 技术应用场景

V2X 通信技术目前主要覆盖 3 大典型应用场景——交通主动安全、交通效率和信息服务，并且向支持实现自动驾驶应用演进。在未来移动通信论坛（简称 FuTURE 论坛）和车载信息服务产业应用联盟（Telematics Industry Application Alliance，TIAA）共同发布的《智能网联汽车 5G 基本应用白皮书》[2]中定义了 72 种智能网联汽车应用场景，其中基本应用场景如下[3]：

① 交通主动安全。前向碰撞预警、左转辅助或告警、汇入主路辅助或碰撞告警、交叉路口碰撞告警（有信号灯、无信号灯、非视距等，存在路边单元）、交叉路口碰撞告警（有信号灯、无信号灯、非视距等，不存在路边单元）、超车辅助或逆向超车提醒或借道超车、盲区告警或换道辅助、紧急制动预警（紧急电子刹车灯）、车辆安全功能失控告警、异常车辆告警（包含前方静止、慢速车辆）、静止车辆提醒（交通意外、车辆故障等造成）、非机动车（电动车、自行车等）横穿预警或行人横穿预警、紧急车辆提示、道路湿滑/危险路段提醒（大风、大雾、结冰等）、闯红灯（或黄灯）告警。

② 交通效率。减速区或限速提醒（隧道限速、普通限速、弯道限速等）、车速引导、车内标牌、电子不停车收费。

③ 信息服务。进场支付、自动停车引导及控制、SOS/eCALL 业务、车辆被盗或损坏（包括整车和部件）警报、车辆远程诊断，维修保养提示。

为进一步推进 V2X 智能网联汽车的发展，加强汽车网联化与智能化技术的创新协同，于 2020 年 9 月 28 日发布的《车路云一体化融合控制系统白皮书》[4]中提出了智能网联汽车云控系统（System of Coordinated Control by Vehicle-Road-Cloud Integration，SCCVRCI），利用新一代信息与通信技术，将人、车、路、云的物理层、信息层、应用层连为一体，进行融合感知、决策与控制，是一种可实现车辆行驶和交通运行安全、效率等性能综合提升的信息物理系统，如图 7-2 所示。

云控系统作为一个复杂的信息物理系统，由网联式智能汽车与其他交通参与者、路侧基础设施、云控基础平台、云控应用平台、保证系统发挥作用的相关支撑平台以及贯穿整个系统各个部分的通信网共六个部分组成。其中，云控基础平台是云控系统的中枢，是汽车由单纯的交通运输工具逐步转变为智能移动空间和应用终端的产业化核心所在。智能网联汽车云控系统标志着对智能网联汽车云控基础平台的共识得到了进一步强化，将有利于推动云控平台的建设和发展。

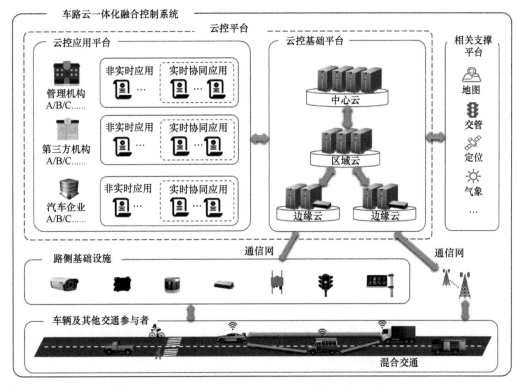

图 7-2　智能网联汽车 V2X 云控系统架构示意图[4]

7.2　DSRC 通信技术

DSRC 是基于 IEEE 802.11p 和 IEEE 802.11a 协议组的无线通信技术，是一种专用短程通信技术，主要面向 V2V 和 V2I 的通信标准，目前由美国、日本主导。DSRC 工作在 5GHz 频段，支持 300m 范围内的 V2V 通信，时延低于 50ms。在 10MHz 系统工作带宽下，其数据传输度可达 3~27Mbit/s，且实现复杂度较低。

DSRC 通信系统由三部分组成，分别是车载单元（On Board Unit，OBU）、路侧单元（Road Side Unit，RSU）和专用通信链路。OBU 相当于移动终端，是安装在移动汽车上的嵌入式处理单元。RSU 指车道和路旁的各种通信设备。专用通信链路是指 OBU 与 RSU 之间的上下行链路。通过专用通信链路，OBU 与 RSU 可以保持实时高效的信息交互[5]。

DSRC 有两种信息传输形式：主动式和被动式。

（1）主动式

这种系统中 RSU 和 OBU 均有振荡器，都可以发射电磁波。当 RSU 向 OBU 发射询问信号后，OBU 利用自身电池能量发射数据给 RSU。主动式 DSRC 技术中 OBU 必须配置电池。

（2）被动式

被动式又被称为异频收发系统或反向散射系统，是指 RSU 发射电磁信号，OBU 被电磁

波激活后进入通信状态，并以一种切换频率反向发送给 RSU 的系统。被动式 OBU 可以是有电源的，也可以是无电源的。

DSRC 是一种无线通信技术标准或协议，主要用于 ITS 领域，目前国际上应用的几种 DSRC 标准如下[6]：国际标准化组织的 ISO/TC 204、欧洲标准化组织的 CEN/TC 278、美国的 ASTM/IEEE 802.11p 和 1609、日本的 TC 204、中国的 TC 204，见表 7-1。

表 7-1　现有 DSRC 技术标准比较

标准化组织和地区	ISO	CEN（欧洲）	美国	日本	中国
标准编号	TC 204	TC 278	ASTM/IEEE 802.11p 和 1609	TC 204	TC 204
工作频率	5.8GHz 915GHz	5.8GHz (5.795~5.815GHz)	5.8GHz (5.795~5.815GHz) 915GHz (902~928MHz)	5.8GHz	5.8GHz
工作方式	主、被动方式 分别使用	被动式	主、被动方式 共用，采用主—— 从通信方式	主动式	被动式
调制方式		ASK，BPSK		ASK	ASK，BPSK
通信协议		HDLC	TDMA	FCMS，MDS， ACTS	HDLC
编码方式		FMO，NRZI	曼彻斯特	曼彻斯特	FMO，NRZI
传输速率		上行 500kbit/s 下行 250kbit/s	500kbit/s	1Mbit/s	上行 500kbit/s 下行 250kbit/s
审批机构	ISO 成员国	CEN 成员国	ITS America FCC	邮政省 建设省	国家技术监督局 国家委员会

7.2.1　DSRC 技术工作频率

DSRC 的工作频率在 5.850~5.925GHz 的 75MHz 频带上。将其分成 7 个独立的信道，分别是 CH 172、CH 174、CH 176、CH 178、CH 180、CH 182、CH 184，并且每个信道间的带宽都是 10MHz，如图 7-3 所示。其中，CH 178 属于控制信道，主要的功能是负责车用环境无线存取（Wireless Access in Vehicular Environments，WAVE）服务广播封包，播放一些和安全相关的内容和信息，如车辆的速度和方向等内容；CH 174、CH 176、CH 180、CH 182 则属于服务信道，主要的功能是传递一些和安全无关的 WAVE 短消息封包；信道 CH 172 用于碰撞避免、车间通信等；信道 CH 184 用于长距离、大功率通信。

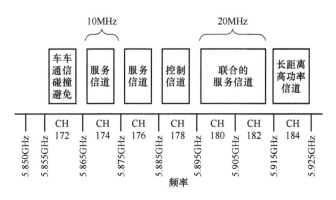

图 7-3 DSRC 信道划分

7.2.2 DSRC 通信拓扑结构

DSRC 通信以 IEEE 802.11p 协议为物理层标准，以 IEEE 1609 系列协议作为上层协议的车辆自组网（Vehicular Ad-Hoc Networks, VANET）短距离无线通信协议栈。它可以实现百米内数据安全可靠的双向传输，并支持图像和影音传输，是一种成熟稳定的车路互联方案。

图 7-4 给出了 DSRC 拓扑结构。其中，RSU 与核心网相连，RSU 与 OBU 之间通过 WAVE 方式进行无线连接，当核心网有信息需要发送到 OBU 上时，需要先通过一个 RSU 作为中继，才能将信息发送给 OBU。当 OBU 之间进行通信时，可以不借助于其他中继，两个 OBU 之间直接进行数据交换[7]。

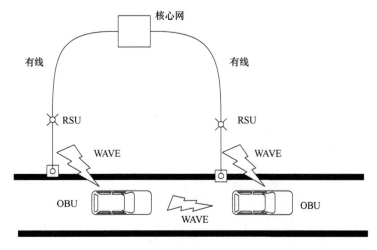

图 7-4 DSRC 拓扑结构

7.2.3 DSRC 系统组成

DSRC 系统主要包含 RSU 和 OBU 两部分，此外还包括控制中心及一些辅助设备。其中，RSU 是重要组成部分，通过有线光纤的方式介入网络。车与车之间的信息交换通过 RSU 和 OBU 之间的通信实现，无线通信技术（如 telematics）的车载计算机系统通过 802.11p + RSU

回程的方式实现，因此 DSRC 架构中需要部署大量的 RSU 才能较好地满足业务需求[8]。DSRC 通信系统结构如图 7-5 所示。

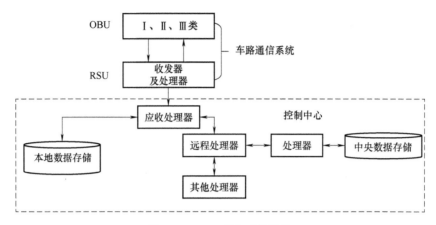

图 7-5　DSRC 通信系统结构

（1）OBU

OBU 是一种具有微波通信功能和信息存储功能的移动识别设备。OBU 本身可以作为独立的数据载体成为单片式电子标签，也可以附加一个智能卡读写接口实现扩展的数据存储、处理、访问和控制功能，从而成为双片式电子标签。同时，它具有 CAN 接口，可以通过该接口和车内网进行数据传输。智能卡的引入，不仅使 OBU 电子标签的扩展存储空间增加、容纳更多的应用，而且还可以作为电子钱包行驶的金融储值卡使用，降低系统营运的风险。

（2）RSU

RSU 又称为路边单元、车道单元、车道设备，主要是指车道通信设备——路侧天线，其参数主要有频率、发射功率、通信接口等。路侧天线能够覆盖的通信区域大约为 3～30m。RSU 是 OBU 的读写控制器，由加密电路、编码器电路和微波通信控制器组成，以 DSRC 通信协议的数据交换方式和微波无线传递手段，实现移动车载设备与路侧设备之间安全可靠的信息交换。基于 DSRC 的 OBU 及 RSU 示例如图 7-6 所示。

图 7-6　基于 DSRC 的 OBU 及 RSU 示例

7.2.4　DSRC 协议

DSRC 协议的全称为道路交通运输信息通信（Road Traffic and Transport Telematics, RTTT）-特定短距离通信（Dedicated Short Range Communication, DSRC），是针对固定于车道或路侧的 RSU 与装载于移动车辆上的 OBU（电子标签）间通信接口的规范。

DSRC 协议主要特征包括主从式结构、半双工通信方式和非同步分时多重存取。主从式结构以 RSU 为主，OBU 为从。即，RSU 拥有通信的主控权，RSU 可以主动下传信息，而 OBU 必须听从 RSU 的指令才能上传信息。半双工通信方式，是指传送和接收信息不能同时进行。非同步分时多重存取，是指 RSU 与多个 OBU 以分时多重存取方式通信，但彼此不需事先建立通信窗口的同步关系。

DSRC 协议层的基础是参照开放系统互联参考模型 OSI 通信协议的第一层物理层（Physical Layer, PHY）、第二层数据链路层（Data Link Layer, DLL）和第七层应用层（Application Layer, AL），如图 7-7 所示。

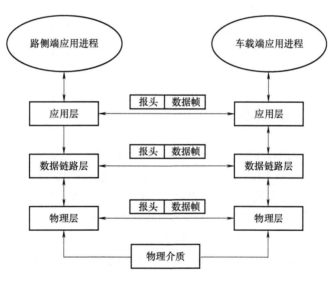

图 7-7　DSRC 协议体系结构图

① 物理层，规范无线通信使用的传输介质及上行与下行链路传输介质的物理特性参数。

② 数据链路层，规定通信帧结构格式、帧封装（frame wrapper）方式、介质存取控制（MAC）程序、逻辑链路控制（LLC）程序等。

③ 应用层，规定应用服务数据的分解与重组（fragmentation and defragmentation），提供一系列的服务原语（primitive）给不同的应用来实现通信过程的各种操作。

7.2.5　DSRC 技术的应用和发展

DSRC 主要应用在 ITS 中，DSRC 以大容量、高速率、低时延的特点搭建了 ITS 中的通信平台，是交通管理系统的关键技术，具有广泛的应用前景和发展意义。DSRC 技术应用于 ITS 主要提供如下服务[5]：

① 信息提供服务。DSRC 技术提供及时、具体的交通信息，满足多种服务需求，如车辆

导航、安全驾驶、车辆调度、紧急车辆处理等。

② 数据交换服务。DSRC 技术不仅可以完成车辆身份信息、电子收费等数据的传输，还可以与联网的车道工控机、收费站计算机、结算中心及管理计算机高效率互通信息。

③ 实时检测服务。道路上时刻运行着各类特殊车辆，如违章、盗窃、军警和公安等，所有这些都需要实时检测，严密监控，妥当处理，最大限度地保障人民生命财产安全。

④ 数据加密服务。基于 DSRC 技术对需要保密的信息如收费、安全等进行高强度的加密处理，确保信息安全、畅通传输。

DSRC 面临的主要挑战是，在车辆密集和高移动性情况下 IEEE 802.11p MAC 数据包冲突和介质访问拥塞问题。在高密度的情况下，每台车辆的传输范围内都有大量的设备，导致 IEEE 802.11p 载波侦听多路访问（Carrier Sense Multiple Access，CSMA）性能下降，信道拥塞严重。信道拥塞和数据包冲突必然会影响通过广播方式传递消息的安全应用的可靠性。由于 IEEE 802.11p 广播模式中缺少接收请求然后发送消息的消息收发模式，传输事件驱动的紧急消息的可靠性将下降。另外，DSRC 的覆盖范围较为有限，即使通过多跳通信来扩展 DSRC 的覆盖范围也不能保证在任意时刻都能为车辆接入提供一条可用的链路。多级连跳通信及路由问题，不仅大大增加了通信时延，还降低了可靠性。除此之外，DSRC 要进行商用大规模部署的话，需要大量投入路边设施，然而其商业盈利模式不清晰，因此发展前景并不明朗[9]。

7.3 LTE-V2X 通信技术

长期演进-V2X（Long Term Evolution-Vehicle，LTE-V2X）通信技术，是基于分时长期演进（Time Division-Long Term Evolution，TD-LTE）的 ITS 解决方案，属于 LTE 后续演进技术的重要应用分支。由第三代合作伙伴计划（3GPP）制订，在蜂窝技术的基础上优化而来，后续将演进到新空口（New Radio，NR）-V2X 技术。业界将 LTE-V2X 和 NR-V2X 统称为 C-V2X。

C-V2X 协同通信技术是基于 4G/5G 等蜂窝网通信技术演进形成的车用无线通信技术。从技术演进角度讲，LTE-V2X 支持向 5G NR-V2X 平滑演进，是 DSRC 通信技术的有力补充[3]。

7.3.1 LTE-V2X 技术标准演进

LTE-V2X 标准协议架构由三部分组成，包括物理层、数据链路层、应用层。物理层是 LTE-V2X 系统的底层协议，主要提供帧传输控制服务和信道的激活、失效服务，收发定时及同步功能。数据链路层负责信息的可靠传输，提供差错和流量控制，对上层提供无差错的链路链接。应用层基于数据链路层提供的服务，实现通信初始化和释放程序、广播服务、远程应用等相关操作[10]。

作为 LTE 平台向垂直行业新业务的延伸，3GPP 为车辆通信的增强进行了标准研究和开发。如图 7-8 所示，目前，LTE-V2X 的标准化分为 3 个阶段。图中，Q1、Q2、Q3、Q4 分别表示第 1 季度、第 2 季度、第 3 季度、第 4 季度。

① 支持 LTE-V2X 的 3GPP R14 版本（第 1 阶段）已于 2017 年正式发布。

② 支持 LTE-V2X 增强（LTE-eV2X）的 3GPP R15 版本（第 2 阶段）于 2018 年 6 月正式完成。

③ 支持 5G V2X 的 3GPP R16 + 版本（第 3 阶段）于 2018 年 6 月启动研究，与 LTE-V2X/LTE-eV2X 形成互补关系。

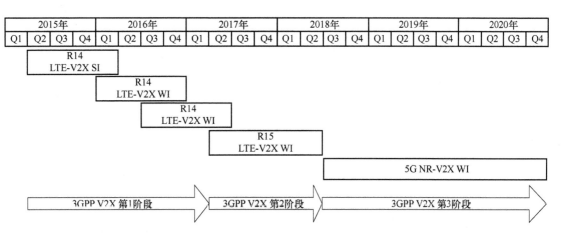

图 7-8　3GPP LTE-V2X 及 5G NR-V2X 标准研究进展

2016 年 9 月，电信行业与汽车行业的全球跨行业产业联盟——5G 汽车通信技术联盟（5G Automotive Association，5GAA）成立。5GAA 发起方包括奥迪、宝马和戴姆勒，以及 5 家电信通信公司（爱立信、华为、英特尔、诺基亚、高通）。目前，已有多家机构加盟该组织，已涵盖主要车企、运营商与设备商成员超过 60 家。

7.3.2　LTE-V2X 系统组成

LTE-V2X 是第 4 代移动通信技术的扩展技术，专门针对车间通信协议设计。LTE-V2X 系统设备组成包含了用户终端（User Equipment，UE）、RSU、E-UTRAN 基站（E-UTRAN Node B，eNB）三部分，如图 7-9 所示。UE 包含车载设备、个人用户便携设备等。RSU 提供 V2I 服务，处于 eNB 和 UE 之间，承担着双方的数据通信任务。eNB 是承担 LTE-V2X 系统的无线接入控制功能的设备，主要完成无线接入功能，包括管理空中接口、用户资源分配、接入控制、移动性控制等无线资源管理功能。

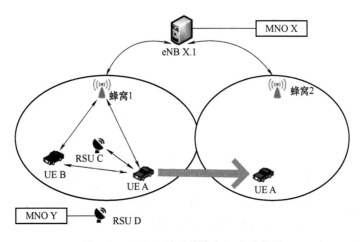

图 7-9　LTE-V2X 系统设备组成示意图

如图 7-10 所示，基于 3GPP 标准，LTE-V2X 可以选择两种接口进行 V2X 消息传递：一种是 ProSe 直接通信（Proximity-based Services Direct Communication，PC5）接口；另一种是接入网-用户终端（UTRAN-UE，Uu）接口。当支持 LTE-V2X 的终端设备（如 OBU、智能手机、RSU 等）处于蜂窝网络覆盖内时，可在蜂窝网络的控制下使用 Uu 接口；但是无论是否有网络覆盖，均可以采用 PC5 接口进行 V2X 通信。LTE-V2X 技术将 Uu 接口和 PC5 接口相结合，彼此相互支撑，共同用于 V2X 信息传输，形成有效的冗余来保障通信可靠性。

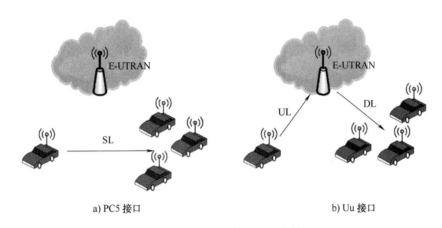

a) PC5 接口   b) Uu 接口

图 7-10   LTE-V2X 的两种通信接口

（1）PC5 接口

PC5 接口定义了车辆间的直接通信方式，以 LTE 标准中的设备间（Device-To-Device，D2D）邻近通信服务为基础。PC5 接口技术具有低延时、覆盖范围小等特点，适合交通安全、局域交通效率类业务。PC5 接口技术支持车辆间动态信息（如位置、速度、行驶方向等）的快速交换和高效的无线资源分配机制[3]。

PC5 接口方式发送数据信道包括物理副链路控制信道（Physical Sidelink Control Channel，PSCCH）和物理副链路共享信道（Physical Sidelink Share Channel，PSSCH）。其中，PSCCH 传送的是调度分配（Scheduling Assignment，SA）信息，PSSCH 传送的是用户数据信息。数据资源池和 SA 资源池是一一对应的关系，每个数据传输都由一个 SA 调度，解出的 SA 信息指示数据传输资源的时频位置信息。资源池的分布方式有以下两种：

① 数据资源与 SA 资源相邻，如图 7-11 所示，这样可以降低带内辐射，为降低用户间干扰，只需要对用户在频带上所占资源的两侧进行功率回退即可。

② 数据资源与 SA 资源不相邻，如图 7-12 所示，这种资源分布由于 SA 所在资源池较小，有利于 SA 的盲检测，方便进一步检测到数据资源。

无论哪种分布方式，SA 与对应的数据资源相比总处于较低的子信道上，用户总是选择整数倍的相邻子信道进行发送。

在资源调度上，PC5 接口方式下 LTE-V2X 有 Mode3 和 Mode4 两种资源调度模式，即基站调度模式或自主选择模式；同时，为减少空口信令开销，采用预约的半静态调度（Semi-Persistent Scheduling，SPS）方式，以提高资源利用率和通信可靠性。一个终端在同一个时刻只能在基站调度模式或自主选择模式中选取一种，不能同时存在，并且 Mode3 和 Mode4 的资源池是相互独立的。

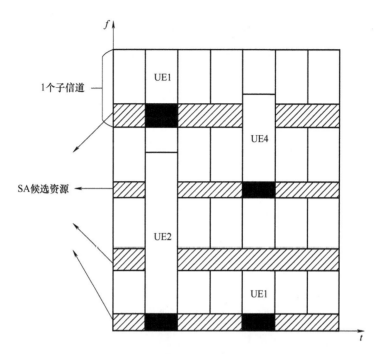

图 7-11　数据资源与 SA 资源相邻[3]

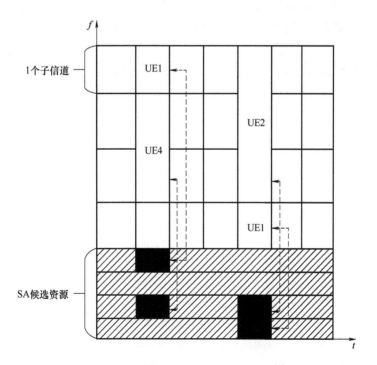

图 7-12　数据资源与 SA 资源不相邻[3]

1）Mode3 调度方式

类似 LTE 调度，UE 在连接态下，首先向基站发送上行调度请求（Scheduling Request，

SR）资源调度请求，基站根据用户位置及资源利用情况通过 DCIformat5A 调度发送端 UE 发送 PSCCH 及 PSSCH。该方式终端在基站覆盖范围内，通过在 LTE 授权频谱移动网络发送调度信令用于调度 LTE-V2X 专用频谱 5.9G 上的 V2X 传输，因此需要移动网络及时掌握 5.9G 网络资源使用情况[11]。

Mode3 调度方式完全由基站调度，当车辆较多，PC5 资源紧张时，基站可以选择为其中某些车辆优先分配资源，而为其他车辆分配较少甚至不分配资源，如图 7-13 所示。

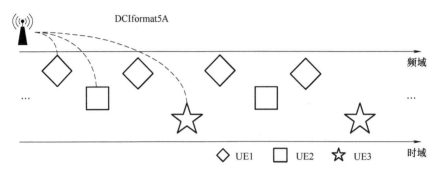

图 7-13　Mode3 资源调度示意图

2）Mode4 调度方式

Mode4 调度方式是终端自主选择方式，资源的选择采用感知（sensing）+ SPS 的策略。由于 LTE-V2X 业务数据包随时可能发生，终端用户始终在 1000ms 的窗口内进行感知。在需要进行数据业务发送时进行资源选择，如图 7-14 所示，资源选择窗口如图 7-15 所示。

图 7-14　Mode4 资源选择流程图

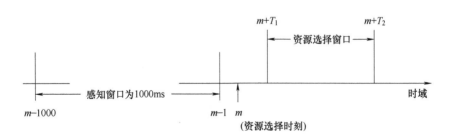

图 7-15　资源选择窗口示意图

具体流程如下：

① 标记所有可用资源。根据上层业务需求，终端在 $[m + T_1,\ m + T_2]$（R14 标准限定 $T_1 \leqslant 4\mathrm{ms}$，$20\mathrm{ms} \leqslant T_2 < 100\mathrm{ms}$）资源选择窗口内进行资源选择（见图 7-15），标记该窗口内所有资源均为可用资源[12-14]。

② 排除其他终端使用的资源。在资源选择窗口内进行 RSRP 测量，超出门限的资源排除。其中门限值取决于要发送 TB 的优先级和解到其他终端 SA 的优先级。如果可用资源比例低于 20%，门限自动提升 3dB，重新进行判断。

③ 确定候选资源。为了避免出现 RSRP 测量不准，在步骤②可用资源基础上再进行 RSSI 测量，将功率进行排序，选择功率最低的 20% 资源。

④ 针对步骤③所选资源随机选择。

资源选择后基于 SPS 方法进行数据包传输，Mode4 调度方式完全由终端自主选择和管理资源，没有网络设备参与，相比 Mode3 调度方式降低资源调度处理时延[15]。

（2）Uu 接口

Uu 接口需要基站作为控制中心，车辆与基础设施、其他车辆之间需要通过数据在基站进行中转实现通信。Uu 接口利用 LTE 广播，通过 V2X 服务器中转，把信息传送到另一个节点。无线基站通过 LTE 方式对 V2V 数据的调度和接口的管理进行辅助。Uu 接口具有广覆盖、可回传到云平台的特点，支持大带宽、大覆盖通信，满足车联网"telematics"应用需求，适合信息娱乐类、远距离的道路危险或交通状况、延迟容忍安全消息等业务类型[15]。

传统 LTE 方式下一般使用 SPS 方法"一次分配，多次使用"。LTE- V2X 可使车辆同时进行多项周期不同的业务。因此，在 3GPP 中针对 Uu 接口调度最多可进行 8 个不同参数的 SPS 配置，所有 SPS 配置的激活、释放和资源调度可通过 UL-SPS-V-RNTI 加扰的 PDCCH 进行指示。SPS 流程包括四个步骤：SPS 参数配置、激活 SPS、传输 SPS、释放 SPS。

1）步骤 1 SPS 参数配置

相比传统 LTE SPS，新增 UEAssistanceIn- formation 用于 UE 向网络上报 V2X 通信的 SPS 辅助信息。例如，当预估的周期改变或数据包到达的时间偏移改变等场景。eNB 可以基于 UE 上报的 SPS 辅助信息为 UE 进行 SPS 配置。SPS 参数通过 IE：SPS-Config 进行配置，主要参数如下：

① semiPersistSchedIntervalUL，表示上行链路中，半静态调度间隔的子帧数量。取值为 sf10、sf20、sf32、sf40、sf64、sf80、sf128、sf160、sf320 等，分别对应 10 个子帧、20 个子帧、32 个子帧、40 个子帧、64 个子帧、80 个子帧、128 个子帧、160 个子帧、320 个子帧等。

② sps-ConfigIndex，表示多个 UL SPS 配置中的某个 SPS 配置索引。

③ sps-ConfigUL-ToAddModList，表示要添加或修改的上行 SPS 配置，由 sps-configindex 标识。

④ sps-ConfigUL-ToReleaseList，表示要释放的上行 SPS 配置，由 sps-configindex 标识。

2）步骤 2 激活 SPS

UE 配置了 SPS 后，仍然不能使用 SPS 调度算法。只有接收到使用 UL-V-SPS-RNTI 加扰的 DCIformat0，验证成功，才可以作为一个有效的 SPS 激活，见表 7-2。

表 7-2 激活 SPS

传 输 信 息	DCIformat0 长度设置
"TPC command for scheduled PUSCH"	"set to '00'"
"Cyclic shift DM RS"	"set to '000'"
"Modulation and coding scheme and redundancy version"	"MSB is set to 1bit"
"HARQ process number"	N/A
"Modulation and coding scheme"	N/A
"Redundancy version"	N/A

3）步骤3　传输SPS

SPS激活之后，V2X传输SPS与传统传输SPS方法一致，在满足下式的子帧中被分配SPS上行资源：

$$(10 \cdot SFN + subframe) = \lceil (10 \cdot SFN_{starttime} + subframe_{starttime}) + N \cdot semiPersistSchedIntervalUL \qquad (7-1)$$

式中，$SFN_{starttime}$和$subframe_{starttime}$为UE接收到指示上行SPS激活的PDCCH所指定的将用来发送上行数据的系统帧号和子帧号。

当终端有上行数据需要传输时，UE首先检测"DCIformat0"加扰的PDCCH，按照PD-CCH中指示的MCS进行传输。

4）步骤4　释放SPS

V2X释放SPS的方式与LTE类似，包含3种：

① 接收到使用UL-V-SPS-RNTI加扰的DCIformat0，验证成功，可以作为一个有效的SPS释放，见表7-3。

表7-3　释放SPS

传 输 信 息	DCIformat0 长度设置
"TPC command for scheduled PUSCH"	"set to '00'"
"Cyclic shift for DM RS"	"set to '000' if present"
"Modulation and coding scheme and redundancy version"	"set to '11111'"
"Resource block assignment and hopping resource allocation"	"set to all '1's"
"HARQ process number"	N/A
"Modulation and coding scheme"	N/A
"Redundancy version"	N/A
"Resource block assignment"	N/A

② 终端接收到RRC消息中SPS-ConfigUL配置成释放（release）时，终端会释放对应的SPS。

③ 如果UE在分配的上行SPS资源上，连续implic-itReleaseAfter次发送的MACPDU不包含MACSDU，则会自动释放上行SPS并清除配置的ULgrant。这种方式主要是为了避免UE没有收到指示上行SPS释放的PDCCH，而一直发送上行包。

由于LTE-V2X支持最多8个不同参数的SPS配置，所有SPS配置可以同时被激活，因此存在多个UL SPS进程之间出现资源碰撞，需要通过合理方案避免碰撞的发生[15]。

7.3.3　LTE-V2X通信拓扑结构

LTE-V2X是基于LTE蜂窝网络的车与外界信息交互技术，是对现有蜂窝网络技术的延伸。LTE-V2X基于4.5G网络，借助无线网络带宽优势，可实现高可靠性、低延时、大容量的车辆通信。

目前，LTE-V2X技术主要有两种：广域集中式蜂窝通信（LTE-V-Cell，LTE-V蜂窝）

和短程分布式直通通信（LTE- V- Direct，LTE- V 直通）。如图 7-16 所示，LTE- V2X 车联网的拓扑结构中无线基站与核心网相连，并且该无线基站可为 4G/5G 网络的无线基站。在该模型中，删除了原本在 DSRC 系统中 RSU，将原本 RSU 的中继功能转移到了无线基站，使用基站来发送无线蜂窝数据，用来与车辆中的 OBU 进行数据交换。这种方式是 LTE- V2X 中的 LTE- V 蜂窝协议，当需要进行车辆间通信时，采用 LTE- V2X 中的 LTE- V 直通协议完成相关数据交换。

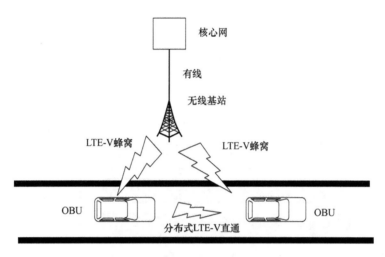

图 7-16　LTE- V2X 通信拓扑结构

7.3.4　LTE- V2X 通信协议

C- V2X 是由 3GPP 定义的基于蜂窝通信的 V2X 技术。它包含基于 LTE 网络的 LTE- V2X 以及 5G 网络的 NR- V2X 系统，是 DSRC 技术的有力补充。通过我国现有部署的 LTE 网络设施，使 V2V、V2N、V2I、V2P 等信息功能的通信得以实现，这项技术能适应更复杂的安全应用场景，满足现阶段对车联网设备低延迟、高可靠性的要求，其通信协议参考结构如图 7-17 所示。

目前，LTE- V2X 标准正处于制定过程中，所以各层对应标准体系尚未完全确定。通信协议结构中各层含义如下[16]：

① 物理层，处于整个通信协议结构的基础层，可使通信数据在物理媒体介质上有效传输，可为数据通信提供传输媒体和物理介质。

② 媒体访问控制层，位于物理层之上，提供网络节点寻址及接入共享通信媒体的控制方式。

③ 无线链路控制层，介于 MAC 层与 PDCP 层，负责分段与连接、纠错、重传处理、及对高层数据的顺序传输。

④ 分组数据汇聚层，位于 RLC 层之上，主要负责执行头压缩以减少无线接口必须传送的比特流量。

⑤ 应用层，位于协议结构的最顶层，可以为用户提供具体服务，是与用户最紧密相关的一层。

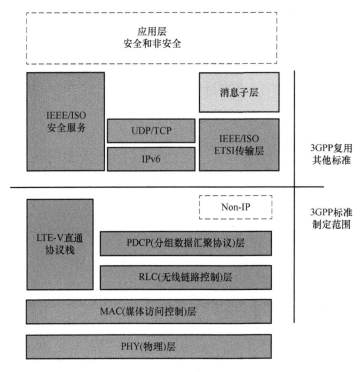

图 7-17　LTE-V2X 通信协议参考结构

7.3.5　LTE-V2X 关键技术

LTE-V2X 技术影响用户体验的主要系统指标有延时时间、可靠性、数据速率、通信覆盖范围、移动性、用户密度、安全性等。其相关指标有，安全类时延小于等于 20ms，非安全类时延小于等于 100ms，峰值速度上行为 500Mbit/s、下行为 1Gbit/s，支持车速 280km/h，在后续演进版本及 5G 版本中将提升至 500km/h，可靠性几乎为 100%，覆盖范围与 LTE 范围相当[10]。以下为 LTE-V2X 中关键技术分析。

（1）通信方式

LTE-V2X 技术针对的工作模式，既支持蜂窝网络覆盖的场景，也支持没有蜂窝网络部署的场景，包括 LTE-V 蜂窝和 LTE-V 直通两种技术方案，如图 7-18 所示，分别对应基于 LTE-Uu 接口和 PC5 接口的网络架构。广域集中式蜂窝通信技术是基于现有蜂窝技术的扩展，主要承载传统的车联网业务，满足系统与终端间大数据量的要求。短程分布式直通通信技术引入 LTE-D2D（Device-to-Device）方法，实现 V2V、V2I 直接通信，承载了车辆主动安全业务，主要满足终端之间低时延、高可靠性的要求。

传统时分长期演进（Time Division Long Term Evolution，TD-LTE）通信技术由于在数据速度、数据量的上下行需求等因素上的差异，采用非对称技术，但是在 V2X 应用的车辆之间要求能够进行对称通信，同时终端之间要求能够绕过 RSU 进行直接通信，降低通信时延。LTE-V 直通技术正是面对这一需求而产生的自组织对称通信技术，根据通信方式的多样性，网络架构采用了灵活的扁平化架构，降低了系统的复杂度，减少了网络节点，降低了系统时

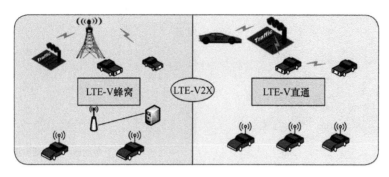

图 7-18　集中式和分布式网络架构

延，也降低了网络部署和维护成本。

（2）多用户终端的竞争机制

V2X 车路通信的数据具有小包、突发、频繁等特性，在 LTE- V2X 协议中数据传输资源的分配是通过网络调度程序来实现的。在 eNB 的配置管理中，冲突和相互干扰得到了最小化，调度程序提供了 QoS 机制，根据优先级来分配无线电资源，这对于高网络负载来说非常重要。

同基于具有冲突避免机制的载波监听多路访问（Carrier Sense Multiple Access with Collision Avoidance，CSMA/CA）协议比较来说，网络调度方式可以承担更高的用户量，从而进一步降低通信时延。LTE- V2X 应用层设置多用户终端的竞争机制，针对不同场景赋予了通信的优先级。例如，安全类的消息通信优先级最高，并被优先予以响应。

（3）本地快速接入与多路径、多无线制式连接

由于车辆具有高速移动的特性，车辆在不同 RSU 覆盖范围内频繁切换。切换过程对系统性能的影响主要考虑切换的延时、成功率和数据包的丢失率等因素。需重点考虑降低切换的延时，即降低重新认证和重新关联的延时，寻找合适的切换算法，以实现快速切换，提高系统性能。eNB 根据检测到当前连接信号的质量及 V2X 应用中车辆的位置、速度、方向等信息，来进行动态智能切换行为，从而完成快速接入及实现无缝连接。

在 V2V 应用中，车辆与周围多辆车辆需要保持通信，为了达到低时延的要求，需保持端到端通信，并建立多链接路径，需要更好的时隙分配策略、链路保持、自组网等技术来保障。另外，在 V2I 应用中，由于网络覆盖存在多种制式，能够兼容多种无线制式的 V2X 也是研究内容之一。

（4）多天线系统

多天线技术采用对发射与接收信号在空域、时域、频域上的处理，能极大地提高系统容量，多天线技术已经在 TD- LTE 系统得到了应用，同样也可以应用在 LTE- V2X 系统中。

RSU 采用多天线系统。在下行链路，多天线发送方式包括发送分集、波束赋形和多用户多输入多输出（Multi Input Multi Output，MIMO）等多种传输模式，如图 7-19、图 7-20 所示。在上行链路，多用户组成的虚拟 MIMO 也进一步提高了上行的系统容量。

多天线技术对 LTE- V2X 系统有极大的好处，尤其是针对城市道路拥挤特性。它充分利用了频谱效率，能够极大地减少用户间干扰，有效抵抗多径衰落的影响，提高通信质量，从而承担更高的用户密度。

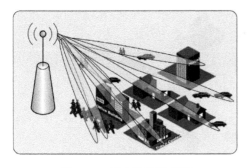

图 7-19　波束赋形示意图

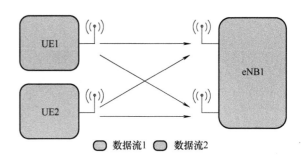

图 7-20　多用户 MIMO 示意图

（5）高速下载

空口技术最主要的指标就是数据承载量，在有限频谱资源条件下满足高速数据传输的需求。正交频分复用技术（Orthogonal Frequency Division Multiplexing，OFDM）技术在 4G 时代多载波技术中被采用，充分体现了其优越的性能。

OFDM 技术中的各个子载波是相互正交的，每个载波在一个符号时间内有整数个载波周期，每个载波的频谱峰值和相邻载波的零点重叠，这样便减小了载波间的干扰。由于载波间有部分重叠，所以它比传统的频分多址（Frequency Division Multiple Access，FDMA）频谱利用率高。其频谱利用分布示意图如图 7-21 所示。

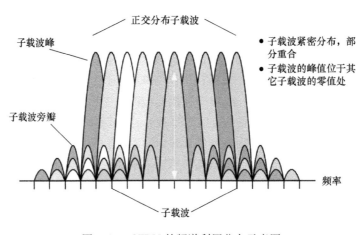

图 7-21　OFDM 的频谱利用分布示意图

OFDM 技术，在频率选择性、抗衰落、码间干扰、频率利用率及基于离散傅里叶变换（Discrete Fourier Transform，DFT）的简化实现上，体现了极大的优势。同时，它也面临着频率偏移、同步及系统的非线性问题比较敏感、峰均比过大、信道利用率降低等问题，有进一步提升的空间，需要联合其他技术来弥补缺陷。例如，基于滤波器的 OFDM（Filter OFDM，F- OFDM）、多址技术（Sparse Code Multiple Access，SCMA）、基于滤波器组的多载波（Filter Bank Multicarrier，FBMC）等，新技术的诞生将为其注入新的活力。

LTE-V2X 支持动态带宽，根据系统资源分配情况，LTE-V2X 系统支持连续载波聚合，以及频带内和频带间的非连续载波聚合。预计 5G 版本中最大聚合带宽可达 100MHz，峰值数据传输速度可以达 1Gbit/s 甚至更高。

（6）数据处理及应用

数据处理及应用，对 V2X 系统至关重要。它是指利用 LTE-V2X 系统来收集整个交通环境数据，包括车辆、行人、基础设施、网络信息等相关信息，并从繁多的信息中筛选出有价值的信息，并能够进一步识别安全隐患、对终端用户进行智能提醒、根据安全信息优先级和交通情况进行管理，从而提高交通安全并优化交通通行效率。

由于交通参与者众多、行为复杂等特性，数据处理对象具有数据量大、用户多、实时性要求高等特点，数据处理及应用技术面临着巨大的挑战，堪称一项工程浩大的大数据应用项目。

（7）安全认证技术

涉及交通时，其安全的重要性不言而喻。由于车辆是高速移动的物体，LTE-V2X 系统需要提供安全机制来保障使用者的信息安全，预防非法及伪装终端设备进入网络。同时，它也对车辆间的高速认证和安全数据传输提出了极高的要求，包括身份认证管理、异常用户检测、个人隐私保护、安全机制更新、信息加密等。

目前，在传统联网系统中经常采用集中式管理机制，具有安全性较高的优点，但对于庞大的车辆管理数量来说，会造成时延的问题；分布式管理机制相对较灵活，作为集中式的补充对 LTE-V2X 系统来说是个可行的解决方法[18]。

7.3.6　5G NR V2X 通信技术

LTE-V2X 可以通过网络辅助通信和自主直接传输两种传输模式实现车联网的业务，基于这两种模式的 V2V 和 V2I 通信对时延和可靠性没有严格要求，但随着丢包和时延的增加，通信质量下降。由于时延和可靠性的短板，基于 LTE-V2X 的车辆网通信的解决方案只能用于辅助驾驶和初级自动驾驶场景，必须通过更新的 V2X 技术来满足未来高级别自动驾驶的需求，5G NR-V2X 技术应运而生。

相比 1G 到 4G，5G 网络具有一系列无可比拟的优势，包括三大应用场景（增强型移动带宽、超高可靠性和低时延通信、大规模机器类通信）和三大技术亮点（网络切片、边缘计算、功能虚拟化）。当将 5G 网络与车联网技术进行融合时，则可利用 5G 网络的优势，解决自动驾驶的问题（如时延过高、车端设备过于庞大、亚米级定位等），让网联驾驶更加智能[17]。

基于 5G 网络的车路协同，包括 4 个方面的内容：车车（Vehicle to Vehicle，V2V）协同、车路（Vehicle to Infrastructure，V2I）协同、车人（Vehicle to Pedestrian，V2P）、车网（Vehicle to Network，V2N）协同。每一方面，均有一定的应用场景、业务流程等，各类协同的相关描述见表 7-4。

表 7-4　5G-V2X 描述

V2X	应用场景	业务流程	信息频率	时延	业务场景意义
V2V	① 前向碰撞预警 ② 紧急刹车预警 ③ 车辆盲区预警 ④ 车辆变道预警 ⑤ 左转辅助 ⑥ 异常车辆提醒 ⑦ 交叉路口防碰撞	① 车辆通过车载终端经 PC5 接口直连通信广播自身位置、行驶状态、制动情况、预计动作等信息 ② 其他车辆收到信息后判断是否会与周围车辆发生碰撞的可能 ③ 车辆对驾驶人进行预警	车辆信息 10Hz	一般要求低于 100ms；紧急情况低于 20ms	辅助驾驶人避免或减轻碰撞，提高道路行驶安全

（续）

V2X	应用场景	业务流程	信息频率	时延	业务场景意义
V2I	① 红绿灯信息推送 ② 红绿灯车速引导 ③ 前方拥堵提醒 ④ 道路事件情况提醒 ⑤ 潮汐车道提醒 ⑥ 限速预警 ⑦ 特种车辆优先通行提醒	① 车载终端实时向 V2X 平台上报车速、位置等状态信息 ② 信号机、交通控制周期性向 V2X 平台推送红绿灯状态、交通事件信息、拥堵状态等信息 ③ V2X 平台匹配信息 ④ 车载终端提醒驾驶人	车辆信息 10 Hz； 红绿灯信息 2Hz； 车道拥堵信息 2Hz； 事件信息 1Hz	低于 100ms	① 提升路口通行速度，降低车辆燃油消耗，合理获取车辆数据 ② 道路事故及时提醒，减少二次事故发生 ③ 提高特种车辆通行效率
	路口摄像头推送	车载终端可以显示前方路口实时视频状态	—	—	提前获取路口交通状态，优化行驶路线
V2P	十字路口人车避撞	① 路侧摄像头检测路口行人、自行车的位置，并通过 V2X 平台或 RSU 推送到周边车辆 ② 车辆收到信息后判断是否有发生碰撞的可能 ③ 车辆对驾驶人进行预警	行人信息 10Hz	低于 100ms	辅助驾驶人避免或减轻与侧向行人碰撞危险，提高车辆及行人通行安全
V2N	车辆动态信息上报	① 车载终端实时上报车速、位置等状态信息 ② V2X 平台收集车辆状态信息，脱敏后提供给交控中心	车辆信息 10Hz	低于 100ms	① 统计交通状况，用于各类决策 ② 获取车辆信息，挖掘数据应用价值
	交通违法抓拍上报	① 车载终端抓拍违法现场图片或视频，上传至 V2X 平台 ② V2X 平台初步筛选后发送到交警控制中心 ③ 交控中心根据图片判断违章信息	车辆信息实时触发		① 辅助交警执法，减少交通违章事件 ② 可扩展为通过视频自动识别违法信息上报

1. 拓扑结构

在 5G-V2X 智能交通网络（见图 7-22）中，数据流向有以下两个方面：

（1）通过蜂窝通信（Uu 接口）传输包括，车辆上报业务服务管理（Business Service Management，BSM）消息至 V2X 平台；信号机通过 RSU 经 Uu 接口上报红绿灯、路口交通信息至 V2X 平台；交通控制中心经光纤传输交通信息至 V2X 平台，V2X 平台比对车辆信息与交通信息，将交通信息通过 Uu 接口下发至车辆。

（2）通过直连通信（PC5 接口）广播包括，信号机将红绿灯信息、路口交通信息传输至 RSU；V2X 平台将周边交通信息经 Uu 接口传输至 RSU；RSU 将所有交通信息经 PC5 广播至周边车辆；RSU 将收集到的交通信息、车辆信息经光纤或 Uu 接口传输至 V2X 平台；同

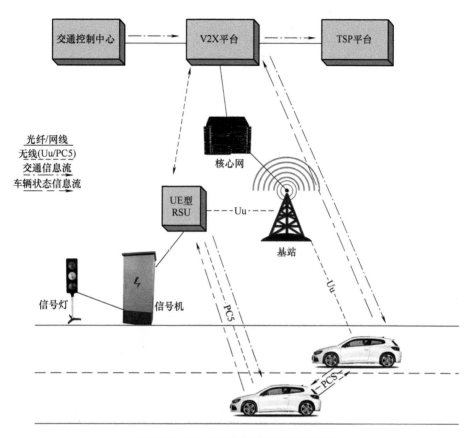

图 7-22　5G- V2X 智能交通网络拓扑图

时，车辆通过 PC5 接广播自身状态信息，实现 V2V 应用[17]。

2. 系统架构

NR- V2X 架构分为独立部署（standalone）和双连接部署（Multi- Rat Dual Connectivity，MR- DC）两种类型，涵盖 6 种场景，如图 7-23 所示。其中，场景 1 ~ 场景 3 为独立部署场景，场景 4 ~ 场景 6 为 MR- DC 场景。在 MR- DC 场景下，辅节点（Secondary Node，SN）不能对副链路（Sidelink）资源进行管理和分配。

在场景 1 ~ 场景 3 中，分别由 gNB、ng- eNB 和 eNB 对在 LTE 副链路和 NR 副链路中进行 V2X 通信的 UE 进行管理或配置；场景 4 ~ 场景 6 中，由主节点（Main Node，MN）来对在 LTE 副链路和 NR 副链路中进行 V2X 通信的 UE 进行管理或配置。

3. 关键技术

5G NR- V2X 基于 5G 空口无线技术体系演进，并继承了 NR 网络的诸多关键技术，主要包括以下几个方面。

（1）侧行链路设计和增强

侧行链路是为了支持 V2X 设备间直接通信而引入的新链路类型，最早是在 D2D 应用场景下引入的，V2X 体系中进行了扩充和增强。NR 副链路主要由 PSCCH、PSSCH、PSBCH（物理副链路广播信道，Physical Sidelink Broadcast Channel）和 PSFCH（物理副链路反馈信道，Physical Sidelink Feedback Channel）组成。

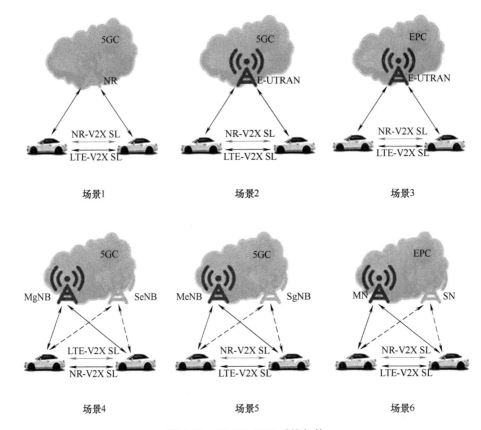

图 7-23 5G NR-V2X 系统架构

副链路的设计和增强具体内容包括，研究副链路上的单播、组播和广播传输，研究基于 NR 的副链路的物理层架构和流程，研究副链路的同步机制，研究副链路的资源分配模式，研究副链路的层 2/层 3 协议等。

（2）Uu 链路增强

NR-V2X 网络中的车辆通过 Uu 链路与基站/路侧单元进行通信。相比于 LTE-V2X 车联网，NR-V2X 所支持的高级业务对传输速度、时延和可靠性都有更高的要求，因而对 Uu 链路性能也提出了更高要求。当前 3GPP 研究点主要包括 Uu 链路高速低时延多播传输、更加灵活的 SPS 或免调度的传输模式等。

（3）基于 Uu 的副链路资源分配

在 V2X 系统中，当车辆位于蜂窝网的覆盖范围内时，车辆与车辆之间通过副链路进行通信的资源可以通过基站来进行分配。同时，考虑到 NR-Uu、NR-V2X 与 LTE-Uu、LTE-V2X 会同时存在，因而需要研究通过 LTE-Uu 和 NR-Uu 来控制 NR 副链路传输，通过 NR Uu 来控制 LTE 副链路传输，从而保证无论是装载 LTE-V2X 终端的车辆还是装载 NR-V2X 终端的车辆，无论处于 LTE 基站覆盖下还是处于 NR 基站覆盖下，均能正常地进行副链路通信，如图 7-24 所示。

（4）设备内共存

随着 LTE-V2X 和 NR-V2X 的陆续商用，车载终端设备可能既有 LTE-V2X 模块，也有

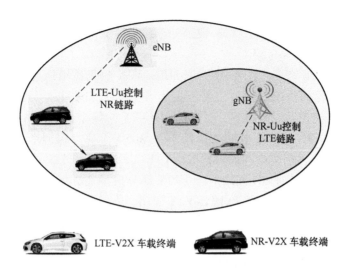

图 7-24　基于 Uu 的副链路资源

NR- V2X 模块，并且会同时支持 LTE- V2X 业务和 NR- V2X 业务。为了保证不同类型 V2X 业务的正常传输，需要研究设备内的 LTE 副链路和 NR 副链路的共存问题。具体内容包括 LTE 副链路发送和 NR 副链路发送重叠时车载终端设备的传输模式，以及 LTE 副链路接收和 NR 副链路接收重叠时的车载终端传输模式。相应的传输模式可能为 FDM 和 TDM 的。其中，TDM 解决方案是避免 NR 和 LTE 副链路的同时或交叠传输，FDM 解决方案涉及的是 NR 和 LTE 副链路的同时传输问题。图 7-25 所示方法是针对 LTE- V2X 传输和 NR- V2X 传输 TDM 问题的。

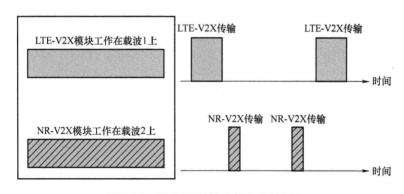

图 7-25　基于 TDM 的设备内共存方法

（5）通信链路类型选择

在车联网中，车载设备的通信可以选择通过副链路进行通信，也可以选择通过 Uu 链路进行通信。对于同时支持 LTE- V2X 和 NR- V2X 的车载终端，可以选择的通信链路包括 LTE- Uu 链路、NR- Uu 链路、LTE 副链路、NR 副链路。同时，车载终端在不同的环境或状态下，各个链路的状况也会有所不同。例如，在无覆盖的场景下，车载终端只能通过副链路进行通信；在带通信车辆相距较远时，可以通过 Uu 链路通信。

因此，需要系统地研究在不同的网络环境下、不同的场景下及不同的通信需求下，如何

选择合适的通信链路，从而保证 V2X 通信质量。同时，也要考虑不同类型车载终端能力的不同，如部分车载终端只支持 LTE- V2X 或部分车载终端支持 NR。

4. 未来发展趋势

即使在未来 5G-V2X 真正广泛商用之后，LTE- V2X 也仍然可以与之兼容共存、灵活切换选用。中国信息通信研究院、相关交通企业及《C- V2X 白皮书》[18]等均指出，LTE- V2X 技术将逐渐平滑演进到 5G-V2X 技术，将来的 5G-V2X 阶段会长期保持后向兼容。《C- V2X 白皮书》亦明确提出，C- V2X 技术包含 LTE- V2X 和 5G-V2X，根据产业发展进度，分阶段进行技术试验：2019 年之前集中产业力量推动 LTE- V2X 技术试验，推动产品成熟；2019 年开始进行 Uu 技术试验，验证 5G 网络对于 eV2X 部分典型业务场景的支持能力，制定低时延、高可靠的技术标准；2020 年推动 LTE- V2X 商用，支持实现交通效率类智能出行服务商业化应用。5G-PPP 于 2018 年 2 月发布的《5G V2X 部署研究白皮书》中再次确认，5G-V2X 路线图也将 LTE- V2X 技术囊括在内。

LTE- V2X 与 5G-V2X 之中的 URLLC 存在时间上递进关系，以后即便 URLLC 发展起来了，在网络覆盖不到位的地方也需要 LTE- V2X 补足。此外，使用 LTE- V2X 有利于降低对授权频带的占用，有利于非移动运营商参与车路协同及智能网联产业建设[19]。因此，LTE- V2X 是 5G-V2X 中的 URLLC 的有益补充。

参考文献

[1] 陈山枝，胡金玲，时岩，等. LTE- V2X 车联网技术、标准与应用 [J]. 电信科学，2018，34（4）：1-11.

[2] 车载信息服务产业应用联盟，未来移动通信论坛. 智能网联汽车 5G 基本应用白皮书 [R/OL]. [2016-12-3]. http://www. future- forum. org/cn/d_list. asp? classid = % B9% A4% D7% F7% D7% E9% B0% D7% C6% A4% CA% E9.

[3] 林玮平. 自动驾驶及关键技术 V2X 研究 [J]. 广东通信技术，2018，38（11）：44-48.

[4] 中国智能网联汽车产业创新联盟. 车路云一体化融合控制系统白皮书 [R/OL]. [2020-9-28]. http:// www. caicv. org. cn/index. php/newsInfo/downLoad? id = 2790.

[5] 李军. DSRC 技术原理及其应用 [J]. 黑龙江交通科技，2008（12）：161-162，166.

[6] 郭海陶. 智能交通专用短程通信（DSRC）关键技术与应用研究 [D]. 广州：华南理工大学，2010.

[7] 丛业桐. 基于 LTE 的车联网设备的设计与研究 [D]. 哈尔滨：哈尔滨理工大学，2019.

[8] 王小衬，裴斌，孙靖，等. C- V2X 技术现状与性能对比 [J]. 信息通信技术与政策，2019（5）：67-70.

[9] 李哲. 基于 V2X 的无线通信网络性能测量与评价 [D]. 重庆：重庆邮电大学，2018.

[10] 温志勇，修战宇，陈俊先. LTE- V 车路通信技术浅析与探讨 [J]. 移动通信，2016，40（24）：41-45.

[11] 杨丰瑞，文凯，吴翠先. LTE/LTE- Advanced 系统架构和关键技术 [M]. 北京：人民邮电出版社，2015.

[12] 3RD GENERATION PARTNERSHIP PROJECT. Evolved universal terrestrial radio access（E- UTRA）physical channels and modulation：3GPP TS 36. 211（Release 14）[S]. Geneva：3GPP，2018.

[13] 3RD GENERATION PARTNERSHIP PROJECT. Evolved universal terrestrial radio access（E- UTRA）physical layer procedures：3GPP TS 36. 213（Release 14）[S]. Geneva：3GPP，2018.

［14］ 3RD GENERATION PARTNERSHIP PROJECT. Evolved universal terrestrial radio access（E- UTRA）medium access control（MAC）protocol specification：3GPP TS 36. 321（Release 14）［S］. Geneva：3GPP, 2018.

［15］ 李艳芬, 朱雪田. 面向 LTE- V 调度方法研究［J］. 电子技术应用, 2019, 45（9）：8-12.

［16］ 郭蓬, 袁俊肖, 戎辉, 等. LTE- V2X 标准分析及发展现状的研究［J］. 中国汽车, 2019（1）：59-62.

［17］ 雍涛, 夏永成, 邬小鲁. 基于 5G 网络的 V2X 技术研究［J］. 信息通信, 2019（11）：197-198.

［18］ IMT-2020（5G）推进组. C- V2X 白皮书.［R/OL］.［2018-06］. http：//www. imt- 2020. cn/zh/documents/download/82.

［19］ 刘佳博. 5G 商用之际, LTE-V2X 的演进之路［J］. 中国公共安全, 2019（11）：91-95.

第**8**章　车路协同系统下的智能辅助驾驶技术

　　基于车路协同的智能辅助驾驶是指，安装有车载单元设备的智能汽车通过与周围交通环境进行信息交互，收集周围环境信息，经分析处理，帮助驾驶人执行决策、控制汽车减速刹车或者启动安全气囊等，从而增加驾驶的安全性，减少危险的发生，并提升道路通行能力。

8.1　车路协同系统

　　智能车路协同系统（Intelligent Vehicle Infrastructure Cooperative Systems，IVICS），简称车路协同系统，是智能交通系统的最新发展方向。该系统采用先进的无线通信和新一代互联网等技术，全方位实施车车、车路动态的实时信息交互，并在全时空动态交通信息采集与融合的基础上开展车辆主动安全控制和道路协同管理，充分实现人车路的有效协同，保证交通安全，提高通行效率，从而形成安全、高效和环保的道路交通系统。

　　智能车路协同系统以路侧智能站（边缘计算节点）为核心，通过 DSRC、LTE-V2X 等多种通信方式接入本地化感知数据、业务平台数据等，辅以高精度地图、高精度定位环境，实时计算分析本地级交通运行状况、交通事件及其态势情况，实现路侧智能站交通管控精细化策略的生成处理与发布[1]。车路协同系统示意图如图 8-1 所示。

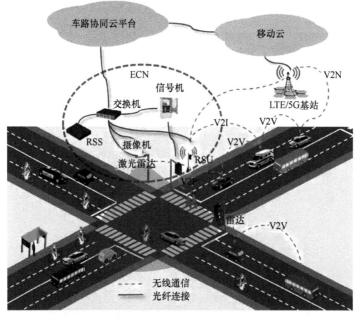

图 8-1　车路协同系统示意图

8.1.1　车路协同系统特点

车路协同系统主要具有以下特点：

（1）交通要素的实时化和信息化

智能车路协同系统中的运输工具、交通基础设施和交通环境不再只被看作单一的对象，人、车、路和环境所对应的交通要素通过传感器的采集和融合过程，成为具有自主身份且可具备信息交互功能的智能物体。在交通系统实时数据的基础上借助信息融合、无线通信和云计算等技术，实现复杂交通系统的实时信息再现，进而能够掌握交通参与者、交通工具、交通对象、交通基础设施和交通环境的实际运行状态。

（2）海量信息的简明化和精确化

智能车路协同系统中交通参与者与车辆之间、车辆与车辆之间、车辆与基础设施之间、车辆与交通服务中心之间等可通过多种通信模式实现各类信息双向传输，系统可获得时间和空间上的高分辨度数据，同时将会产生表征复杂交通系统各类特性的海量信息，构成实现智能车路协同系统各种功能的基础信息，即目前所谓的交通大数据。在分布式云计算技术的支持下，通过基础设施或交通服务中心对信息的处理、过滤和优化，海量信息变得更加简明和精确，并具有智能和自适应性，从而保证系统用户能够接收到更精确和更简明的相关信息。

（3）用户参与的主动化和协同化

智能车路协同系统不再简单地以基于功能的信息采集模式构建整个交通体系，而是通过协作方式将整个交通系统看成由交通参与者、交通工具、交通基础设施和交通环境构成的有机整体。用户不仅能够在原先单一功能性的服务基础上获得更具综合性的服务功能，从而实现不同程度的协同服务；而且更能主动地参与对交通对象的感知、优化和调整的所有过程，如车辆行驶过程中的主动安全控制等，同时还可以根据自己的具体需求或偏好设置和自身需求的个性化服务。

（4）服务组织的柔性化和绿色化

智能车路协同系统改变了传统智能交通系统从信息到功能服务的简单应用模式，有效地建立了以系统海量信息的采集、交互和应用为主线，全面实现交通参与者、交通工具、交通基础设施和交通环境的协同功能，从而构成了更加突出不同层次的内容，为交通参与者创建了更为丰富多样的服务平台，提供了针对不同交通出行需求的系统级和自定义的解决方案；同时，也通过引入智能化的信息技术手段，改变了传统的交通管理和运行模式，实现了整个交通系统的智能化管理服务和最优化运行，提升了交通安全水平。

8.1.2　车路协同系统关键技术

智能车路协同系统研究和应用涉及的关键技术较多，目前应用较为广泛的关键技术包括通信技术、感知技术、异构数据融合与协同处理技术及信息安全技术。

1. 多模式无线通信技术

高速、可靠、双向且由多种通信平台集成的综合通信网络是智能车路协同系统的基础平台。通过该平台可以将先进的传感技术、信息融合技术、智能控制方法及决策支持系统整合成一个有机的整体（见图 8-2），以实现高效、安全和环境友好的智能交通协同管理。用于智能车路协同系统的网络平台应该能够支持全景状态感知、信息交互与融合、协同控制与管理及定制化的服务等功能，并根据不同层次的需求提供相应的通信保障。该通信平台的终端网络是传感器网络（Sensor Network，SN），以无线组网为主，支持各类交通状态的感知：支持交通系统底层信息互通互联的是车联网（Internet of Vehicles，IoV）和物联网（Internet of Things，IoT）等功能性通信网络，属有线无线混合组网，但多为无线组网；可利用互联网（internet）实现海量交通数据的传输和信息融合，属有线无线混合组网，但以有线组网为主；支持系统功能和服务集成的是高速互联网如下一代互联网，以有线组网为主[2]。

图 8-2　车路协同系统智能网联道路数据管理平台

由此可见，在智能车路协同系统中采用多模式通信技术是实现以上各种通信网络互联互通的技术基础。目前，可以支持只能车路协同系统的工作的各种通信模式主要有移动通信模式、V2X 无线通信模式（见图 8-3）、专用通信模式和其他通信模式。

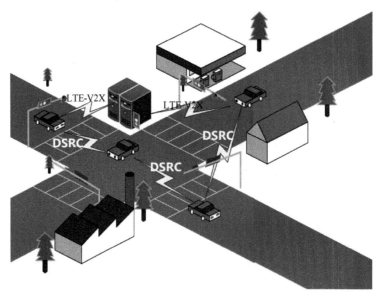

图 8-3　V2X 无线通信模式

目前，国内外主要针对不同的车路协同系统应用场景，对通信技术进行了全面深入的研究。纵观国内外智能交通系统的发展过程可以看到，为全面发挥车路协同技术的优势，使未

来交通系统实现安全、高效和环保的目的，必须将车车通信和车路通信集成起来，形成一个有机的整体。即，新开发的车载装置应该能够同时支持车车通信和车路通信，从而实现真正意义上的智能车路协同。

为使智能车路协同系统能够在不同的工作条件下，构建形成具有实时性和可靠性保证的通信环境，应尽量支持已经在日常生活中得到广泛应用的各种通信网络。目前，主流的无线通信异构网络有移动通信网络（2G、3G、4G、5G）、卫星网络、GPRS、WLAN、移动自组织网络（MANET）、WiFi和无线传感器网络（WSN）等。因此，实现这些网络在智能交通环境下的无缝连接是车路协同系统发展的必然要求。

以上异构无线网络的出现是面向不同应用场景和目标用户的，但其在车路系统协同环境下的融合必须采用通用且开放的技术，包括接入网融合、核心网融合、终端融合、业务融合及运维融合等。这些异构无线网络技术融合的研究内容主要包括面向多媒体应用的鼓舞质量和服务体验保障技术、异构网络的多无线电协作技术、异构无线网络互连安全问题、车路协同系统中的认知无线网络、面向海量数据的混合网络编码技术、车路协同系统面向海量数据传输的绿色通信技术等。

2. 现代交通状态一体化感知技术

随着传感器网络技术、无线通信技术和智能检测技术的快速发展，自动感知和泛在感知技术的出现，极大地改变了传统观念上的交通系统检测方法和手段，宽覆盖、长寿命、高精度、网络化和移动性的多维状态感知已成为智能车路协同系统的重要内容。图8-4所示为"路侧+车载"车路协同感知技术解决方案。

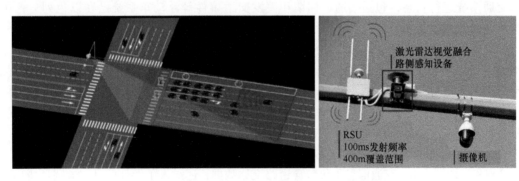

图8-4　"路侧+车载"车路协同感知技术解决方案

现代交通状态的感知包含，干线公路和城市路网等不同交通环境的感知，也包含路侧系统和车载系统等不同交通实体的感知，还包含对步行、骑行、公共交通、地铁和私家车等不同交通出行模式的感知。因此，智能车路协同系统借助这些新型的综合交通状态智能感知新技术和新装备，可提供面向交通控制与管理的综合交通状态感知系统化体系和方法。

现代交通状态感知技术与传统状态感知技术的最大区别体现在，近年来引入的传感器网络、车联网、物联网和下一代互联网等技术，并催生了宽覆盖、长寿命、高精度、网络化和移动性等新特性。一方面，这些新技术有效拓展了交通状态信息的获取途径和手段；另一方面，以服务交通出行为目的，交通状态感知模块还可实现基于出行者视角的多模式交通状态感知、基于视觉感知的交通状态识别和基于移动式设备的交通状态感知，为兼顾效率和环保的多模式绿色出行诱导策略提供支撑。

根据交通信息的获取过程，交通状态的感知可分为直接感知、间接感知和泛在感知。下面分别从直接感知、间接感知和泛在感知分析常见的交通状态感知手段和方法[3]。

（1）直接感知阶段

纵观智能交通系统的发展过程，传统的交通信息采集手段称为交通状态直接感知。传统的交通信息采集大多依靠分布在各个道路交通断面上的交通参数检测器实现，如线圈、超声波、红外和微波等。但是，这些手段只能获取道路交通断面信息，而且获取的信息种类有限，大多仅以车辆检测为主。

基于视频的交通状态感知也是一种直接感知手段，相比于其他传统感知手段，它大大扩展了感知范围和种类。视频信息的丰富性使得能够完成包括基于车辆模型的运动估计、基于行人微观行为的轨迹识别等在内的各类动态信息感知。目前，世界很多国家的高速公路都配备了视频检测系统，在我国北京、上海、广州等城市也已经得到广泛应用。

此外，新的交通状态感知手段还包括采用传感器网络和移动自组织网（Ad Hoc），采用车载传感器采集交通信息并通过网络传输与融合得到较为全面和准确的网络交通状态等。美国加州大学伯克利分校（University of California Berkeley，UC Berkeley）和加州大学洛杉矶分校（University of California Los Angeles，UCLA）在传感器网络建模、路由管理、能量优化、系统复杂行为分析等方面都展开了较多研究工作。

（2）间接感知阶段

浮动车（Floating Car Detection，FCD）技术的应用是实现交通状态间接感知的有效手段。通过采集交通系统中具有特定用途的车辆如出租和公共汽车等的运行信息可以推算出实际交通系统运行状态，包括畅通、拥堵和突发交通事件等浮动车系统已在以色列、德国、美国和我国等得到了充分应用，并取得了良好效果。

随着传感器网络技术和无线通信技术的快速发展，原本与交通系统并无关联的技术，如移动通信和蓝牙（Bluetooth）技术，已成为交通状态感知的有效途径。由于世界范围内智能移动终端的大量普及，手机和具备蓝牙通信功能的个人终端已成为人们日常生活的重要内容。通过这些智能移动终端在通信网络中的移动和变迁，可有效感知不同人群的迁移过程和迁移特征，结合交通出行特征则可有效地感知交通系统的状态和变化过程。

交通状态感知的最新成果表明，在新型的车路协同系统框架下，基于海量交通信息融合、大数据管理和云计算技术，交通信息不仅包含道路交通数据，还纳入了天气信息、道路环境信息、行人非机动车信息、公共交通运行信息、车辆微观行驶状态信息等，使得系统能够通过间接方式充分地感知和分析路网交通状态、区域驾驶环境状态、混合流分布状态、各交通模式负载状态等各类交通状态，如获取用于描述全路网交通状态的网络层次交通状态，以及针对个人信息服务等应用的交通出行感知和个体交通行为感知，还有体现绿色交通的交通车辆尾气排放感知等。

（3）泛在感知阶段

交通状态的泛在感知是在直接感知和间接感知的基础上，基于传感网、大数据、云运行状态、行人出行需求和货物运输需求进行实时感知，为道路交通运输协同系统提供完整、全面的信息保障。感知的信息包括车辆运行状态（车辆当前车速、侧向加速度、车辆在车道中的相对位置、车辆行驶轨迹与方向）、车辆控制状态（油门开度、方向盘变化、是否打转向灯等）、周边道路交通环境状态（一定范围内周边车辆与本车的相对距离、方位及相对速度，行人及障碍物距离及方位，道路标志表现相关信息等）。基于智能车路协同系统的交通

状态泛在感知，是未来智能车路协同系统的是重要研究内容之一。

3. 异构数据融合技术

随着交通状态感知手段和信息交互技术的不断更新，可获得的交通信息呈现丰富、海量和异构等特点。如何对这些数据进行协同处理和综合分析并最终形成决策信息，对于智能车路协同系统具有非常重要的意义。

在智能车路协同系统中，数据融合和协同处理是整个系统的基础，其绝大部分功能的实现都需要完备的交通信息。由于智能车路协同系统是基于以各类异构、动态、海量的数据处理为核心的应用集合，即基于对交通大数据实施协同处理的应用集合，同时这些海量数据存在异构性、规模性与复杂关联特征，因此数据处理需要具有高度灵活的协同机制，需要融合相互互补的数据并消除数据冗余，在数据级、特征级和决策级[4]三个层面实现交通数据的多层融合与协同处理。

① 数据级。数据级信息融合与协同处理主要在于基础交通数据的融合与处理，包括交通系统的异常数据筛选、海量数据存储、缺失数据修复、多传感器融合及数据格式配准与统一。

② 特征级。特征级信息融合与协同处理主要在于断面交通数据（即各类交通状态）的融合与处理，包括单路段交通信息的特征提取、状态感知、模式复现、交通监管及事件检测等。

③ 决策级。决策级信息融合与协同处理主要是针对交通状态预测及决策支持的融合与处理，主要包括路段或路网的短时交通流预测、旅行时间预测、交通时间预测及 OD 预测等。

随着自动驾驶等级的提升，配备的车内和车外高级传感器数量增多，一辆自动驾驶汽车每天可产生高达大约 25TB 的原始数据。这些原始数据需要在本地进行实时处理、融合、特征提取，包括基于深度学习的目标检测和跟踪等高级分析，同时需要利用 V2X 提升对道路环境和其他车辆的感知能力，通过 3D 高清地图进行实时建模和定位、路径规划和选择、驾驶策略调整，进而安全地控制车辆。由于这些计算任务都需要保证响应和处理的实时性，因此需要性能强大可靠的边缘计算平台来执行。考虑计算任务的差异性，为提高执行效率并降低功耗和成本，一般需要支持异构的计算平台。

自动驾驶的边缘计算架构依赖边云协同和 LTE/5G 提供的通信基础设施和服务。边缘侧主要指车载边缘计算单元、RSU 或 MEC 服务器等。其中，车载单元是环境感知、决策规划和车辆控制的主体，但要依赖 RSU 或 MEC 服务器的协作，如 RSU 给车载单元提供更多关于道路和行人的信息。但是，有些功能运行在云端更加合适甚至无法替代，如车辆远程控制、车辆模拟仿真和验证、节点管理、数据的持久化保存和管理等。

4. 信息安全技术

由车路协同系统的构成和发展方向可知，该系统涉及多种通信网络、使用用户众多、访问途径多样、终端千差万别。繁杂的数据既涉及交通系统运营和管理，也涉及交通参与者的个人信息，更涉及关系政府管理和社会运行的一些敏感信息。随着系统的不断扩大和发展，不恰当的数据处理与操作都有可能给使用者乃至系统造成不必要的麻烦，抑或给政府或社会带来不安全事件。因此，信息安全将成为智能车路协同系统发展和应用过程中不可忽视的首要问题。只有很好地解决了智能车路协同系统的信息安全问题，系统才能最终得到应用和推广。信息安全涉及的内容主要包括用户安全、数据安全、网络安全和系统安全，涉及的技术主要包括认证技术、编码技术、容错技术和防灾技术。

综上所述，智能车路协同系统研究和应用所涉及的四种关键技术又可划分为感知层、网络层和应用层，下面进行具体介绍。

（1）感知层

智能车路协同系统感知层涉及的对象包括，使用该系统的用户和被感知的交通实体。由于系统终端节点的数量巨大，终端设备形态千差万别，每个系统用户可以拥有多个不同类型的终端节点，且终端节点或感知节点常处于无人值守的环境，因而系统用户和终端节点认证的关系将更加复杂，密钥管理的必要性和难度将增加，密钥更新时间也会有不同的要求；同理，系统涉及的被感知对象的真实性认证也是信息安全的重要内容之一。

（2）网络层

智能车路协同系统涵盖了现有的各种网络平台，包括传感器网、车联网、物联网、移动通信网、互联网、卫星网络和集群通信网等。这些网络原有的安全问题都会引入系统的运行和管理中，同时由于智能车路协同系统的特殊性，原有的网络安全问题可能会被放大。

（3）应用层

智能车路协同系统的应用与服务种类越多，系统应用层的安全管理模式会更加多元化，不同应用对移动性和可靠性的要求可能也有很大的区别，是否需要为不同的应用研究相应的应用层安全架构和机制，或者是为不同的应用研究统一的应用层安全架构和机制，还有待进一步研究。

8.1.3 应用发展

车路协同系统总体业务应用架构图如图 8-5 所示，涉及云端、路侧端和车载端三个领域。其中，云端与第三方业务应用的信息中心，为路侧端和车载端发送全局的业务控制、业务共享信息，并存储全局设施、环境、用户、业务信息；路侧端与路侧信号控制器或边缘服务器相连，收集驾驶、交通环境状态信息，进行路侧决策并发送路侧业务控制到车载端；车载端收集路侧控制信息、全局信息、周边环境信息进行动态感知及实时决策[5]。

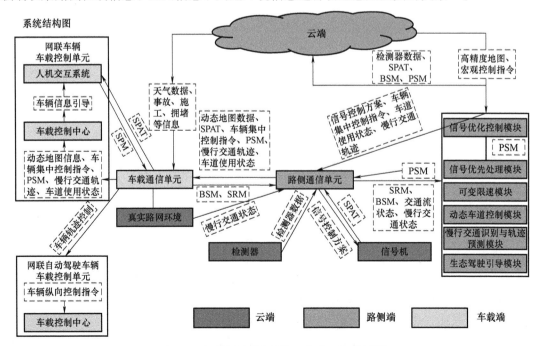

图 8-5　车路协同系统总体业务应用架构图[5]

车路协同环境下的交通业务服务系统，应以信息服务类应用为依托，以安全出行类应用为突破口，建立明确的市场和坚实的通信技术基础；而后，通过不断丰富安全类、效率类和信息服务类应用，进一步完善该服务系统。随着通信技术和车辆控制技术的提高，安全类、效率类和信息服务类应用将朝个体定制化、精细化、高效化的方向演进，如图 8-6 所示。其中，将演进分为共性演进方向和个性演进方向：个性演进方向，指某些应用的特定演进；共性演进方向，指该种演进可以全方位提升各类应用的实现效果，如车辆可控性的增加及通信环境的增强等。目前，学界提出的个性演进方向主要包括编队管理、交通管理、收费策略、停车管理等。从总体上看，提升效率的应用业务将逐渐增加；从个性上看，安全和效率提升都会向精细化方向发展，信息服务业则继续作为其他业务的载体并实现基础信息发布业务[6]。

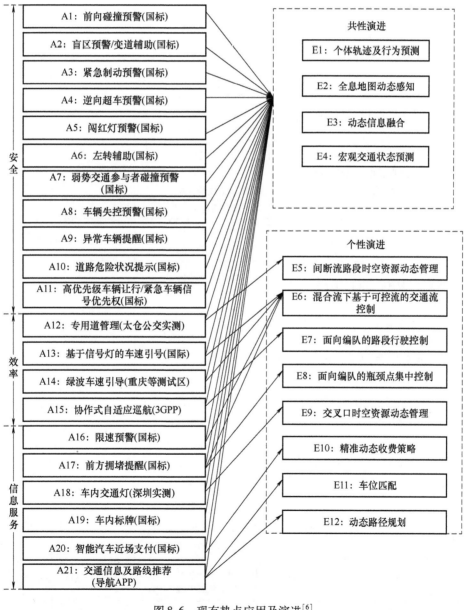

图 8-6　现有热点应用及演进[6]

随着图 8-6 所示的应用的成熟，同一场景中会并存若干应用。例如，在高速公路管理中，当出现故障车辆时，异常车辆提醒、前向碰撞预警、紧急制动预警、调节宏观交通流速度差的限速预警、拥堵提醒等都可能会被同步触发。由此可见，车路协同系统的相关应用会在实践中依托场景、事件逐步演进为集安全、效率、信息发布为一体的多应用集成业务。在现有应用和演进方向的基础上，整合需求场景和各类应用得到 14 个集成业务，见表 8-1。

表 8-1　车路协同环境下的交通业务总结[6]

应用类别	未来演进集成业务（场景）	业务描述	涵盖现有应用及演进
安全	可变限速管理（连续流路段）	① 车辆碰撞避免 ② 宏观速度差调节 ③ 事件信息发布	A1　A2　A3　A9　A10　A15 A16　A17　E6　E7　E8
	慢行交通轨迹识别及行为分析（交叉口，慢行）	① 慢行交通全景感知 ② 慢行交通行为预测 ③ 慢行交通碰撞避免	A7
效率	车辆汇入控制（连续流匝道）	① 汇入过程碰撞避免 ② 可插入间隙分配 ③ 轨迹汇入控制	A1　A2　A3　A15　E8
	协作式车队管理（仅智能网联汽车，连续流及常规路段）	① 协作式自适应巡航 ② 车队协同变道 ③ 车队形成与分离 ④ 车辆碰撞避免	A1　A2　A3　A15　E7
	专用道柔性管理（连续流路段）	① 专用道动态开放 ② 专用道状态提醒	A11　A19
	基于轨迹控制的交叉口通行管理（交叉口内部）	① 控制中心全局优化 ② 车辆执行优化轨迹 ③ 车辆碰撞避免	A6　A7　A8　A18　A19　E9
	生态驾驶（交叉口进口道）	① 车辆中心协同决策 ② 低能耗驾驶曲线 ③ 高延误引导避免	A5　A13　A14　A18　A19
	基于实时网联数据的信号配时动态优化（交叉口内部）	① 控制中心全局优化 ② 信号配时方案实施	A18　A19　E9
	动态车道管理（间断流路段）	① 交通状态全局感知 ② 动态车道功能制定 ③ 对向车辆碰撞避免	A4　A12　A19　E5　E9
	拥堵收费/电子收费（城市路网）	① 交通状态全局感知 ② 动态收费策略制定 ③ 动态收费策略执行	A20　E10
	公交专用道柔性管理（城市，公交）	① 专用道动态开放 ② 专用道状态提醒	A12　A19　E5

（续）

应用类别	未来演进集成业务（场景）	业务描述	涵盖现有应用及演进
信息服务	综合信息发布（城市，公众）	① 各类服务信息整合 ② 信息多终端发布	A10　A19　A21　E12
	智能停车引导（城市，驾驶人）	① 车位资源整合分配 ② 车位信息引导 ③ 停车场内停车引导	A20　A21　E11　E12
	多模式集成出行引导（城市，公众）	① 综合交通状态感知 ② 公众出行引导 ③ 个性出行线路制定	A21　E12

可以看出，图 8-6 所示的所有业务涉及的应用在表 8-1 所示的最后一列都有所体现，涵盖了全部子应用及演进方向。应当注意的是，共性演进方向并未在表中给出，而是将其作为总体背景进行考虑。一方面，这些集成业务是基于现有应用及演进方向提出的；另一方面，集成业务基本涵盖了现有道路交通环境场景。例如，纯安全方面的应用，主要针对公路上考虑交通流状态变化时的安全问题，城市道路主要考虑慢行交通安全；效率应用，则多由原安全应用发展而来，在保证安全的前提下对效率进行了进一步优化，公路的效率应用考虑瓶颈点控制、正常路段编队行驶、特殊车辆行驶需求，城市道路的效率应用考虑更为全局化和个性化的瓶颈点控制与优化、路段的动态化和精细化管理及公交专用道的使用。

8.2　基于车路协同的智能辅助驾驶技术

基于车路协同的交叉口通行从全局最优的角度为车辆引导车速、优化时空轨迹、控制车路编队等信息，能够提高通行效率，实现辅助驾驶，为智慧交通管理与控制提供助力。该类应用需要部署智能 RSU、车载通信设备等以支持交通基础设施的信息化、交通工具的智能化和网联化，通过边缘计算平台或云端平台实现智能交通的业务管控和设备管控，形成车-路-网一体化智慧交通体系[5]。

8.2.1　车路协同系统下车速引导技术

车路协同环境下交叉口车速引导，是交通领域研究的经典场景。目前，国内外研究人员已经针对交叉口区域车速引导进行了大量研究工作，通过 V2X 平台将车辆和交叉口实际环境有机结合，实现信号交叉口混合车流的节能车速引导[7]。

（1）系统功能

车路协同环境下多车协同车速引导系统，通过对交叉口混合车流进行车速引导，达到降低交叉口区域车辆燃油消耗的目的。该系统实现的功能主要包括以下几方面。

1）车辆类型判断

在混合车流中，由于只有网联汽车能够收集并发送信息，同时接收车速引导建议。因此，当有车辆进入车速引导区时，车速引导系统应首先判定车辆是否为网联汽车，从而确定

是否能够对其进行车速引导。

2）网联汽车行驶状态信息采集

在对网联汽车进行车速引导时，系统需要准确获取车辆的实时状态信息，主要包括车辆进入引导区时间、当前车速和车辆位置信息。

3）普通车行驶状态预测

由于普通车无法接收到车速引导的信息，所以车速引导系统需要获取普通车进入车速引导区时的瞬时速度和时间，并根据前车行驶状态预测普通车的行驶状态。

4）交叉口信息获取

车辆进入引导区时，信号交叉口的相位及配时信息将决定系统对车辆进行何种引导，此时需要 RSU 准确获取车辆进入车速引导区时交叉口信号灯状态的对应信息，确保车速引导的正确性。

5）交叉口车速引导功能实现

通过收集的车辆行驶信息和交叉口配时信息，按照车联网环境下交叉口多车协同车速引导的策略及方法，对所得到的信息进行处理，得出正确的决策指令和车速引导曲线，并将其提供给驾驶人。

（2）系统架构

车路协同环境下的智能车速引导系统框架如图 8-7 所示。

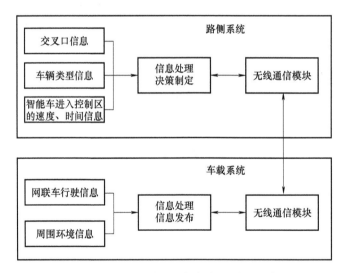

图 8-7　车路协同环境下的智能车速引导系统框架

（3）车路协同系统下的车速引导场景

由于城市道路上车流密度较大，所以在信号交叉口区域基本都安装了信号灯设备，通过对交叉口处的车辆进行有规律放行，以确保城市交通的有序性和可控性。由于信号灯具有周期性阻隔交通流的作用，驾驶人除了受信号灯的影响外，前后车辆之间也存在很大的相互制约作用，加之不同驾驶人的驾车风格不同，所以对现实情况的认知也存在很大区别，导致车辆在交叉口上游区域的加减速操作频率明显上升，造成了不必要的燃油消耗。为了实现交叉口节能车速引导，车路协同系统下的车速引导场景设置如下：在信

号交叉口的上游区域内设置一段速度引导区，引导区在车联网无线通信的覆盖范围内，在速度引导区的起点安装一个环形线圈，用以获取每辆车刚驶入该区域时的时间和瞬时速度，并对车辆进行顺序编号操作，将记录到的信息发送到后台信息中心存储，方便后期调用。速度引导区的终点为交叉口停止线。区域内的通行车辆主要有两种，其中一种是配置了车载终端的网联汽车，另一种是无车载终端的普通车。普通车经过时，由于无法获取更多的外界交通信息，只能根据前车的行驶状态调整自车的状态。网联汽车可实时获取交叉口范围内的多种交通信息，包括信号灯相位及配时信息、车辆距交叉口停止线的距离，以及其他网联汽车的行驶状态信息等，为实现车速引导提供计算基础。车联网环境下多车协同的信号交叉口车速引导场景示意图如图8-8所示。图中，灰车为配置了车载终端的网联汽车，白车为普通车。本节内容主要讨论车辆通过单一信号交叉口的车速引导。由于现实交通环境较为复杂且存在干扰，为了排除无关因素的干扰，对本节所构建的车速引导场景作以下条件约束：

① 不考虑道路上行人及非机动车的干扰。

② 在车速引导过程中，车辆不存在换道行为。

③ 不考虑交叉口的道路坡度影响。

④ 驾驶人按照车速引导方法给出的通行决策及引导车速建议通过车速引导区。

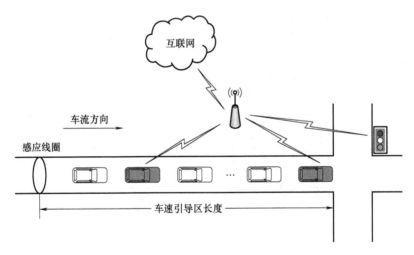

图8-8　车联网环境下多车协同的信号交叉口车速引导场景示意图

（4）车速引导模型的基本原理

车速引导模型的基本原理是通过获取信号交叉口的相位及配时信息、车辆行驶状态信息、交叉口区域内车辆的排队长度信息等，对车辆能否通过交叉口做出决策，使驾驶人能够提前做出相应的驾驶操作，如图8-9所示。

模型主要分为三个阶段。第一阶段为初始阶段，判断车辆是否进入车速引导区，如果尚未进入则直到车辆进入引导区后再开始下一阶段。第二阶段为决策推算阶段，车辆通行决策引导模型开始为进入引导区的网联汽车计算当前状态的运动轨迹。在车联网环境下获取计算所需的相关信息，包括信号灯的相位及配时信息、车辆进入引导区时的速度、车辆距离交叉口的位置信息等；随后，推算车辆按照当前速度匀速行驶至交叉口停止线时信号灯是否处于

红灯相位，若信号灯处于红灯相位，则进行下一步判断——车辆能否通过加速在红灯之前通过信号交叉口。如不用加速即可通过，则直接进入第三阶段。当车辆通过加速能够在红灯之前通过信号交叉口时，则按照加速情况行驶并进入第三阶段；否则获取下一个绿灯相位开始的时间及车辆的排队信息，使车辆按照减速情况行驶，并进入第三阶段。第三阶段为引导策略制定阶段，对于可匀速通过交叉口的车辆，模型给驾驶人传递的决策信息为"保持现速继续行驶"，而对于需要经过加速或减速操作的车辆，则应先对其行驶速度是否在合理的限速范围内进行判断。如果没有超出道路限速，则传递给驾驶人的信息为"以原速度为期望速度行驶"，对于超出限速的情况模型认定为无效结果，传递给驾驶人的信息即为"停车等待"。

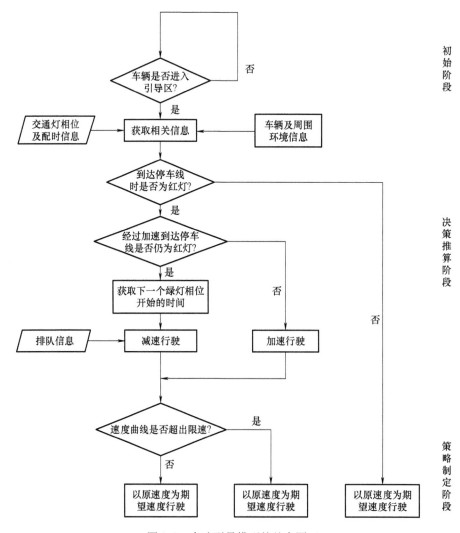

图 8-9　车速引导模型的基本原理

（5）车速引导模型的算法

1）网联汽车的速度引导

车辆通行决策引导模型，已经解决了车辆以何种方式通过信号交叉口的问题。当模型判

定车辆可匀速通过时，此时引导车辆按照当前车速稳定行驶，减少速度波动即可；加减速的引导情况相对复杂，决策模型虽然给出了相应的通行方式，但是加速或减速的速度引导曲线有很多种，需要求解出一条可以实现燃油经济型的最大化引导曲线。为实现这一目标，使车速引导过程趋于平稳，减少速度波动，本文采用基于三角函数的优速优化模型对网联汽车进行车速引导，基于三角函数的速度引导模型表达式如下：

$$v(t) = \begin{cases} v_s - v_d\cos(\alpha t) & 0 \leq t < \dfrac{\pi}{2\alpha} \\[2mm] v_s - v_d\dfrac{\alpha}{\beta}\cos\beta\left(t - \dfrac{\pi}{2\alpha} + \dfrac{\pi}{2\beta}\right) & \dfrac{\pi}{2\alpha} \leq t < \dfrac{\pi}{2\alpha} + \dfrac{\pi}{2\beta} \\[2mm] v_s + v_d\dfrac{\alpha}{\beta} & \dfrac{\pi}{2\alpha} + \dfrac{\pi}{2\beta} \leq t < \dfrac{v_d}{v_s} \end{cases} \tag{8-1}$$

式（8-1）用三个分段函数来描述速度引导曲线，分段点为 $\dfrac{\pi}{2\alpha}$ 和 $\dfrac{\pi}{2\alpha} + \dfrac{\pi}{2\beta}$。在 0 到 $\dfrac{\pi}{2\alpha}$ 范围内，车辆的加速度开始增大。当到达 $\dfrac{\pi}{2\alpha}$ 时刻时，车辆的速度与目标车速 v_s 相等，此时车辆的加速度开始减小直到 $\dfrac{\pi}{2\alpha} + \dfrac{\pi}{2\beta}$ 时刻。从该时刻起，车辆开始匀速行驶，将分段点分别命名为 t_1、t_2，则 t_1、t_2 的表达式为

$$t_1 = \frac{\pi}{2\alpha} \tag{8-2}$$

$$t_2 = \frac{\pi}{2\alpha} + \frac{\pi}{2\beta} \tag{8-3}$$

设 d_s 为车辆当前位置到信号交叉口的距离，v_s 为目标车速，指的是在当前信号灯配时下，车辆以此速度匀速行驶恰好能在信号灯由红变绿或由绿变红的时刻顺利通过信号交叉口。将总的通行时间设为 t_3，则其与通行距离 d_s，平均目标车速 v_s 三者之间的关系可以表示为

$$t_3 = \frac{d_s}{v_s} \tag{8-4}$$

由于 t_3 是已知的，则该表达式可以用来求解平均目标车速。

分段点中的参数 α 和 β 决定了速度曲线的轨迹，(α, β) 的不同值对应不同的加速度对曲线的影响，A 区和 B 区的加速度变化率分别由 α 和 β 决定。当给定一个 α 值后，β 的值取决于车辆在特定时间到达目标位置这一要求。计算时应尽量选择大的 α 值，使车辆尽快经过加速或减速的段，增加匀速行驶时间，有益于提升燃油经济性。

当车辆进入引导区时车速为 v_0，则 v_d 为目标车速与当前车速的差值，表达式为

$$v_d = v_s - v_0 \tag{8-5}$$

如当前车速小于目标平均车速，即 $v_d > 0$ 时，对车辆进行加速引导计算，求出加速引导曲线；如车辆的当前车速大于平均目标车速，即 $v_d < 0$ 时，则进行减速引导计算，得出减速引导曲线。图 8-10 和图 8-11 给出了加速和减速引导的示意图。

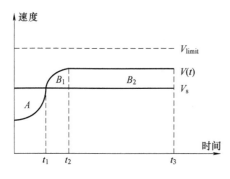

图 8-10　加速引导示意图

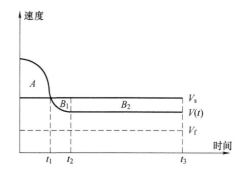

图 8-11　减速引导示意图

2）普通车的速度预测

普通车辆无法像网联汽车一样直接获取到周围车辆信息及节能驾驶的速度引导信息等，而且受网联汽车影响，普通车会跟随其运动趋势来调节自身的运动状态。为了描述普通车的跟驰行驶状态，下面引入跟驰模型对跟驰车的运动状态进行数学化表达，以便对其结果进行评价。

通过 FVD 跟驰模型，可计算出时刻 t 跟驰车的加速度，通过选取较小的时间间隔 T_0 作为时间增量，假设此时间间隔内加速度保持不变，则可求出经过一个时间间隔后的速度值。采用迭代方法选取合适的时间步长，可对跟驰车辆整个运动过程的速度轨迹进行预估，运用运动学公式求出跟驰车完整的速度曲线和位移曲线。速度的计算可采用下式：

$$v_i(t + T_0) = v_i(t) + \frac{\mathrm{d}v_i(t)}{\mathrm{d}t}T_0 \tag{8-6}$$

车辆行驶路程的变化量为

$$x_i(t + T_0) = x_i(t) + \frac{\mathrm{d}v_i(t)}{2\mathrm{d}t}T_0^2 + v_i(t)T_0 \tag{8-7}$$

式中，$\dfrac{\mathrm{d}v_i(t)}{2\mathrm{d}t}$ 为全速度差模型。

8.2.2　车路协同系统下车辆时空轨迹优化技术

智能网联汽车轨迹优化研究主要是对车辆纵向（如跟驰行为）、横向（如换道行为）运动进行规划与控制。随着车辆控制技术与车路、车车通信技术的快速发展，网联自动驾驶车辆技术逐渐成熟，道路交通系统中车辆微观控制将在近期成为现实。这些技术为车辆节能减排控制研究提供了全新的视角，目前相关研究主要分为以下两类：高速公路车辆节能控制；信号交叉口车辆节能控制。

高速公路车辆节能控制研究，主要采取平滑车辆时空轨迹的方式来减少车辆加减速行为，并缩减速度变化幅度以降低车辆燃油消耗与排放；信号交叉口车辆节能控制研究，主要采取平滑车辆时空轨迹并避免交叉口前车辆停车以降低车辆燃油消耗与排放。

现有信号交叉口车辆节能控制研究存在以下两方面问题：

① 研究内容主要面向完全网联自动驾驶车辆环境，无法在网联自动驾驶车辆与普通有人驾驶车辆混行的情况下投入实际使用。根据相关部门预计[8]，100% 的网联自动驾驶环境将迟至 2060 年左右才能实现，因此现有大多数信号交叉口车辆节能控制系统在近期实用性较低。

② 网联自动驾驶车辆时空轨迹优化算法性能较差，相应的非线性约束问题求解过程复

杂，需采用数值解法或对优化问题进行简化，造成计算结果多为次优解，计算效率低下，难以实现精准实时控制。

本章设计了全新的时空节点-弧模型来重构车辆时空轨迹，以燃油消耗为成本，利用 A* 最短路算法求解燃油消耗最低的网联自动驾驶车辆时空轨迹，实现精准快速计算[9]。

（1）轨迹优化场景设计

车路协同控制系统由网联自动驾驶车辆、信号灯、车辆检测器、中央控制器及通信设施五大部分构成。系统交叉口信号灯、车辆检测器、中央控制器及网联驾驶车辆均布设有通信装置。其场景图如图 8-12 所示。

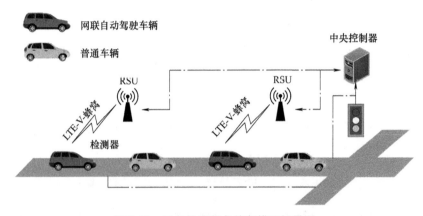

图 8-12　时空轨迹优化控制模型场景图

系统控制流程框图如图 8-13 所示。车辆检测器实时检测到车辆到达，并将到达车辆的状态信息传送至中央控制器；随后中央控制器请求与到达车辆建立通信连接，请求通过则为网联自动驾驶车辆，请求未通过则为普通车辆；若车辆为网联自动驾驶车辆，则中央控制器结合信号灯发送的信号控制信息与系统中存储的前方车辆运动信息，生成车辆最优时空轨迹，发送至相应网联自动驾驶车辆；若车辆为普通车辆，中央控制器结合信号灯发送的信号控制信息与系统中存储的前方车辆运动信息，预测车辆时空轨迹；中央控制器计算结果均存储于中央控制器的内数据库中，作为后方车辆计算的输入数据。

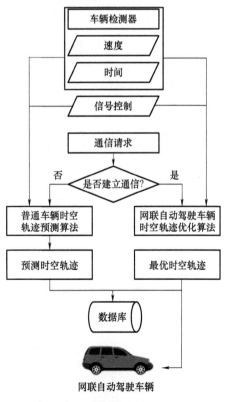

图 8-13　系统控制流程框图

（2）普通车辆时空轨迹预测算法

下面介绍基于 Pitt 微观车辆跟驰模型构建的普通车辆时空轨迹预测算法。Pitt 微观车辆跟驰模型参数与驾驶人及车辆行为特征相对应，能够较好地还原车辆的跟驰行为，同时具有较大的物理意义。该模型如下：

① 当预测车辆能够跟驰前车通过交叉口时，车辆速度为

$$v(t+\tau) = \min\left\{\frac{x'(t)-x(t)-s_v}{k} - b[v'(t)-v(t)]^2, v_f\right\} \tag{8-8}$$

$$\forall t \in [t_0, \infty), t_L \in \xi \tag{8-9}$$

$$b = \begin{cases} 1, & v'(t) < v(t) \\ 0, & v'(t) \geqslant v(t) \end{cases} \tag{8-10}$$

式中，$x(t)$ 与 $x'(t)$ 分别为时刻 t 预测车辆与前方车辆的空间位置，单位为 m；$v(t)$ 与 $v'(t)$ 分别为时刻 t 预测车辆与前方车辆的速度，单位为 m/s；τ 为反应时间，单位为 s；k 为模型参数；t_0 与 t_L 为预测车辆到达车辆检测器与交叉口停车线处的时间，单位为 s；ξ 为绿灯相位集合；b 为校正参数。

② 当预测车辆无法跟驰前车通过交叉口时，即车辆需在交叉口前停车等待时，车辆速度为

$$t_R = \left|\frac{t_L}{R+G}\right|(R+G), \qquad \forall t_L \notin \xi \tag{8-11}$$

$$v(t+\tau) = \min\left\{\frac{x'(t)-x(t)-s_v}{k} - b[v'(t)-v(t)]^2, v_f\right\} \tag{8-12}$$

$$\forall t \notin [t_0, \infty) \cap [t_R, t_R+R] \tag{8-13}$$

$$v(t+\tau) = \min\left\{\frac{L-x(t)-s_v}{k} - b[v(t)]^2, v_f\right\} \tag{8-14}$$

式中，R 和 G 分别为信号控制的红灯时长与绿灯时长（信号控制的其实相位为红灯相位），单位为 s；t_R 为当前红灯相位的起始时间，单位为 s；L 为车辆检测器至交叉口的距离。式 (8-12) 和式 (8-14) 中 b 的计算见式 (8-10)。

（3）网联自动驾驶车辆时空轨迹优化算法

1）车辆时空轨迹模型

现有网联自动驾驶车辆优化控制算法均采用连续时空模型进行建模。车辆行驶过程中周围环境复杂多变，导致所构建的优化问题多为多变量非线性优化问题。为提高网联自动驾驶车辆控制问题的求解效率，提出了基于离散时空模型的网联自动驾驶车辆时空轨迹建模方法。该方法将信号交叉口处控制范围内的时空从空间与时间两个维度进行离散化处理，节点如图 8-14 所示。

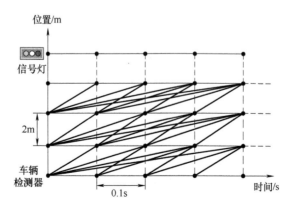

图 8-14　离散时空模型示意图

该离散时空模型将连续时空简化为一系列具有固定时间间隔与空间间隔的时空节点，时空节点的时间间隔为 0.1s，空间间隔为 2m。基于该离散时空模型，可利用节点-弧模型来构建车辆时空轨迹。将车辆时空轨迹网定义为 $N = (I, R)$。其中，$I = \{i_{1,1}, i_{1,2}, \cdots, i_{m,n}, \cdots\}$ 为离散化的时空节点，m 与 n 分别为时空节点的行列编号，$m, n \in N_+$；$R = \{r_{1,1}^{2,2}, r_{1,1}^{2,3}, \cdots, r_{m,n}^{p,q}, \cdots\}$ 为连接时空节点的时空弧，m 与 n 为起始时空节点的编号，p 与 q 为终止时空节点的编号，$p, q \in N_+$，时空弧均可以直线表达。

根据时间发展规律，终止时空节点的时间轴编号需大于起始时空节点的时间轴编号，即时间沿时间轴正方向发展，$p > m$；根据道路上的车辆空间运动规律，禁止倒车行为的产生，因此终止时空节点的空间轴编号需大于等于起始时空节点的空间轴编号，$q \geq n$。由该时空轨迹模型构建的车辆时空轨迹，需保持时空连续性，即相邻两时空弧需与同一时空节点相连。

2）最优时空轨迹构建算法

基于构建的时空轨迹网，采用 A^* 最短路算法构建网联自动驾驶车辆最优时空轨迹。最优时空轨迹构建算法中采用发动机做功作为成本，算法中评估函数为

$$f(i_{m,n}) = g(i_{m,n}) + h(i_{m,n}) \tag{8-15}$$

式中，$f(i_{m,n})$ 为自起始时空节点经由当前时空节点 $i_{m,n}$ 至终端时空节点（位置为 L）时间为 t_L 的成本估计；$g(i_{m,n})$ 为自起始时空节点至当前时空节点 $i_{m,n}$ 的实际成本；$h(i_{m,n})$ 为启发式函数，表示自当前时空节点 $i_{m,n}$ 至终端时空节点的最佳路径估计成本。具体的最优时空搜索过程可参照 A^* 最短路算法。

A^* 启发式搜索算法利用与问题相关的启发函数加速搜索过程，缩小搜索空间从而节省搜索时间。A^* 算法的核心在于评估函数的设计。A^* 算法通过维持一个 Open 表，Open 表中节点的优先级是依据 $f(v)$ 的大小排列的。$f(v)$ 越小，被搜索到的优先级越高。为保证能搜索到最优解，启发函数 $h(v)$ 不能太大，不能大于节点 v 到目标节点的实际代价；但如果 $h(v) = 0$，则 A^* 算法虽能保证得到最短路径，但算法效率低；如果 $h(v)$ 恰好等于节点 v 到目标节点的实际代价，则 A^* 算法探索的节点恰好就是最短路径上的节点[10]。

8.2.3　车路协同系统下车辆编队控制技术

针对城市信号控制交叉口路段，基于车路协同技术建立智能网联汽车编队模型。该模型可按照当前路段交通信号状态子区对车队规模进行划分，然后对到达编队区域时车辆判断，最后对进入编队区域的车辆进行编队控制，并通过群体车速引导使车队以最优车速不停车通过交叉口，达到提高道路通行能力的目的[11]。

（1）车辆编队场景

考虑车路协同环境特点，针对进入城市信号交叉口道路区域的智能网联汽车进行编队控制方法建模。如图 8-15 所示，场景中领航车为领队车辆（Leader），跟随车为跟随车辆（Follower），将路段分为三个区域：自由行驶区域、缓冲区域和编队区域。车辆首先进入自由行驶区域，在缓冲区域内建立车车/车路无线通信，进入编队区后进行编队控制。

图 8-15 中，场景中的缓冲区域应满足下式：

$$\delta = t_r v_f \tag{8-16}$$

式中，δ 为缓冲区域的长度；v_f 为自由流车速。

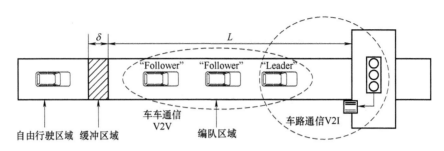

图 8-15　车辆编队场景示意图

编队区域应满足下式：

$$v_{min}G_r \leqslant L \leqslant v_{max}T \tag{8-17}$$

式中，v_{min} 为城市道路车辆运行最低速度；v_{max} 为城市道路车辆运行最高速度；G_r 为该相位的绿灯间隔时间；T 为信号周期。

（2）智能网联汽车辆编队控制算法

智能网联汽车进入道路编队区域时，以编队方式行驶。首先，对路口信号状态进行子区划分，对于进入编队区域的车辆进一步做领航车判断并计算引导车速，最终对进入编队区域的车辆进行编队，并通过车速引导使得车队能不停车通过交叉口[11]。编队模型如图 8-16 所示：

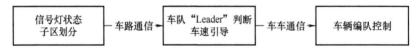

图 8-16　编队模型

1）信号灯状态划分

针对领航车车遇到信号灯（Signal）的状态，可以将其设计为信号灯状态集合：

$$y = \left\{ (v_i, t_i) \mid g_{(i)}, g'_{(i)}, a_{(i)}, r_{(i)}, r'_{(i)} \right\} \tag{8-18}$$

状态划分见表 8-2。

表 8-2　状态划分

状态编号	信号灯状态	描　　述
状态 1	$g_{(i)} \geqslant t$	领航车进入编队区域时前方交叉口为绿灯状态，且绿灯时间足够领航车通过
状态 2	$g'_{(i)} < t$	领航车进入编队区域时前方交叉口为绿灯状态，但绿灯时间不足以使得领航车通过
状态 3	$a_{(i)}$	领航车进入编队区域时前方交叉口为黄灯状态
状态 4	$r_{(i)} \geqslant t$	领航车进入编队区域，遇到红灯，且红灯时间领航车进入编队区域时前方交叉口为红灯状态，领航车不能通过交叉口
状态 5	$r'_{(i)} < t$	领航车进入编队区域时为红灯状态，领航车不停车能够通过交叉口

表 8-2 中，$g_{(i)}$ 为领航车进入编队区域时前方交叉口剩余绿灯时间，$r_{(i)}$ 为领航车进入

编队区域时前方交叉口剩余红灯时间，$t = L/v_f$（v_f 为自由流速度）。信号灯状态集合为 $y = \{(v_i, t_i) \mid g_{(i)}, g'_{(i)}, a_{(i)}, r_{(i)}, r'_{(i)}\}$。其中，车辆速度有约束为 $v_i(t) \in (0, v_f]$。即，车辆在道路上运行的最大车速。将信号灯的状态进行合并有以下几种情况：

① 当为 $g_{(i)} \geq t$ 或 $a_{(i)}$ 或 $r'_{(i)} < t$ 时，领航车能够不停车通过交叉口，因此可以形成以领航车为首的编队，正常通过交叉口，此时整个车队以 $\dfrac{L}{g} \leq v_i(t) \leq v_f$（或持续减速，这个暂时不考虑，因为持续减速会增加车辆功耗和排放）的车速通过交叉口，如图 8-17 所示。其中，$g_{(i)} \in g$。

② 当为 $g'_{(i)} < t$ 或 $r_{(i)} \geq t$ 时，领航车无法在当前绿灯时间内通过路口，此时领航车需要减速，随之形成编队，此时编队整体以车速 $v_i(t) < \dfrac{L}{g}$ 的速度接近停车线，其车队加速区域在停车线前（交叉口内部），在下个周期的绿灯时间通过路口，如图 8-18 所示。

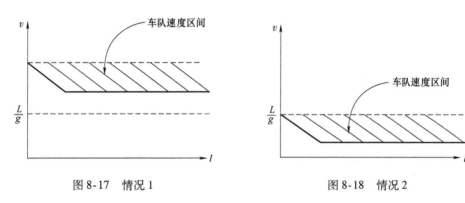

图 8-17　情况 1　　　　　　　　　　　　图 8-18　情况 2

2）队列规模划分

① 领航车在情况 1 时（为 $g_{(i)} \geq t$ 或 $a_{(i)}$ 或 $r'_{(i)} < t$）进入编队区域，则有以下几种情况。

a. 若 $g_{(0)} \geq \dfrac{L}{v_{10}}$，则领航车以当前速度运行。

● 如果 $v_{10} = v_f$，则在情况 1 下第 1 辆跟随车进入编队区域时，领航车需减速，保证车队不停车通过交叉口则应满足下式：

$$v_{11}\left[g_{(1)} - \frac{v_{11} - v_{10}}{a} - \frac{L - x_1(t) - \dfrac{v_{11}^2 - v_{10}^2}{2a}}{v_{11}} \right] \geq H + (\gamma v_{11}^2 + \beta v_{11}) \qquad (8\text{-}19)$$

式中，$g_{(1)}$ 为领航车进入编队区域时剩余绿灯时间；v_{10} 为领航车进入编队区域的速度；v_{11} 为第 1 辆跟随车进入编队区域时领航车调整后的速度；L 为第 1 辆跟随车进入编队区域时所剩绿灯时间；$x_1(t)$ 为第 1 辆跟随车进入编队区域时距领航车的距离；a 为保证车辆舒适性的最大加速度；H 为车辆长度；$(\gamma v_{11}^2 + \beta v_{11})$ 为安全距离[12]。

若式（8-19）成立则 v_{11} 取最小值，为领航车调整后的速度；若不满足则默认为下一个编队的领航车，进入情况 2。

第 i 辆跟随车进入编队区域时判断是否存在 v_{1i} 满足车队不停车通过交叉口，即

$$v_{1i}\left[g_{(i)} - \frac{v_{1i} - v_{1(i-1)}}{a} - \frac{L - x_i(t) - \dfrac{v_{1i}^2 - v_{1(i-1)}^2}{2a}}{v_{1i}} \right] \geq i\left[H + (\gamma v_{1i}^2 + \beta v_{1i}) \right] \qquad (8\text{-}20)$$

式中，v_{1i} 为第 i 辆跟随车进入编队区域时领航车调整后的速度；$g_{(i)}$ 为第 i 辆跟随车进入编队区域时所剩绿灯时间；$x_i(t)$ 为第 i 辆跟随车进入编队区域时距领航车的距离；H 为车辆长度。

若式（8-20）成立则 v_{1i} 取最小值，为领航车调整后的速度；若不满足则默认为下一个编队的领航车，进入情况 2。

- 如果 $v_{10} < v_f$，则在情况 1 下第 1 辆跟随车进入编队区域时，若满足下式：

$$v_{10}\left[g_{(1)} - \frac{L}{v_{10}} \right] \geqslant H + (\gamma v_{10}^2 + \beta v_{10}) \tag{8-21}$$

则领航车保持当前速度不变。

若 $v_{10}\left[g_{(1)} - \dfrac{L}{v_{10}} \right] < H + (\gamma v_{10}^2 + \beta v_{10})$，则为保证车队不停车通过交叉口需调整领航车车速，满足下式：

$$v_{11}\left[g_{(1)} - \frac{v_{11} - v_{10}}{a} - \frac{L - x_1(t) - \frac{v_{11}^2 - v_{10}^2}{2a}}{v_{11}} \right] \geqslant H + (\gamma v_{11}^2 + \beta v_{11}) \tag{8-22}$$

第 i 辆跟随车进入编队区域时，判断是否满足下式：

$$v_{1(i-1)}\left[g_{(i)} - \frac{L - x_i(t)}{v_{1(i-1)}} \right] \geqslant i\left[H + (\gamma v_{1(i-1)}^2 + \beta v_{1(i-1)}) \right] \tag{8-23}$$

若式（8-23）不满足需调整领航车速度。为保证队列不停车通过路口则应满足下式：

$$v_{1i}\left[g_{(i)} - \frac{v_{1i} - v_{1(i-1)}}{a} - \frac{L - x_i(t) - \frac{v_{1i}^2 - v_{1(i-1)}^2}{2a}}{v_{1i}} \right] \geqslant i\left[H + (\gamma v_{1i}^2 + \beta v_{1i}) \right] \tag{8-24}$$

若式（8-24）满足，则 v_{1i} 取最小值，为领航车调整后的速度；若不满足，则默认为下一个编队的领航车，进入情况 2。

b. 若 $g_{(0)} < \dfrac{L}{v_{10}}$，则领航车需提高速度，满足下式：

$$\frac{L - \frac{v_{11}^2 - v_{10}^2}{2a}}{v_{11}} + \frac{v_{11} - v_{10}}{a} = g_{(0)} \tag{8-25}$$

第 1 辆跟随车进入编队区域时，为保证车队不停车通过交叉口，领航车需提高速度则满足下式：

$$v_{12}\left[g_{(1)} - \frac{v_{12} - v_{11}}{a} - \frac{L - x_1(t) - \frac{v_{12}^2 - v_{11}^2}{2a}}{v_{12}} \right] \geqslant H + (\gamma v_{12}^2 + \beta v_{12}) \tag{8-26}$$

若式（8-26）满足，则 v_{12} 取最小值，为领航车调整后的速度；若不存在 v_{12}，则默认为下一个编队的领航车。

第 i 辆跟随车进入编队区域时，调整领航车速度，保证车队不停车通过交叉口则应满足下式：

$$v_{1(i+1)}\left[g_{(i)} - \frac{v_{1(i+1)} - v_{1i}}{a} - \frac{L - x_i(t) - \frac{v_{1(i+1)}^2 - v_{1i}^2}{2a}}{v_{1(i+1)}} \right] \geqslant i\left[H + (\gamma v_{1(i+1)}^2 + \beta v_{1(i+1)}) \right] \tag{8-27}$$

若式（8-27）满足，则 $v_{1(i+1)}$ 取最小值，为领航车调整后的速度；若不存在 $v_{1(i+1)}$，则默认为下一个编队的领航车。

② 领航车在情况 2（$g'_{(i)} < t$ 或 $r_{(i)} \geqslant t$）下进入编队区域，则此时领航车速度应调整为

$$
\frac{L - \dfrac{v_{11}^2 - v_{10}^2}{2a}}{v_{11}} + \frac{v_{11} - v_{10}}{a} = T_g - T_0 \tag{8-28}
$$

式中，T_g 为下周期绿灯启亮时刻；T_0 为领航车进入编队区域时刻。

车辆再次进入编队区域时，则满足下式：

$$
x(t) + v_{1i}(T_g - T_i) \leqslant \left[\frac{v_f^2 - v_i^2}{2a} + v_f \left(T_g - T_i - \frac{v_f - v_i}{a} \right) \right] \tag{8-29}
$$

式中，$v_{1i} = v_{11}$，$x(t)$ 为车辆进入编队区域时刻与前车之间的距离；v_i 为第 i 辆跟随车进入编队区域时的速度；T_i 为第 i 辆车进入编队区域的时刻。

若式（8-29）不满足，则默认为下个车队的领航车。综上所述，队列规模划分流程框图如图 8-19 所示。

（3）车辆编队期望控制量

以上车队头车和跟随车辆判断结束后，智能网联汽车进入编队区域完成编队控制。车辆编队模型通过控制车辆加速度，保证队列的群体一致性。

在进入编队区域后，第 i 辆智能网联汽车定义为车辆 i，相应的运动方程为

$$
\begin{aligned}
\boldsymbol{s}_i &= \boldsymbol{v}_i \\
\boldsymbol{v}_i &= \boldsymbol{u}_i, \quad i = 1, \cdots, N
\end{aligned} \tag{8-30}
$$

式中，$\boldsymbol{s}_i \in \boldsymbol{R}^n$，为车辆 i 的位置向量；$\boldsymbol{v}_i \in \boldsymbol{R}^n$，为车辆 i 的速度向量；$\boldsymbol{u}_i \in \boldsymbol{R}^n$，为车辆 i 的控制输入（加速度）向量。

车辆控制过程为

$$
\begin{aligned}
\boldsymbol{s}(k+1) &= \boldsymbol{s}(k) + T\boldsymbol{v}(k) \\
\boldsymbol{v}(k+1) &= \boldsymbol{v}(k) + T\boldsymbol{u}(k)
\end{aligned} \tag{8-31}
$$

式中，T 为采用周期。

对于智能车辆 i 的控制输入为

$$
\begin{cases}
u_i = w_i(g_i^\alpha + g_i^\beta) = w_i(g_{ig} + g_{id} + g_i^\beta) \\
g_i^\alpha = \displaystyle\sum_{j \in N_i(t)} \phi_\alpha(\| s_j - s_i \|_\sigma)\sigma_\lambda(q_j - q_i) + \sum_{j \in N_i(t)} a_{ij}(q)(v_i - v_j) \\
g_i^\beta = g_{\beta k} = c_{k1}(s_{kr} - s_i) + c_{k2}(v_{kr} - v_i)
\end{cases} \tag{8-32}
$$

在智能车辆编队行驶过程中队列期望行驶的速度为 v_{1i}，编队形成按照引导速度行驶能不停车通过交叉口。编队期望引导速度为

$$
v_{kr} = v_{1i} \tag{8-33}
$$

第 1 个期望领航车位移为

$$
s_{1r}(t) = \sum_1^i v_{1i} t \tag{8-34}
$$

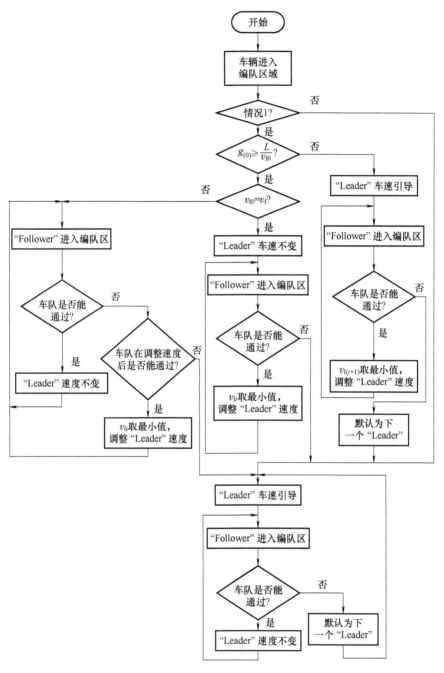

图 8-19　队列规模划分流程框图

第 k 个期望领航车位移为

$$s_{kr}(t) = \sum_{1}^{i} v_{li}t + (k-1)(d+H) \qquad (8\text{-}35)$$

式中，H 为智能车辆车身长度（假设各智能车辆车身长度相等）；d 为编队行驶过程中相邻车辆的安全距离。

故期望领航车的运动方程为

$$\begin{cases} v_{kr} = v_{li} \\ s_{kr}(t) = \sum_{1}^{i} v_{li}t + (k-1)(d+H) \end{cases} \tag{8-36}$$

8.2.4　车路协同环境下的智能驾驶信息服务系统

1. 系统功能

作为智能交通系统发展的第三个阶段，智能车路协同系统目前已进入高度信息化和智能化的发展时期，也使智能交通系统的基本特征发生了一些根本性的变化，使得原本需要单独考虑和实施的服务，已可在公共平台上实现。这些变化主要体现在以下几方面：

① 信息的动态获取和实时交互已成为交通系统的基础。功能系统运行和服务所需的相关信息，完全可以在公共信息平台上统一获得，而不必再单独设计和实施。

② 安全和效率，已越来越成为交通领域不能忽略的两个主题。在智能车路协同大环境下，如何更好地确保交通参与者，尤其是处于相对弱势地位的行人及非机动车的安全，减少交通事故的发生，如何提高出行效率，更好地缓解交通拥堵，已成为出行者和交通管理者共同关注的问题。

③ 由安全和交通事件所产生的应急救援问题，也逐渐成为众多研究人员争相探索的热点之一。在智能车路协同环境下如何提高应急救援的效率、减少交通事故等带来的损失，对保障交通参与者生命财产安全有着重要意义。

④ 随着世界经济的飞速进步，贸易也得到了蓬勃的发展，与贸易相关的客运及货运在交通运输中占据了相当大的比例。如何对客运和货运进行更有效的管理，如何获取更高的运营效率，也已成为交通管理者急切期望解决的问题。

由此可见，国家智能交通系统体系框架对用户服务的划分，已难以适应智能车路协同系统的新发展，有必要对原有领域的用户服务重新进行划分。综合考虑以上分析，在智能车路协同大环境的时代背景下，以智能车路协同系统为公共平台，重点强调智能交通"安全""效率"和"环保"的主旨，对智能车路协同环境下的交通领域做相应的调整，将电子收费纳入运营管理，将车辆安全与辅助驾驶和自动公路合并后扩展为车辆安全与控制，将出行者信息扩展为信息服务，将交通规划纳入信息服务，将紧急事件扩展为应急救援，同时重点强调行人与非机动车安全。因此，智能车路协同环境下的交通领域可实现的功能场景包括，车辆安全与控制、行人与非机动车安全保障、信息服务、交通管理、营运管理及应急救援，如图 8-20 所示。

（1）车辆安全与控制

基于车路协同系统的车辆控制领域中，主要有 7 类应用服务功能，依次是视野扩展、车车纵向防撞、车车横向防撞、车辆交叉口防撞、车辆与非机动车/行人防撞、安全状况实时监测与防护，以及辅助车辆驾驶[13]。

1）视野扩展

利用先进的无线通信技术和控制技术，通过车载设备和路侧设备的信息交互，扩展车辆驾驶人的视野，以便在能见度较低、视野盲区或其他恶劣行驶环境下，提高驾驶人对路上行人、车辆、障碍物或危险状况的观察与判断能力，能及时采取措施，避免交通事故。

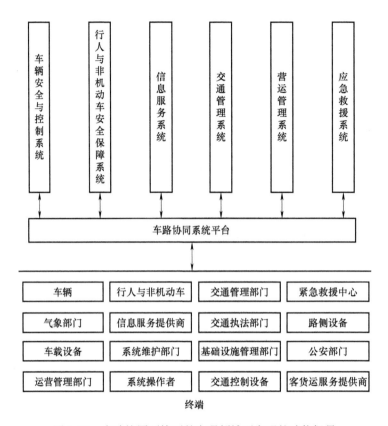

图 8-20 车路协同环境下的交通领域可实现的功能场景

2）车车纵向防撞

利用路侧设备的监控技术，以及路侧设备和车载设备的车路信息交互技术，实时、动态地对路网中车辆的运行情况进行监控，通过路侧设备和车载设备的实时、动态信息交互向驾驶人和周边车辆驾驶人提供前后车辆的运行状态信息，并通过向驾驶人和周围驾驶人提供防撞预警及采取辅助驾驶措施等，使人、车安全避险。此外，一旦碰撞发生，及时地采取相应的被动安全措施，减轻碰撞对驾驶人和乘客的伤害。

3）车车横向防撞

利用车载设备和路侧设备，自动识别行驶环境（如道路状况、路旁设施、其他车辆等），当车辆变换车道或发生横向偏离时，判别发生横向碰撞的危险程度并向驾驶人发出警告，并通过车载辅助驾驶和自动控制装置，避免横向碰撞事故的发生，如图 8-21 所示。

4）车辆交叉口防撞

车辆即将进入或通过交叉路口时，通过车载设备和路侧设备的实时动态信息交互，使驾驶人及时获取交叉路口的交通状况及各方向的车辆运行状态信息，并向驾驶人发出预警信息，根据需要辅助驾驶人对车辆进行控制或车辆自动执行防撞措施（包括纵向防撞、横向防撞及纵横向综合防撞）。此外，在发生碰撞时及时对车内人员提供保护，减轻碰撞引起的伤害。

图 8-21　车车横向防撞场景

5）车辆与非机动车/行人防撞

车辆行驶过程中，当有行人或非机动车进入车辆行驶车道时，通过车载设备和路侧设备的监控及车路信息交互，及时地将行人及非机动车的位置信息告知驾驶人并发出预警，使驾驶人及时地采取车辆控制措施，必要时通过辅助驾驶措施来降低与行人和非机动车发生碰撞的风险。

6）安全状况实时监测与防护

利用车载设备和路侧设备对道路基础设施及车辆关键零部件工作状态、驾驶人身心状态、路况等进行监测，及时地将车辆异常信息向本车和邻近车辆驾驶人及交通管理中心报告并预警，主动采取措施，以保证交通安全。此外，在发生碰撞前，主动触发车辆的碰撞保护设施，对人员进行碰撞保护。

7）辅助车辆驾驶

车辆通过车路协同系统、自动高速公路系统、智能车辆控制系统的支持，在无人工干预或部分人工干预的情况下，实现在高速公路上的车道跟踪、车距保持、换道、巡航、定位停车等操作。

（2）行人与非机动车安全保障

基于车路协同系统的行人及非机动车安全保障，主要有 2 类应用功能，分别为危险预警和安全通行。图 8-22 所示为车路协同系统下行人安全通行场景。

1）危险预警

在弯道、路口、狭窄街道等视野受限的区域，通过路侧设备自动监测驶近的行人、非机动车或其他车辆，根据车辆位置、速度及加速度等信息判断是否可能发生碰撞，并在和行人、非机动车能发生碰撞时通过路侧设备或行人及非

图 8-22　车路协同系统下行人安全通行场景

机动车驾驶人手持终端发出预警信号。当自然因素（雨、雪等）或人为因素（施工等）造成路面异常（如路面湿滑、不平、断裂等）时[14]，通过路侧设备或行人及非机动车驾驶人手持终端发出路面异常预警信号。

2）安全通行

在弯道、路口、狭窄街道等视野受限的区域，通过路侧设备自动监测周边车辆的行驶状态，并通过路侧设备或行人及非机动车驾驶人的手持终端将相关信息发布给行人及非机动车驾驶人，使其根据周边的交通状态做出合理的通行决策，减少交通事故的发生。一旦有交通事故发生，可通过路侧设备的监控功能或路侧设备及手持终端紧急求救设备向救援中心发出求救信号，及时地对受伤人员进行救援。此外，在过街天桥或路口等处为伤残人员提供无障碍通道，通过路侧设备或手持终端的语音引导功能等引导其安全通行，避开危险。

（3）信息服务

基于车路协同的信息服务主要有 7 类应用功能，依次为交通状态信息服务、交通设施信息服务、交通环境信息服务、路径诱导信息服务、公共交通信息服务、个性化信息服务及交通规划信息服务。

1）交通状态信息服务

利用先进的信息交互技术、电子和多媒体技术，使出行者和交通管理者可以通过多种媒体或手持终端获取路网交通状态信息、车辆运行状态信息、交通事件信息等，从为出行者选取适当的出行路线、做出合理的出行决策提供信息支持，为交通管理者采取适当的交通管制措施、保障道路畅通、提高道路通行效率提供决策依据，如图 8-23 所示。

图 8-23　高精度地图交通状态信息服务

2）交通设施信息服务

利用先进的信息交互技术、电子和多媒体技术，使出行者和交通管理者可以通过多种媒体和手持终端获取路边交通设施如停车场、收费站、服务区、道路工程施工等的位置及状态等相关信息，从而使出行者能快速地找到所需的交通设施，提高出行效率；使交通管理者及时地了解各交通设施的运行状态，从而进行适当的更换和维护工作，确保交通设施始终良好地服务于出行者。

3）交通环境信息服务

利用先进的信息交互技术、电子和多媒体技术，使出行者和交通管理者可以通过车载设备等多种媒体或手持终端获取出行时的气象信息、各个路段的限行限速等管制信息及路网周边的各种服务信息，使出行者及时地了解出行环境做好出行准备，使交通管理者做好应对恶劣环境引起的交通缓慢或交通事故等异常情况的准备。

4）路径诱导信息服务

利用先进的信息采集、处理和发布技术，以及信息交互技术和互联网技术，为出行者提供丰富的路网状态信息及多样的出行模式和出行路径，引导其选择当前交通状态下符合个人偏好的最佳出行路径，在实现快速、高效出行的同时缓解交通压力，提高路网的畅通性。

5）公共交通信息服务

利用先进的信息交互技术、电子和多媒体技术，使出行者和交通管理者可以通过多种媒体和手持终端获取公共交通的运行信息、调度信息、换乘信息、价格信息和出租车预约信息等，进而使出行者方便、快捷地选择出行路线，使交通管理者合理地对公交进行调度并诱导公交快速、高效地运行。

6）个性化信息服务

利用先进的信息交互技术、电子和多媒体技术，使出行者可以通过多种媒体和手持终端接收个性化信息并访问个性化信息服务系统，及时地获取与出行有关的社会综合服务及设施信息，满足个体出行者对如餐饮、停车场、汽车修理、医院等个性化信息的需求。

7）交通规划信息服务

利用先进的信息交互技术、电子和多媒体技术，使出行者通过多种媒体和手持终端接收端获交通相关部门提供的交通规划所需的交通信息、协调调度信息、规划策略信息等政策类信息。

（4）交通管理

基于车路协同的交通管理领域主要有 3 类应用功能，依次为交通控制、交通法规监督与执行及交通需求管理，如图 8-24 所示。

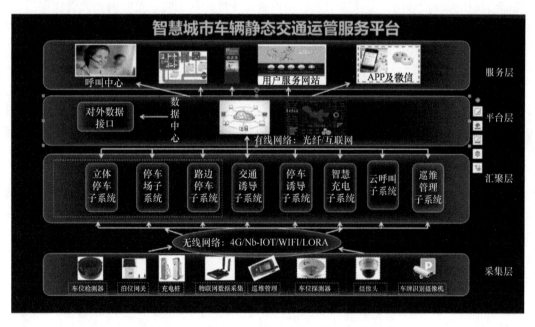

图 8-24　智慧城市车辆静态交通运管服务平台[15]

1）交通控制

利用先进的信息采集、信息交互、信息发布及其他 ITS 技术，对交通流进行管理、控制和诱导，以达到使道路交通流运行稳定的要求。

2）交通法规监督与执行

交通管理部门应用先进的信息采集、信息交互、信息发布及其他 ITS 技术执行交通法规，及时、准确地收集违反交通法规事件的信息，在不影响正常交通运行的前提下自动或人

工执行相应的处理措施。

3）交通需求管理

通过多种信息采集技术获取不同出行者的交通需求，并通过相应的管理和控制策略来影响或满足出行者的交通需求，如价格策略、地区访问控制和控制区域出入等。

（5）运营管理

基于车路协同的运营管理领域主要有 5 类应用功能，依次为交通运行过程监控、交通设施运维、公共交通管理、货物运输管理及电子收费服务。

1）交通运行过程监控

通过先进的车车/车路通信技术，以及动态、实时的信息交互技术和其他信息采集、处理等智能交通技术，对整个路网运行过程进行监控，实时、动态地获取与路网运行状况相关的交通流量、排队长度、占有率等信息，使交通管理者及运营管理者根据当前交通状态做出适当的调度管理等决策。此外，当出现交通异常状况时，为营管理管理者提供一场交通状况的发生地点、类型及严重程度等信息，使其及时地采取适当的应对策略，从而实现更高效的运营管理。

2）交通设施运维

通过先进的监测技术，实时监控交通设施的运行状态。当设备故障时，及时向基础设施管理部门及相关维护部门发出预警信息；当设备处于维护状态时，及时向相关管理部门发布设备维护停用信息，从而使交通设施管理人员和使用人员能实时地获取交通设施的运行及维护信息，更好地对设施的使用进行规划。

3）公共交通管理

通过先进的监控技术，以及动态、实时的信息交互技术及其他智能交通技术，对公共交通的运行状况进行监控及评估，对公共交通的需求进行分析，对公共交通基础设施进行维护和管理，对公交车辆及出租车辆的运行进行合理的调度和管理，从而使公共交通不断地得到完善和提升，更好地满足出行者的出行需求。

4）货物运输管理

货运管理部门通过获取的货运相关信息，如货源的种类、位置、数量等，结合货运车辆的相关信息，以及通过信息交互技术获取的路网交通状态信息，对货运车辆进行合理的调度和安排，选择适当的运输路径，对货物的运行过程进行监控；当出现车辆故障或交通事故时，可及时地获取运行异常信息并采取合理的应对方案。

5）电子收费服务

通过先进的车车/车路通信技术，实时、动态地获取车辆的运行轨迹信息，并根据收费路口位置及收费标准等信息，得出车辆出行过程应缴费用，通过系统自动扣除应缴费用完成收费过程，减少收费手续，提高收费效率，如图 8-25 所示。

（6）应急救援

基于车路协同的应急救援领域主要有 3 类应用功能，依次为紧急情况的确认、紧急车辆管理

图 8-25　电子收费服务

及危险品及事故的通告。

1）紧急情况的确认

利用先进的通信技术和信息采集技术，动态、实时地获取路网中的紧急事件信息，如紧急事件发生的位置、类型、人员伤亡状况等情况，以便及时地采取救援措施并发布紧急事件信息，避免引起大范围的交通拥堵。

2）紧急车辆管理

利用先进的通信技术和信号控制技术，在发生紧急事件时，根据获取的紧急事件实时信息（如紧急事件发生的位置、时间、交通状况、紧急事件类型等），对紧急车辆进行合理调配，并通过控制信号为其提供适当的优先通行信息和路径引导信息，从而使紧急车辆按最优行驶路线快速、安全地到达现场进行紧急救援。

3）危险品及事故的通告

利用先进的信息采集技术和通信技术，动态、实时地监控路网中危险品的运输状况及交通事故情况，当出现危险品泄漏或交通事故时，及时采取救援措施并发布紧急事件信息，减少紧急事件发生带来的负面影响。

2. 系统应用案例

（1）系统功能设计

为了改善驾驶人在行车过程中的驾驶体验，系统最终实现的功能主要分为车联网数据上报、车联网数据获取和驾驶辅助三个部分。该系统的功能结构如图 8-26 所示。

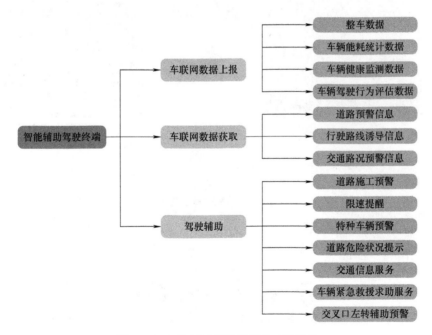

图 8-26　智能辅助驾驶终端的功能结构

1）车联网数据上报

当系统联网和开始工作时，会实时将车辆的联网数据进行数据上报，主要包括整车数据、车辆能耗统计数据、车辆健康监测数据及车辆驾驶行为评估数据。上传的车联网数据会

写进历史数据库中进行保存，通过对驾驶人的驾驶行为习惯的学习对其提供个性化的辅助驾驶服务。

2）车联网数据获取

车辆在行驶过程中，车联网数据获取的主要内容有道路预警信息、行驶路线诱导信息、交通路况预警信息。

3）驾驶辅助

驾驶辅助功能，是本系统的主要功能，是基于智能终端的辅助驾驶软件实现的。驾驶人在行车过程中可接收到的辅助驾驶信息包括道路施工预警、限速提醒、特种车辆预警、道路危险状况提示、交通信息服务、车辆紧急救援求助服务、交叉口左转辅助预警。

（2）系统应用案例实现

智能辅助驾驶系统的一个重要功能就是可实现盲区预测预警功能。当车辆在交叉口左转时，左转辅助预警功能可对视觉盲区进行预测预警，根据车辆 GPS 位置信息和车辆行驶轨迹，判断车辆有左转趋势。车辆在左转的过程中，路侧摄像机将检测到的行人、车辆排队信息传输到云端服务器，云端服务器再将当前交叉口行人信息发送到车载终端设备中，并提示相应的预警信息，如图 8-27 所示。

图 8-27　左转辅助预警功能

当车辆正常行驶在路段上，若路段出现特种车辆，如救护车、消防车等，路侧摄像机捕捉到特殊车辆后，路侧端会下发至云端服务器，云端服务器会转发至路侧控制信号机，信号机执行指令，确保特殊车辆通行，保持绿灯畅行。车载端的用户界面也会接收到特种车辆的

预警，采取让行操作，确保特殊车辆的畅行，如图 8-28 所示。

图 8-28　特种车辆预警功能

随着社会的进步和人们生活水平的提高，汽车已成为主要的出行方式。伴随而来的是机动车保有量迅速增加，出现交通拥堵与交通事故的概率也大大增加。由于日益增长的交通需求及有限的道路和停车设施，导致城市中的驾驶环境变得更加复杂。城市交通的混乱不仅影响驾驶人的驾驶体验，而且降低车辆在行驶中的安全性[16]。

近年来计算机、人工智能、无线通信等技术的进步拓宽了研究人员和实践者的视野。随着车路协同技术和车用无线通信技术 V2X 技术的发展，V2V 和 V2I 通信使车辆和交通管制员之间共享数据成为可能；强大而精确的模拟器和深度学习算法模型，可通过融合交通数据来预测短期和长期的交通状态。在此基础上，建立一个预测交通状况的智能辅助驾驶系统，并提供有效的信息，以帮助驾驶人更快、更安全、更舒适地到达目的地。

车路协同技术的发展，对促进人们生活便利与交通安全便捷有着重大的现实意义。车路协同环境下的车路智能辅助终端给广大车主带来的便捷如下：

① 通过车联网发送到手机上的数据，用户可以随时随地了解自己车辆的情况，在手机上获取的数据甚至比车辆上的仪表盘等提供的数据更为详细。如有汽车零部件的损耗达到了更换标准，用户可以及时发现并及时更换，确保车辆运行的安全。并且，还可以通过手机实现对车辆的远程监测车辆，对于车辆防盗也有着重要的意义。

② 用户可以通过手机客户端来控制车辆的车锁、车窗、空调、启动等，利用移动终端来控制车辆行驶将会成为一种主流形式。

③ 对于车辆制造商而言，通过手机终端可向云平台发送车辆的相关技术数据，一方面为厂商建大数据库提供数据源，另一方面为设计新车型提供改进和优化的依据。

④ 对于社会来言，可以减少有关车辆的犯罪率，最大限度地减少车辆的丢失。行驶路线的优化，可提高行车效率、减少道路拥堵，并为人们节约时间，同时还有助于减少交通事故的发生，减少生命财产损失。

参考文献

[1] 王伟力，石胜华，张恒博，等. 面向车路协同关键通信技术的研究 [J]. 公路交通科技（应用技术版），2020，183（3）：311-315.

[2] 郑茂宽. 智能产品服务生态系统理论与方法研究 [D]. 上海：上海交通大学，2018.

[3] 顾海燕. 车联网环境下高速公路车辆跟驰模型及仿真研究 [D]. 南京：东南大学，2017.

[4] 李雨晴. 移动边缘计算网络中任务调度与资源配置的协同优化研究 [D]. 上海：上海交通大学，2019.

[5] IMT-2020（5G）推进组. C-V2X 业务演进白皮书. [R/OL]. [2019-10]. http://www.imt2020.org.cn/zh/documents/download/182.

[6] 马万经，郝若辰，戚新洲，等. 车路协同环境下交通业务服务系统设计与开发 [J]. 交通运输研究，2020，6（3）：74-83.

[7] 杨楠. 车联网环境下的信号交叉口多车协同车速引导策略及方法 [D]. 西安：长安大学，2018.

[8] 《中国公路学报》编辑部. 中国汽车工程学术研究综述·2017 [J]. 中国公路学报，2017，30（6）：1-197.

[9] 姜慧夫，安实，王健. 信号交叉口网联自动驾驶车辆时空轨迹优化控制系统 [J]. 科学技术与工程，2018，18（20）：162-168.

[10] 随裕猛. 动态路径规划算法研究及导航软件设计 [D]. 合肥：中国科学技术大学，2015.

[11] 赵贺锋. 车路协作式交叉口车速引导技术研究 [D]. 北京：北方工业大学，2017.

[12] 邵春福，魏丽英，贾斌. 交通流理论 [M]. 北京：电子工业出版社，2012：142-165.

[13] 杨允新. 基于 V2X 的车路协同系统防撞预警研究与实现 [D]. 重庆：重庆邮电大学，2019.

[14] 田竞. 驾驶风险信息分析及交通冲突预警研究 [D]. 昆明：昆明理工大学，2019.

[15] 夏文龙. 车联网移动云通信网络系统的设计与关键技术研究 [D]. 广州：广东工业大学，2014.

[16] 邹鹏，谌雨章，蔡必汉. 基于深度学习的智能车辆辅助驾驶系统设计 [J]. 信息与电脑，2019（11）：133-134.